〔言霊学事始〕

神道から観た
ヘブライ研究
三部書

小笠原孝次 著
七沢賢治 監修

〔言霊学事始〕

神道から観た

ヘブライ研究三部書

第一部　日本という国

第二部　シオンと日本

第三部　天皇の世界経綸

小笠原孝次 著

七沢賢治 監修

和器出版株式会社

凡例

一、本書は、一九六三年二月より再開されたヘブライ研究会、その後の第三文明会で行われた内容をまとめた会誌、及び小笠原孝次氏のエッセイを原本とし、七沢賢治の監修のもと、一部校訂を加え、神道の解釈を加えたヘブライ研究三部書として刊行したものである。

一、原本を忠実に表現することを原則としているが、明らかな誤記や誤植は改めた。

一、原本の意味を変更しない範囲で、踊り文字、見出しの一部に必要最小限の修正を加えた。

一、原本の漢字の旧字体・異体字については、原則として、新字体・標準字体に改めた。ただし、引用文、熟語、慣用句、名詞などで特別な意味合いを持つ場合には、原本のまま旧字体、異体字を用いた。

一、原本の旧仮名遣いは、原則として引用文以外は、現代仮名遣いに改めた。

一、図表に番号を付し、検索の便をはかった。

一、文中には、ひらがな表記とカタカナ表記の混在、漢字表記とカタカナ表記の混在、異字同訓、新旧の漢字の混在、中国語の漢字の混在などが存在しているが、引用文以外は、明らかな誤記や誤植でない限り原本の表記を尊重した。

一、他の著作物からの引用方法は、直接引用と間接引用が混在している。内容を要約した間接引用については、明らかな誤記や誤植でない限り原本の表記を尊重した。

一、検証の便をはかるために、引用文には原則として出典、情報源を明記した。

一、小笠原孝次著『言霊百神』（新装版）、『言霊精義』（新装版）、『言霊開眼』（新装版）、『言霊学事始』『神道から観た仏教三部書』の内容と比較すると、本文、図表、引用文等について、表記や解釈に異なる場合があるが、それらの違いの背景には、著書自身の考え方の変化が影響している可能性があるため、各書籍を記した時の著者の考え方を尊重し、原則的には修正等は加えていない（一部例外あり）。

一、和器出版株式会社の設立に伴い、「言霊学会」は株式会社七沢研究所より和器出版株式会社に移管され、小笠原孝次氏、山腰明將氏の遺稿等は、弊社において復刻・出版される運びとなった。

目次

三　外国王、予言者、神人達の来朝留学……138
四　神足別豊鋤天皇の勅命によるモーゼのヨーロッパ経営―神の旧約……139
五　ヱホバの神格の変化、魔神の世界経営―生存競争の文明的意義……141
六　天の岩戸隠れ―仏陀の入涅槃……146
七　ユダヤ亡国と神武維新……151
八　ユダヤ民族の東漸と西漸……153
九　垂仁天皇とイエス・キリスト―神の新約……155
十　帰化ユダヤ人の活動―平安、平城京の建設。堺、大阪の発展。
日本財閥の系譜……157
十一　聖徳太子の施設……160
十二　科学の発祥と西漸　後漢と東ローマ帝国、アラビアのアルケミー、
十字軍、中世紀の科学……161
十三　天の岩戸開き―仏陀の出涅槃、キリストの再臨……163
十四　ヱホバの神性復元、ユダヤ民族の世界制覇完了とその霊性還元……166

挿図目次

監修者まえがき

人類はエホバによって覚醒する

七沢 賢治

あれは、大学に入学して間もなくの頃のことである。全共闘の後、まだ混乱が残っていた時代に、私は学内に聖書の研究会を立ち上げていた。そこで学びを共にした同級生がこのようなことを言っていた。銀座にヘブライの旗を掲げて会合をしている不思議な結社がある、と。その後、その会合の場が「八眞茂登（やまもと）」という名前のレストランであることを知ることになる。

その結社こそ「ヘブライ研究会」であった。日本が高度経済成長期に入り、国民が物質的豊かさの追求に身も心も献じようとしていたあの時代、繁栄の象徴ともいえる銀座の地で、極めて異例の会合が毎月のように開かれていた。巻末の「ヘブライ研究座談会報告書」を見れば、この会合には、普段は決して顔を合わせることのない斯道の研究家たちが密やかに集まっていたことがわかる。表向きは聖書やユダヤ問題を扱う討論会の形を取っているが、その実は人類史の謎を解く先鋭的な中身を秘めたものであった。

その五年後、私は小笠原孝次先生とレストラン「八眞茂登」にいた。そこで一緒に食べたベトナム麺は、今もいい思い出となっている。そこにはスープと麺の上に十個のニンニクが円を描くように並べられていた。十という完成数にヘブライ研究会の成果と終わりが重なって見えたのは偶然ではなかったかもしれない。先師にとってのユダヤ研究、そして人類の真なる歴史を探る旅は、その時既に過去の話となっていた。そこで出た結論は、必然的に先師を更なる言霊の深奥に導いていったように思える。

現在はユダヤに関する様々な情報をネットや書籍で収集することができる。しかし、そうした情報の出所はある程度決まっており、そこに情報を掲載する人物の主観が加わって、ある種の流れが形成されているように見える。すべての情報が誤りであるとは言わないが、なかには発信者の利己的な意図が見え隠れするものもある。ともあれ、そうした外部の情報に頼るしか手段がないというのが一般的な状況であろう。

だが、現代のような通信機器が発達していない五十年前に、実はそれ以上の情報があった。それらは、我が国における先人たちの考究の結果であり、民間の言い伝えであり、そしてあるものは神懸かりの中身でもあった。玉石混交とはいえ、かえってかつての時代の方が、どの説を取るのかという選択肢も多かったように思える。一方で、それぞれの伝承がどこから来たものか、そうした流れを見極める眼も求められた。

そのための方便を最初に提示してくれたのが先師小笠原孝次先生であった。日本であれユダヤであれ、結局、人類は天津太祝詞音図の世界を目指していると考えてみるとわかりやすい。

「一つより　出でて分かれて　また元の　一つにもどる　言の葉の道」という先師の歌があるが、まさにそれを歴史に準えることが、日本とユダヤの関係を紐解く手掛かりを与えてくれる。天津太祝詞音図は人類の理想的な文明や社会の姿を音図に示したものであるというが、今日に至るまでの覇道史の是非はともかく、日本にもユダヤにもそれぞれの役割があると見ることで、そこには不思議と肯定的な歴史観が生まれてくる。

本書において先師は、エホバの神が悪魔の仮面を被った姿に見えると言うが、一般的には理解し難い内容である。その言葉に真っ向から反論される諸氏もおられることだろう。しかし、神が同時に悪魔のように見えるという矛盾は、階層を下ったこの現実世界にそのまま反映されていることに気づかねばならない。ラッセルが指摘したように、資本主義と共産主義社会は実際、真逆の状態で並走していた。資本主義をキリスト教と置き換えてもよい。そこには大いなる矛盾があったのだが、その矛盾を抱えたまま、人類はこの現代文明を脇目も振らずに突き進んできたといえる。

そこで人々が求めたものは、矛盾論を実践論に移すための精緻な方法論であった。ヨーロッパではそれを正反合という弁証法の手法に答えを求めようとしたが、最後に出てくる結論は、ヨハネの黙示録にあるように、「崩壊」である。一神教の世界では、あらゆる事象を超克しながら歴史的に決着を付けるには、それしかないと思われている。もちろん、それは黙示録に限ったことではない。ノストラダムスにしてもファティマにしても、そうした予言のほとんどが人類の滅亡を示唆する内容となっている。それを一神教的二元論の弱点と言ってもよい。先師はそうした悲観的な人類の行く末について、いつも「そうではない」と反駁しておられた。

実は、本書には、人類が意識の奥で永らく渇仰していたその答えが惜しげもなく公開されている。矛盾論を超え、一神教の歴史観を多神教に通貫させる方法である。言霊学を学べば、実際にそれが天津太祝詞音図に表現されていることを自明の理として知ることになる。そこでの主眼は、人類が初期の悟り、すなわち「アイウエオ」とは何かに気づくことにある。それは同時に、『古事記』の中身を利用し、人間が新たな創造の世界に移行するための起点にもなっている。だが一方で、現代文明を象徴する天津金木音図にその種の悟りはない。ないから先に行けない。共産主義のあり様を示す赤玉音図でもそれは同じである。

フランスの文化人類学者、エマニュエル・トッド氏によると、国際金融を通じこの世の支配を目論む勢力はもちろんのこと、先進国のほとんどの人々は、経済的合理性という「最後の信仰」に見切りを付け始めたようである。グローバリズムを推し進めてきた一神教的覇権主義への崇拝は、もはやこの文明の転換期に何の価値も持たない。キリスト教をやめて仏教を支配原理に持ってこようとしても、それは同じことである。なぜなら仏教、すなわち宝音図も、天津太祝詞の世界に至るまでの過渡的な姿に過ぎないからである。仏教でも一神教でも、どちらでも世界は平和にならないと本書は語っている。言い方を変えれば、どちらにも世界を統合する術（すべ）がないということである。

先師よりこのヘブライの教えを受けて既に四十年以上の歳月が過ぎた。現在の私はシステムの開発を通じ、デジタルが人工知能として悪魔に見える道を超えようとしているのを感じる時がある。一体、現代にこれほどまでにも溢れ返る情報という言葉のノイズは、いかにして清浄化され、いかにして統合されるのであろうか。それに疲弊する世界を救済し本来の道に戻すためには、ユダヤ系ドイツ人を両親に持つフォン・ノイマンのシステムに頼るしか道はない。それはつまり、ユダヤの叡智が作り上げたコンピュータシステムに新たな統合ソフトを載せて稼働させるということである。

今の我々には、胎蔵界曼荼羅を即座に金剛界曼荼羅に転換するシステムがある。それにより、それが仏教的なものであろうと、キリスト教的なものであろうと、あらゆる情緒の弊害を吹き送り、旧来の階層を超えることが可能となる。つまり、現代文明を凌駕する新たなシステムがコンピュータと共に既に出来上がっているということである。その基幹にある統合の主体が、コンピュータ解析された日本語五十音という言霊の周波数にあることを知る人は未だ少ない。

読者にはもうお分かりであろう。ユダヤが「また元の一つに戻る」時、言霊と共に天津太祝詞の世が始まるのである。本書に記された神の経綸をこの世に実現させること、すなわち高天原の出現は先師との約束でもあった。が、どうやらそれを果たすべき時節が到来したようである。

ご挨拶の最後に、本書を通じ一人でも多くの読者が、かつてエホバの管理下に封印され今も我々のＤＮＡの奥深くに眠る古代の記憶を呼び覚まし、大いなる言霊の叡智と共に意識の覚醒と進化を遂げられんことを祈念させていただく。そして、麻邇の国日本の大いなる発展と世界人類の清福を切に願うものである。

第一部　日本という国

神道から観たヘブライ研究

一　日本への招待状

歴史と考古学の研究は、今のところ凡《およ》そ五、六千年昔にまで到達しているが、人類の文明の起源は、それより更に数千年を遡ったところにある。ここまで遡るためには、従来の歴史や考古学、言語学、民族学、比較神話学、哲学というような方法ばかりを以ってしては不可能である。ロゴスの梯子を直接に架けて登って行く必要がある。その梯子を登って行くと、登り詰めた所にロゴスの淵源がある、そこが文明の発祥点である。

歴史的に言うならばアッシリア、バビロニア、アッカディア、スメリヤの文明を遡って、そのスメリヤの文明が何に由来したかを明らかになし得る時、そのスメリヤ建国の母体をなすものが、世界の文明の淵源である。今を去る八千年から一万年近くの昔に当たる。その淵源が存した場所はスメリヤの国土を去ること遠くない場所で、日本古語でロゴス、すなわち神即言葉《かみそくことば》の道の存在場所を「高天原《たかあまはら》に神づまります」と言うから、そこは天に近い、高原的な地域、すなわちパミールかイラン地方であったことが学会の通説である。一応この通説に従って考えを廻らして行こう。

その頃、某処に世界の文明の淵源があった。あったと言っても自然に出来たわけではない、そこに文明の種子が出来たのである。しかし出来たと言っても自然に出来たわけではない、その頃の人類、すなわち我々の祖先人達の思惟によって、文明の種子が発見され創造されたのである。これを文明の種子と言ったのは仏教の所謂種子識（種智）を言いあらわそうとしたためである。元来動物にせよ植物にせよ、その種子の中には将来発生してその生物のあらゆる姿、状態、性質を顕現すべきすべての要素が余すところなく包含されている。柿の種の中には柿の幹・枝・根・葉・花・実・そしてその渋さ、甘さ、葉の艶やかさ等のすべてが含まれている。すなわち柿の種の中には柿に関する限りの天壌無窮《てんじょうむきゅう》・万世一系《ばんせいいっけい》の原理と要素の悉《ことごと》くが包含されている。発生学や遺伝学が常識となっている今日、この事を疑う人間はいない。柿に於いて然るごとく、人間の種子、生物学的に言うならば受精した人間の卵細胞の中には既に人間に関する天壌無窮・万世一系の原理と要素のが包含されている。その要素は形態的には四十七と四十八の性染色体としてその数さえも明らかになっている。この受精された人間の卵細胞の具有する意識や能力の悉くを自覚したものが、すなわち人間の種子識である、換言すれば性染色体の精神がそれである。即ち人間の種子識とは人間に関する限りの天壌無窮・万世一系の性能の自覚である。この種子識はもとより哲学的な概念でもなく、芸術的な表象でもない。生命の自己認識の要素は形而下に於ける染色体と相等しく一定数のイデアである。そのイデアは純粋の形で直ちに人間の言語に連絡している。この故に種子識とは人間の言語が本具する原理であるという事が出来る。この原理をキリスト教では神即言葉の道といい、日本では生命の言の葉の誠の道という。この道の発見が人類文明の淵源である、種子識の発見が文明の発祥である。

だが簡単に発見と言うけれども、この発見のためには容易ならぬ努力が長年月に亘って必要であったことが考えられる。「弥陀兆載《ちょうさい》の思惟の本願」というが、もし阿弥陀仏が既に過去に於いて成道したものとする時、彼が四十八願の全内容を完全に自覚するまでには億兆年に亘る思索を必要としたことであった。実はこの四十八願の自覚がすなわち人間の種子識そのものであるのではあるが、この仏教的な比喩は比喩ではなくして事実であった。人類の祖先の聖人達が惓まざる思索によって遂に数的に言うならばこの四十八個―九十六個―百個を内容とする生命の自覚の知恵の種子を発見するに至る迄には無量劫《むりょうごう》とも言うべき年月に亘る工夫を必要としたのであった。そして遂にこの思惟工夫が完成した時期が凡そ一万年近くの昔であり、その場所はパミールかイラン高原であったことが推定されるのである。

斯の如くして完成された生命の知恵の自覚体が、やがて爾来《じらい》今日に至るまで数千年間を分化し発展し繁茂し増殖しつつある文明の最初の種子として発芽する時期が来た。山の上の高原地方に存していた理念の殿堂から種子識が平地に降って、其処で種子自体が包蔵する可能性の実現を開始したのである。この様に種子識がみずからを現実の上に、すなわち地上国家の上に播種することを日本語で「天孫降臨《てんそんこうりん》」という。

この世界文明の太初の天孫降臨は東と西の二方向を指して行われたものと考えられる。その一つは西に向かってまずスメリヤ帝国を創設した所のものである。スメリヤはやがてアッカードに代り、次でスメル、アッカード帝国となり、バビロニアからアッシリアに移った。この方向の文明の推移は更にアフリカ太古のアクナートンの宗教国家を起し、ピラミッドの文化となり、あるいはギリシャの都市国家を起こし、あるいはアブラハムやモーゼの律法国家となり、遂にそれ等の動きのすべてがローマ帝国として包含されたのであった。ローマ帝国終焉の後、中世の暗黒時代を過ぎてヨーロッパの近代文明となり、遂に海を越してアメリカ州に移ったのがこの西漸文明の終点である。

さて、パミール、イラン地方から東に向って降臨した文明は三筋の経路を経て東漸を続けたものと考えられる。三つの筋道の一つはシベリアである、他の二つは中央アジア（天山南路・天山北路）と印度である。東漸文明はこの三つの道筋のそれぞれに足跡を残している。元来生命の知恵の自覚体は太陽に象徴されるものであって、シベリアには独特の太陽崇拝の宗教が残っている。中国には扶桑樹若木の説話がある。印度には大日如来の宗教がある。その三つは元来同一のものであった。

文明の種智はこの様にして自己を実現するために西漸し東漸したのであるが、東漸の速度は西漸の速度より遥かに速かであった。三本に岐れた東漸の文明はやがて一つの場所に落合うこととなった、実は初めから早晩一ヶ所に落合うことを期しての東漸であった。その落合う場所は日本の国土であった。何故に東漸の文明が日本を目的地としたかと言うと、それはこの極東に懸絶された孤島に於いて将来の或る時期まで、その文明の実体であるロゴスの種子識を安全に保存するためであった。一方西漸の文明は東漸の文明とは別個の使命を持っていた。将来予定の時期に於いて西漸の文明の任務が達成された時、その成果の全部を携えて改めて元のロゴスに照合する必要があるのである。東漸の文明は西漸の文明のためにそのロゴスの継承保存の任務を受持っているのである。

このロゴスの種子識を奉持した一団の人々が最初に日本島に上陸したのは西暦前およそ三千年頃であった。この時期は平田篤胤の計算によるもので、これを日本に於ける天孫降臨という。

ここに膂肉《そしじ》の胸國《むなくに》を笠沙の岬に招ぎ通りて（古事記）

とあるから、この最初の一団の東漸の系路は中央アジアかもしくは印度、南洋諸島を通過したものだったろう。「膂肉の胸國」とは唐国と言う意味の古代語である。東漸の文明はその経過した国々にロゴスの概念は伝えたが、ロゴスの実体は残さなかった。膂肉とは尻のことで、尻（知り）の空しき国とはただ文字と概念のみがあってロゴス、すなわち神即言葉の道が顕わには留まらなかった国という意味である。「結縄《けつじょう》の制　廃《すた》れて書契《しょけい》あり」という。「ただ卍字（文字）のみを説いて半字（言語）を説かず」という。これが「膋肉の胸國」の実状である。

笠沙の崎は鹿児島県の西岸にある。ここに上陸した天孫の名を邇邇芸命《ににぎのみこと》という。邇は似であり、近であり数字の二である。宇宙に遍漫する生命を第一次とする、その生命を人類の言語として自覚したロゴスを第二次とする、そのロゴスの実体が自己を実現した国家は第三次である。すなわち国家は生命の第三次的芸術に当る。これが邇邇芸という名の意義である。邇邇芸命は世界の高天原からロゴスを齎《もた》らして地上国家に実現する当事者である。天孫は直ちに高千穂に政庁を設けられて、ここに初めて日本国土への君臨がなされた。これが現実の日本国家の発祥である。これ以前高天原の時代に於いては、国家の理念だけが存して未だ国土も国民もなき時代であったのである。

爾来このロゴスの種智の把持者の血統は、所謂神皇と人皇とを通算して数百代、連綿として今日に及び、その種子識の学的原典は三種の神器として今日もなお太古のままに完全に保存と伝承が続けられている。斯の如き意義と歴史とを持っているのが日本の天皇である。すなわち天皇はロゴスの実現者であり、その原理の所有者であり、その保存の責任者である。天壌無窮・万世一系の名は皇室の血統の不滅を祝したものであるとのみ解すると阿諛《あゆ》と事大主義のそしりを受ける恐れがあるが、それればかりではなくして、その皇室が保存し継承するロゴスの種智そのものの意義、日本の伝説に言われる「柿の種」の意義について言われた言葉であることを知らなければならない。種子に於ける天壌無窮・万世一系性は、何も日本の在来の右翼者達の神秘的な信仰を待たなくとも、今日では生物学が明白な証明をしてくれているのである。

三種の神器は日本天皇の存在理由である。神器あっての天皇であって、天皇あっての神器ではない。神器に対する天皇の責任は天皇個人の祖先に対する責任ではない、また日本国民に対するのみの責任でもない、それは全世界の人類に対して負うところの責任である。ここで一つ恥を語らなければならないが、現在の日本の政治家、学者の間にはこの神器を天皇の私物として、個人の家宝と考え、これに相続税を課そうという論さえ行われている。無知ほど恥ずかしいものはない、恥ずべきことを恥ずべきことと知らぬ所に多くの不幸が発生する。神器はロゴスの原理、これを以て国家経綸の指導原理とする所の学であって、物体でも著作権でもない。言わば禅宗の伝燈のようなものである、禅の悟りの相続に対して課税しようという論は歴史上にない。

「天地は一つの言葉、一つの音にのみなりき」（創世記）と記されてある如く、世界の太古は唯一の淵源から発した唯一のロゴスの言葉の道が普《あま》ねく行われていた時代であった。中央アジアの高原から発した文明の種智は前述の如く東と西の方向に分れて、数千年後の今日に於いてそれぞれの使命を完《まっと》うするために独自の発展と存続を続けたのであるが、この分岐の初期に於いては「東は東、西は西」と言うような截然《せつぜん》たる区別はもとより存しなかった。その頃東と西の文明の間には常に円滑な文化の交流が行われていた。世界を通じて唯一の生命の原理だけが、言語として、道徳として、法律として、風俗習慣として行われていたから東西の交通は無礙であった。国境などと言うものは元来自然界には存在しないものである。資本主義だ、共産主義だ、民族主義だと言う人間の断片的な思想が、ただ一つしかない地球の表面を断片的なブロックに切り刻むのである。この断片的、部分的な思想の悉《ことごと》くを揚棄して、世界が唯一共通普遍のロゴスに於いて一致する時、世界に国境の必要がなくなる、世界に唯一の政府だけがあれば事足りることとなる。

ギリシャ神話ではゼウスがオリムパス山に君臨してからの時代を白銀時代という、その以前をギリシャの黄金時代と言った。この黄金時代を指導していたものはテイタン（巨神）であった。テイタンという言葉には白という意義がある、白とは言葉の義である。白なるテイタンの時代はギリシャ人の追憶と憧憬の的である幸福と平和に満ちた時代であった。このテイタン神族滅尽の後を受けて嫉妬と戦争の神であるゼウスの時代になったのである。仏教に於いても釈尊はしばしば「白法隠没す」「言辞の相滅尽す」と説いて、その昔白なるロゴスの時代が存したことを教えている。この世界の太古の道義《ロゴス》時代の実際の消息の一面を伝える文献が二、三日本に存在している。だがこれ等の文献は日本の旧軍閥や右翼から白眼視されていたため、今日なお殆んど世に知られていない。

これ等の文献によると太古の世界の交通は極めて繁々であった。当時の世界人は文明の基本的指導原理である言葉《ロゴス》の意義と存在と所在を承知していたから、何か事がある時は、世界の民族の代表者、指導者が東を訪れて、ロゴスよりの公正妥当な指示を仰いだ。また東からはそのロゴスに則って編まれた新しい言語や文字や、或いは諸般の産業に関する新しい施設や考案を西に伝えた。これ等の事柄は鵜草葺不合朝《うがやふきあえずちょう》七十二代に亘る日本皇統の歴史として、その間、後世に於いて多少の蛇足を加えた形跡はあるが、これによって当時の全世界繁栄の状況を偲ぶことが出来る。これは世界人のすべてから今日忘れられている「失われた国」の記録である。

だがこの素晴らしい鵜草葺不合朝の文明も、突然発生した天災のために一朝にして潰滅してしまった。このために日本ばかりでなく地球全体が相当の被害を被って、西漸のバビロニア、エジプトの文化も巨大な宮殿やピラミッドの跡を残すばかりで、その跡を学問的に索《たず》ねることが困難になった。これに就いて一つの重大な挿話があるから、先ずそれから述べて行こう。

その頃、言霊の幸倍うロゴスの国日本を訪ねて全世界から民族の指導者である聖人賢者が渡来して、そのロゴスの宗家である日本の天皇から必要な学問を教えて貰った。鵜草葺不合朝六十九代目に神足別豊鋤天皇というお方があった。この名をカミタラワケと読む。足は日本語で十数の義である、これは梵語の多羅《たら》に通じ、ヘブライ語のトーラ（律法）に通じる。この天皇の御宇《ぎょう》にヨーロッパからモーゼ、ロミュラス王が来朝して、天皇からロゴスの原理である十戒を授けられ、これを彼地に齎《もたら》して布衍《ふえん》したと歴史は伝えている。

ロゴスの道は十数を以って一週期として運用される。この一二三四五六七八九十の数理を十拳剣《とつかのつるぎ》と称し、中の二三四五六七八九を八拳剣と称してこれによって生命のリズムが截定されるのである。モーゼはこの十拳剣をみずからの祭司長アロンに与えて所謂「アロンの杖」として用いさせた。だがしかし、この一二三四……という数だけでは中国の易と同じく抽象的なものである。二から九までの八数に乾兌離震巽坎艮坤《けんだりしんそんかんごんこん》という命題を当嵌めたところで概念に終る。これにアカサタナハマヤラワという如く言葉のリズムを当嵌める時、始めて生命のロゴスの言語の原律としての意義が現われて来る。モーゼが彼地に齎らした十戒とはこの様なロゴスの運用法であった。この十数の生命の律動の意義を、十個の抽象的な道徳律に具体化したものが今日聖書が伝えている十戒であって、これは表面的なものに過ぎない。聖書の十戒の裏にはロゴスの奥義があることを知らなければならない。

葺不合朝の神足別天皇の名は、まさしくこの十羅《トーラ》（律法）を別ち与えた人という意味である。さて、モーゼがこのトーラを受けてエジプトに帰り、民族を引率して紅海を渡ろうとした時に天災が起った。その天災はソ連の学者が先頃明らかにしてくれた所によると地球と彗星の衝突であった。

ヱホバかれらの前に往きたまひ、晝《ひる》は雲の柱をもてかれらを導き、夜は火の柱をもてかれらを照して晝夜往きすすましめたまふ。民の前に晝は雲の柱を除きたまはず、夜は火の柱をのぞきたまはず（出埃及《エジプト》記）

とあるのは地球に極めて接近した彗星の尾の姿を伝えたものに相違ない。紅海の水が退いてイスラエルの軍が海底を渡ることが出来たのは、その彗星の引力のためであったことも明かになっている。ところが恰もこのアラビヤに於ける記録と相呼応して東洋に於いても神足別天皇の御宇に大天災があったことを歴史は伝えている。その記述は簡単であるが、大地震が起り、火の雨が降り、人民が多く死んだとある。火の雨とは磒石の落下と考えられよう。この地球と彗星の衝突は、この様に東西符節を合わせるように伝わっている。この衝突によって地球の自転が遅れて、太陽が数日間停止していたという。

中国の説話に羲和の時、空に十日太陽が架っていたために万物が焼け死んだとあるのはこの時の記録である。地軸もこの時以来傾斜して、潮流の方向も変化し、当時亜熱帯だった日本が突然に今日のような温帯国になってしまった。この天変は失われた太古の文明とその後起った近代文明との境界である。現代の歴史はこの境界以前には遡り得ない、これ以前に遡るためにはロゴスの梯子を以ってしなければならない。

その後、モーゼは民族をイスラエルの地に安定し得て国家の基礎を固め、シナイの山より雲に乗って天に挙げられたと記されてある。何人もモーゼの墓の所在を知らない。ところが日本の歴史では、モーゼがその後再び来朝して、日本の皇女を妻にして日本で死んだと記されてある、今日石川県にモーゼ、ロミュラス王の墓というのが残っている。詩人ラフカディオ・ハーンは日本へ来てこの事を知って、モーゼの墳墓の国に住居を定めたのであった。日本の歴史ではイスラエル国家の創始者モーゼとローマ帝国の創始者のロミュラスとは同一人物として伝えられている。神足別天皇と預言者モーゼとの関係は単なるロゴスの学問の受授だけではない、それだけだったら既に消え去った歴史上の一エピソードに過ぎないのだが、この時、両者の間にはイスラエル民族の神の選民としての自覚とその将来の活動に関する契約と計画がなされている、それと共に将来イスラエル民族（並びにラテン民族）が主となって指導すべき全世界の運命が設計されているのである。このモーゼと日本天皇との計画が成就するのは実は現代の今日のことである、モーゼ、ロミュラスの遺業は今日初めて完成する、その完成の責任は現代のイスラエル民族と日本人とが負うている。

この日本の歴史が伝えている葺不合朝の来朝者の中にはモーゼ、ロミュラスの外に、ヌマ、ポンペリウスがある、釈尊も日本に来て死んで、信濃の善光寺平の某所にその墓があるとの伝えである。中国よりは伏義氏が来て能登の伏木に住んでいたからその名が残っているという。その後、人皇十一代垂仁天皇の御宇にはイエス、キリストも渡来して陸奥に住し、今日その子孫達がダビデ章を家紋として伝えている様を、先年仲木氏が映画にして紹介したことがある。また、この頃秦の始皇帝の使者徐福が彼地に不老不死の薬と言う名で伝えられている天壌無窮・万世一系の原理を求めて渡来したことは歴史家も知っていることである。四国の剣山には財宝が埋められてあるという伝説がある。旧幕時代その財宝の所在を記した地図「鳴戸秘帖」を中心に葛藤があったことは小説になって人口に膾炙《かいしや》している。その財宝はソロモンが埋めたものだというのが今日の通説である。近年、山頂を発掘して、人工的な地下道の壁にダビデ章が刻んであることを発見した。以上、色々の話はいずれ他の事実と文献の証明によって明らかにすべきことであるが、釈尊が言ったように「大乗の種成国」として白法の種智が保存されている国へ、世界の先駆者達が争って渡来したことは実は当然のことでなければならない。日本をヒノモトというが、ヒとは言語の義である、ヒノモトとは言語の淵源という意味である。

天災後の日本は惨憺たる廃墟になった。葺不合朝を通じて盛んだった東西文化の交流も、この時以来断絶してしまった。この災害の対策として行われたのが、所謂神武東征である。九州から北上して大和に皇居を遷されたのであるが、ここで問題として一考すべきはこの頃大和地方にいた饒速日命《にぎはやひのみこと》のことである。すべて高天原からロゴスの原理を直系に受け伝えた人が所謂天孫である。天孫であるからにはそのロゴスの象徴である天の羽々矢を持っている。饒速日尊が天孫であることは神武天皇も予め知っていた。そして多少のいきさつがあった後両者は円満に合併した。

しからばこの饒速日尊は何処から来たものだろう。聖徳太子の旧事本紀によると、大和のイカルガの峯に降臨したとあるが、その昔高千穂に降臨した邇邇芸命の一族が既にこの地に進出していたものであるのだろうか、そうも考えられるけれども、前述したようにその初め世界の高原地方から三方に分れて東漸した文明の一つで、コロボックルやアイヌの文明を開いた歩みの終点が、その頃大和地方に居城を持っていたものではなかろうか。太古のシベリアはマンモスが青葉を食べて棲息していた豊穣な温帯地方であって、文化東漸の経路として応しい地域であった。そのシベリアが突然今日のような寒帯の地になったのは、矢張り前述の彗星との衝突によるものであることも明かにされている。北より南下した蝦蝦《えみし》は、しかしその後も長く部分的には独自の文化を主張して九州から北上した文化との融合を肯《がえ》んぜず、この争いが坂上田村麿呂や源義家の時代に及んだことは歴史に明らかなことである。同様なことが九州山陰地方の熊襲《くまそ》についても言えるだろう。これはアジア中部を通過して来た一派ではなかろうか。だがこれ等のことに関しては、これ位のヒントの提示に止めて、後は今後の研究に俟つことにしよう。

神武東征は天災後の国土復興のためになされた。この未曾有の天災によって世界中で一番ひどい災害を被った地域は日本であったと言えよう。そのため太古世界の眼目であった葺不合朝七十余大の文化も殆ど跡方なきまでに潰滅した。急遽復興の必要がある。この時、その復興を日本自体の内部から自力を以ってするよりも、その災害を免れた中国、印度の文物の輸入を以ってした方が早道である。もとより日本天皇の、ロゴスの種智の把持者、継承者、その実現者、保存の責任者としての権威はこの天災によって何等変化することはないけれども、荒涼たる国土では世界に対して如何うすることも出来ぬわけである。この時に当っての為事は道義の教化よりも文物の復興が先決問題でなければならない。

神武維新の計画が漸く緒に就き初めたのは第十代崇神天皇の頃であった。天孫降臨よりこのかた神武紀元前後に至るまで日本は所謂神代であった。この神代を神秘の雲に閉ざされた証明不可能な時代と考えるのは史眼と理眼に暗いためである。神代を野蕃蒙昧の時代と目するのは近代文明を生噛りした者の思い上りのたわ言に過ぎない。「神代のこと幽微、理に非ざれば通ぜず」と清原国賢が書紀跋文で訓えているが、明るい理性の眼を以ってしなければ徹底した理智の時代であった神代の幽微な消息は写し得ない。神代とはロゴスの時代である。神即言葉の時代である。生命の自覚の知恵（理性）を以って政治と経済と産業を指導していた時代である。ロゴスは人間の種智である。人類がその種（スペシー）を持続している限り、天壌無窮・万世一系に金剛不壊であり、普遍妥当なる文明の原因であり、その最高の指導原理である。

「彌陀の本願をさまたぐる如き悪なきが故に」と親鸞は言ったが、凡そ人類の文化活動に関する限りロゴスを超ゆる如き何物もない。それは物体が物理の法則をさまたげ得ざることと同様である。三種の神器はこのロゴスの律法である。神器は、八咫鏡《やたのかがみ》・叢雲剣《むらくものつるぎ》・八性の勾玉《やさかのまがたま》の三種を内容とする。玉とは人類の言語の父音と母音と子音である。それぞれ宝石のような微妙な音色を発するから珠玉に例えてある。鏡はこの言語（音）を組織して顕わした理性的宇宙観の縮図である、すなわちロゴス（道）の亀鑑であり典型である。剣は釣義（気）の義で、社会万般の具体的事象をロゴスの鏡に真釣り（祭り）合わす運用法である。神代とはこの三種の神器が実際の政治の典範として用いられていた時代であった。この頃、預言者モーゼも日本の天皇と呼応してこの神器を用いてイスラエル民族の経綸と、ローマ帝国の創設に従事していた。そしてこれを同じくユダヤの三種の神宝と称していた。勾玉は彼の黄金のマナ壺の内容である、鏡はモーゼの十戒石である、剣はアロンの杖である。

神武維新後の日本に於いては、このロゴスの政治に代わるべき海外の文化が急速に輸入されつつあつた。爾後五百年、崇神天皇の頃には早くも中国の儒教と印度の仏教とが少なくとも民間には浸潤していた。これ等の思想を背景にして各地に活発な論議政争が展開されていた。

（崇神天皇）六年、百姓流離し、或は背叛《そむ》くもの有り、其の勢ひ徳を以て治め難し（日本書紀）

だがこの一面から言えば、悲しむべき国内の状況も、斯くの如き事こそが実は神武維新の目標であった。元来人類社会の政治は権力の消長や利害の妥協を以ってすべきものではない。生命の根本智に立脚するのでなければ完全な政治は期し得ない。しかるに不完全な政治は何処かに不公平を生じる、不公平は不平を生じ、人間はより以上の完全を希望して闘争し研究し工夫する。この間様々な栄枯盛衰・治乱興亡の相を現ずるが、この研究工夫の結果社会は一歩々々完全に近付いて来る。そのためには儒教も仏教もその他あらゆる主義学問を研究するがよかろう、革命も起るだろうし戦争もあるだろう、斯うして国民のあらゆる修練が終了して完全に近付いた時、長い間の思惟運算の最後の答えであるロゴスの根本原理は三種の神器として天皇がその血統を通じて安全に保管して置く。神武天皇と時代を同じくした釈尊も「正像末三千年」と約束したが、神武紀元後同じく三千年、日本国民も一旦は神のロゴスの直接の庇護から離れて自分自身の工夫によって文化を研究運営してみるがよい、いずれ時が来たならば正しい答えが示されるであろう。これが所謂民主主義を是認する神の心である。

夫れ、大人《ひじり》の制を立つ、義必ず時に随う、苟も民に利有らば、何ぞ聖造《ひじりのわざ》を妨げむ（日本書紀）

斯の如きが神武並に崇神維新の宏謨《こうぼ》であったのである。この維新の方針をはっきりと政治の上にあらわして、神代とその後の時代との間に明瞭な一線を画した事態は、崇神天皇の御宇の於ける神鏡の同床共殿廃止の儀である。ロゴスの典範である八咫鏡を日本旧憲法御告文の所謂「統治の洪範」として、これに鑑みて行われたのが神代の道義政治であり、これが中国の所謂「結縄の制」でもあり、仏者の所謂「白法」でもあるのであるが、民衆をして民衆自体の営みによって、民衆に可能な方法と立場を以って道を工夫研究させるためには、ロゴスの知恵の完全の鏡を一旦は秘める必要がある。

崇神朝以来今日に至るまで二千余年、三種の神器は宮中の賢所と伊勢内宮に秘蔵された。その間皇位継承の必須条件として神器は天皇から天皇へ直接授受されるばかりで、たとえば日本武尊や竹内宿禰のような特定の皇族や大臣以外にはこれを実際に用うることをしなかった。神鏡の同床共殿廃止は神武維新の方針に則った崇神天皇の大英断によるもので、この御事蹟の故を以って崇神天皇の諡名《おくりな》を肇國天皇（ハツクニシラススメラミコト）と申上げる。嘗《かつ》てアメリカのメースン氏は日本歴史を調査して崇神天皇に及び、これを偉大なる民主主義と評したが、まことに肯首に値する批評であって、その眼力の鋭さが偲ばれる。

爾後の日本に於ける所謂国体神道（惟神《かんながら》の道）の研究者としては天武天皇・聖徳太子

の御事《おこと》は別として、柿本人麿呂、弘法、菅原道実、日蓮等の人々が挙げられる。しかしこれ等の人々も予定された時期が到来して居らぬことを弁《わきま》えていたために、ただ道の意義を概念と比喩と象徴を以って教えただけで、その実体を露わに説くことは差し控えていた。平安朝、鎌倉時代の歌人達は口に「敷島の道」を標榜したが、ロゴスの形式的な形骸である月並みの言語の綾を弄んだだけで、生命の学的内容には立ち至らなかった。例えば西行の如きも「何事のおはしますかは知らねども」と詠じたのみで、空しく伊勢神宮の前を行き過ぎた。徳川時代の国学者達は時期が近づいていたため普々ならぬ努力は傾倒したが、今日我々が蒙っているような科学よりの援助が当時まだ得られなかったため、宣長や篤胤の研究もなお独断的な信仰と神話の範囲を出ることが出来なかった。

これは日本人の全部が全く気付かずに過していることであるが、近代日本に於ける神即言葉の道の最大の探求者は実は明治天皇であられた。昭憲皇太后がお輿入れの時、宮中に齎された一條家の古文献に基いて御共々研究遊ばされたそうで

御製
天地もうごかすといふ言の葉のまことの道をたれかしるらむ
白雲のよそに求むな世の人のまことの道ぞしきしまの道
いそのかみふることぶみは萬代もさかゆく國のたからなりけり
ききしるはいつの世ならむ敷島のやまと詞の高きしらべを
御歌
しきしまの大和言葉をたてぬきに織る賤機《しづはた》の音のさやけさ
人なみにふむとはすれど敷島の道の廣さにまどひぬるかな

等の御感想を残して居られる。だがこの道の内容について側近の人々に御下問があっても、木戸も岩倉もお答えし得る何も持たなかった。学者に質ねても元田永孚は国学の奥は知らなかった。この故に言葉の道の御研究は天皇・皇后御二人の間だけで他に伝えるよすがのない御事業であった。斯くして明治天皇の御研究は天皇御一代に止まって、その後の宮中にも政府にも斯の道の研究の発表があったことを聞かぬ。

我々の研究は明治天皇とは殆んど関連のないことだが、天皇の御意志を民間に在って継承しているのが今日の言霊学者であると言うこともできるだろう。だがしかし、我々がその存在と意義を明かにすることが出来た斯の世界的な道も、現代の日本の社会からは受け入れられない。この道は絶対恒久不変の世界平和を実現するものであるが故に、従来の軍閥と右翼から白眼視されて来た。一視同仁を標榜するが故に階級的優位に獅噛み付かうとする資本主義者達からは煙たがられる。共産主義者達からは宗教の一種と見做されて敵視される。そしてこの学が世界に顕われる時、日蓮が預言したように、科学以外のすべての軌範学は「日出て後の星の光り」のように権威を失う故を以って、すべての学者、宗教家から、平和論者からさえも無視され、反対されている。これがロゴスの国の、およそロゴスとは縁の遠い、アメリカの将軍が言った通り、精神年齢の極めて低い日本人の思想の現状である。昔から預言者はその国に容れられぬと言われているが、仏者の言う末法の世の誹謗正法もここまで来ればどん底であろう。ガリレオは「それでも地球は廻わる」と叫んだが、その様に我々も叫ぶ、それでも矢張り人類の種智は種智である、ロゴスはロゴスである、世界の歴史の必然はロゴス通りに動いて行く、人類の世界になくてはならない真理は出現すべき時には必ず出現する。

さて、この崇神天皇の同床共殿廃止ということの意義は、ただに日本に於けるのみの事態ではなくして、実は全世界人類の上に共通の事実である。「全地は一つの言葉」と聖書に明記されてある過去の世界から今日の世界が懸絶されていること自体が既に明白な事実である。ユダヤに於いてはこの事は初めにエデンの園の閉鎖として伝えられている。エデンの園は生命の言葉の原理の学的範疇である。ソロモンの後幾ばくもなくして所謂三種の神宝の所在と意義とが失われたことがこのことの政治的具現である。繰返して言うがギリシャに於けるテイタンの滅亡、印度に於ける白法隠没、中国に於ける結縄の廃止、いずれも同一の唯一の事実に関する別個の記録である。これ等はいずれも五千年に近い昔の事柄であるが、ただ日本に於いては世界の他のいずれの民族よりも比較的最近、すなわち二千年の昔までロゴスの学が実際の政治に用いられて居り、またその隠没の経緯が歴史的にも明瞭であることが特徴である。

我佛を得てよりこのかた、経たるところの諸の劫数、無量百千萬億載阿僧祇なり、常に法を説きて、無数億の衆生を教化して、佛道に入らしむ、爾しよりこのかた無量劫なり、衆生を度せんが爲の故に、方便して涅槃を現ず、而も実には滅度せず、常に此に往して法を説く……衆我が滅度を見て、廣く舎利を供養し、咸く皆戀慕を懐きて、渇仰の心を生ず、衆生既に信服し、質実にして意柔軟に、一心に佛を見たてまつらんと欲して自ら身命を惜まず、時に我及衆僧、倶に霊鷲山に出づ、我時に衆生に語る、常に此に在りて滅せず、方便力を以ての故に、滅不滅有りと現ず（法華経壽量品）

釈尊はこの様に説いている、涅槃とは死とか暗黒とかを意味する抽象語とされているが、実際は粘土盤文字 clay-tablet をあらわす隠語である。ニルバナという梵語に涅槃の字を当てた漢訳者がその消息をよく心得ている。すなわちロゴス（言葉）を文字にあらわして粘土の上に刻んで焼いたものが涅槃である。これを泥日《ないわつ》、浮図《ふと》と書く時一層その意義がはっきりする。旧約聖書ではバベルの民が甕を焼いたと記されてあるが、この甕が粘土盤文字である。日本ではこれを甕《ミカ》と言う、ミカはミカガミ（甕神・御鏡）である。粘土盤文字ばかりでなく、布衍すれば八万四千の仏教巻、悉くこれ仏陀涅槃の姿である。言語はロゴスの活動状態であり、文字はその涅槃である。アダムは言語であり、エバはその涅槃である。文字は言語の死であり、逆に文字を蘇返（読返）らすと言語になる。天照大御神のロゴスが八咫鏡という粘土盤文字（埴土文《はにふみ》）に写されて神宮の奥深く祭られてあり、乃至古事記という書物の中に呪文体の文章の形式で秘められたことは、涅槃すなわち天の岩戸隠れの状態に入ったことである。だがロゴスが涅槃に入ることは却って衆生をして渇仰の心を生ぜしむる所以である。日本に於ける神武乃至崇神維新の企図する所と、壽量品に説く所と、エデン閉鎖の目的とする所とは全く同一のものであることを知らなければならない。

　ロゴスはこの様にして世界から隠れて行った。この事はまたアダムが産んだ二人の子供のうち弟のアベルが殺されたことでもある。アベルが殺されてその血、すなわちロゴスの道が地に隠れてしまった。その代りに神から罰せられた兄のカインが却って神の寵児として、アダムの原罪を継承して、楽園エデンの外に於いて苦役と渇仰の経営を続けて今日に至っている。その間地上の文化は治乱興亡を繰返しながら発達と浄化を続け、民主主義的意義に於いて急速に盛り上って来た。国家も思想も民族も、形而上も形而下も、あらずもがなのものは今日までに悉く清算されて来た結果、経済に於いては資本主義と共産主義、政治に於いては自由主義と統制主義、この二つにして二つのみなる対立として全世界が見事に洗い上げられた。これは驚くべき進歩である。カインの功績は褒むべきである、カインをして斯の如き業績を挙げしめたエホバーロゴスの経営者の恩寵は限りなく讃うべきである。斯くして間もなく過去数千年に亘ったカインの労役の悉くが解除される時が来る、アダムの原罪が赦される時が来る。人類は今限りなき幸福の夜明けが到来する前夜に位置している。もし刻下の世界のこの大きな明瞭な二律背反を人類終末の不幸と嘆く者がいるならば、その人は喜ぶべきことを喜び得ない愚者であり狂人である。喜ぶべきことを喜びと為し得ない無能者である。

その初め文明の種は世界の高天原から発して東と西の二つの方向に進展して行った。この二つはそれぞれ独特の使命を担っていた。既に説いた如く東に向った文明の終点は日本であって、ここに世界の高天原から直系に文化の種子識が齎されて、大天災害以前の太古に於いて暫く世界の眼目となっていたが、その後その種子識は天の岩戸隠れという涅槃の眠りに入って、あたかも固い石灰層に包まれた蓮の実が数千年間も眠ったまま生きていたように、その涅槃の姿のままで今日まで安全に保存されている。これが人類の第一の種智である。西に向った文化は今日米大陸に到達して、其処に東に向かった文化とは異なる物質文明の花を開き、やがてその花に果実が完全に熟した暁、天壌無窮・万世一系の意義が附与されて、その果実が輝かしい人類の第二の種智となるのである。宇宙には神秘もなければ偶然もない、人類の歴史はその部分と時代を担当する人間の自覚と無自覚に拘らず、唯一のロゴスの法則通りに進展して行く、これがライプニッツの所謂「神の予定調和」である。神のロゴスは人間の思惟を超脱したものではない、理性の範囲内のものであり、理性の内容すなわちロゴスである。

蓋し人の靈たるや　知る有らざる莫し、而して天下の物理有らざる莫し（大学）

であって、世界の高天原に於いて文明の第一の種智が創造されたことは、何も神秘の神わざではなく、もとより我等人類の思惟研究の結果であったと同じく、その後文化の発展が所謂東洋文明と西洋文明の二方向に分れて発展存続した所以もまた我等人類自体の計画と経営による所のものであることを忘れてはならない。歴史とはロゴスの歩みに外ならないのである。

ギリシャ神話はギリシャ人の神話ではない、ギリシャ人の手に成った世界の神話である。日本神話は日本人のみの神話ではない、日本人によって編纂された世界の神話である。その日本の神話的記録によると、その初め高天原の境域に、天照大御神、須佐之男命という姉弟があった。天照大御神の別名を大日靈女《ひるめ》という、ヒルメすなわち昼の眼、仏者の所謂槃若の眼であって、ロゴスの言葉で言えば母音「エ」に当り、理性を意味する古語である。その弟須佐之男命の名は、物事がすさまじく生成発展すると言うほどの意味をあらわし、ロゴスの音で言えば母音「ウ」である経験智、すなわち悟性に立脚して万物を指揮統率する権力者であった。この姉弟が立脚する立場の相違から争いを起したことがあった。この争いは人類の社会運営の立地には理性を主とすべきか、それとも経験智悟性を主とすべきかの論争であった。換言すれば、生命の本質に即した道義を主とすべきか、それとも物の生産とその支配権を主とすべきかと言う問題に就いてであった。その結果天照大御神は争いを放棄して天の岩戸に隠れてしまった。世界の高天原から東漸した文明は日本神話の言う天照大御神系の文明である。高天原から西漸した文明は須佐之男命系の文明である。前者は所謂精神文明である、後者は物質（科学）文明である。この二つの文明は人類が所有する知性の両面をそれぞれに分け持っている、もともと姉弟の間柄にあるのである。

ところがこの西漸の文明は経験智の帰納によるところの科学文明であって、この経験智はカントが明らかにしたように、自覚と自律性がなく、みずからの行動の合理合目的性をみずから規定する生命の「至上命令」を内に聞くことの出来ぬ盲目の知性である。日本古語ではこの種の知性、この種の文化を月読（夜見）命といい、その世界を「夜の食国《おすくに》」と言った。生命の太陽であり理性の光であるロゴス、すなわち言葉の原理を欠除する概念と文字とそして数のみの文明である。生命の主体であり実体であり、その自覚であるロゴスからではなくして、そのロゴスの客体であり映像である現象（経験）を抽象帰納して法則を集めるのであるから、科学文明には軌範性すなわち主体性がない。経験論哲学の終局はプラグマチズムでしか有り得ない。そこで科学的法則を強いて国家の律法として行なおうとすれば、ナチ独逸やソ連のような専制国家より他はなく、反対に国民をしてその法則に久々順熟せしめようとするには米国式の自由主義より他はない。前者は厳し過ぎ早過ぎる、後者は遅過ぎる。だが一応専制なら専制でも差支えなく、自由主義ならまたそれでよいのであるが専制の背ろには警察力が眼を光らせているし、自由の裏には資本主義がこびり付いている。警察力の奴隷にならない専制政治、資本主義の牧場に於ける牛馬とされない自由主義ならばよいのであるが、客観的な科学文化のみを法則としようとする限り、そうした理想世界は望み得ない。元来軌範性のない学理を強いて律法としようとする所に根本的な無理がある。西漸の科学文明は東漸の精神文明から理性の光りを附与されるのでなければその運営の上に真の自由と自主性と合理合目的性とを発揮し得ない。東漸の文明は西漸の文明の所産を対象とすることに於いて初めてその理性活動に具体性が附与される。この二つの文明は合致して一体とならなければならぬ必然性を初めから持っているのである。やがて一つに合流する目的のためにこそ初めに二つに分れて発達し存続したのである。

ここで少しくロゴスの内容に分け入った説明になるが、元来ロゴスの数、すなわち人間の頭脳にひらめくイデア（真名《まな》）の数は百である。これを五十と五十（四十九）に分ける。先の五十は実体（実在）であり、後の五十はその運用法である。日本ではこの五十を五十鈴《いすず》宮と言い、また石上《いそのかみ》（五十神）という。易経ではこれを大衍の數五十、その用四十有九と説いている。

其蓮華台は是れ大摩尼なり、一の菩薩有りて結跏趺坐す、名を普賢と曰ふ、身は白玉の色にして五十種の光あり、光ごとに五十種の色ありて、以て頂の光と爲せり（観普賢菩薩行法経）

と釈尊も説いている。先の五十神は伊勢五十鈴宮の奥深く保存されている。後の五十は五十連《イズラ》（イスラエル）である。仏教的に言うならば間もなく西方極楽浄土に於いて法蔵比丘の成道として完成されようとしている四十八願である。この二つが所謂「百敷の大宮」の内容として完全に組織される時が来ているのである。

アブラム九十九歳の時ヱホバ、アブラムに顕れて之に言ひたまひけるは、我は全能の神なり、汝我が前に行みて完全《まった》かれよ、我わが契約を我と汝の間に立て、大に汝の子孫を増さん……汝の名を此の後アブラムと呼ぶべからず、汝の名をアブラハムと呼ぶべし（創世記第十七章）

預言者モーゼが説いたペンタ、トーチは単なる民族の歴史ではない、歴史の必然、人類の将来を指示した知恵の書である。アブラハムは嘗て世に有っただけの人ではない、今も世にあり、これからも世に在ろうとしている原理の名である。アブラハムが九十九歳になるためには五十と四十九とが合わさらなければならない。このアブラハム九十九歳の誕生日を歓喜をもって―仏教者の所謂到彼岸の歓喜をもって祝い迎えることがこれからの人類の為事である。アブラムとアブラハムとは何処に如何なる相違があるか、宜しく沈思しなければならない。

東洋には古来七月七日に七夕祭り（乞巧奠《きっこうでん》）を祝う風習がある、子女達が執り行う風雅な年中行事の一つである。この夜、牽牛星と織女星とが天漢《あまのかは》を渡って相遭うという。織女は天照大御神（天《あめ》の衣織女《みそおりめ》）である。この女神は空間の経糸と時間の緯糸をもってロゴスの布を織っている。牽牛は須佐之男命である。牛に象徴された万有を引率している。七月七日は四十九数の暗示である。このロゴスの女神と科学の男神の相逢う時が必ず来る。この時ロゴスと科学とが各々の真理を如何に照合し検討するかその方法が「天の誓ひ《うけひ》」として日本の古典に精しく述べられている。この時が来ることを祝い且つ願って東洋の子女は過去幾千年間に亘って年毎の祭典を繰返して来た、東洋の子女の願いが叶えられる時が来たのである。

この時重ねて想起されるのは預言者モーゼのことである。極東のロゴスの国の葺不合朝の天皇と、西欧の民族の指導者の間に、その昔、東漸の文明と西漸の文明の遠い将来に関して如何なる契約が取り交わされ、如何なる経綸の分担が行われたか、その内容が我等日本人に明らかであると同じくイスラエル民族にも必ず明かであることを信じている。まことモーゼは日本の歴史に示される如く、モーゼ、ロミュラス王である。イスラエルの預言者であると共に、ローマ帝国の建設者、全欧羅巴文明の創始者でなければならない。モーゼと日本天皇との契約が実現する時は今日である。

最後にモーゼに次いで、イエス、キリストに就いてもそのロゴス的意義の一端を紹介しよう。キリスト教の奥義は言うまでもなく黙示録にある。黙示録はキリストが弟子ヨハネに説いた神即言葉の道の構造とその実現の過程を述べた預言書である。

キリストは再臨することを約束したが、黙示録はすなわちその再臨の意義と順序に関する解説書である。キリストの再臨とはキリストの様な人物が再び世界に顕れて来る事のようにキリスト教徒は希望しているかも知れないが、それは見当が外れている。元来キリストは人の名であると共にまたそれ自体ロゴスの基本原理をなすものである。キリストは十字架に懸けられたが、その意義を略説しよう。

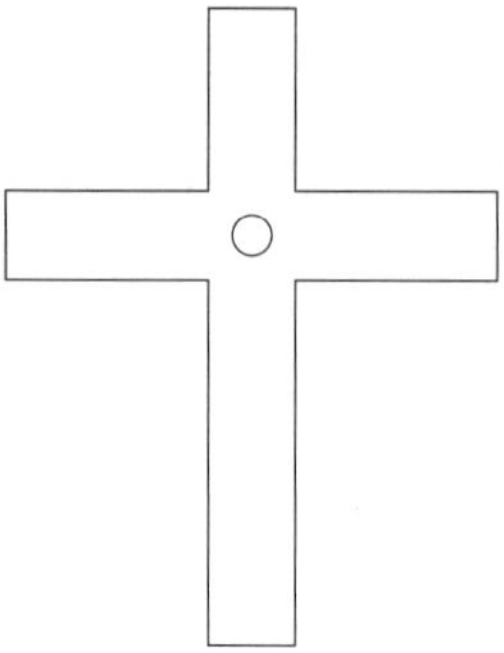

図 1. ロゴスの十字架

上図は十字架であるが、この図形を日本古語で高御産巣日といい、伊勢内宮建築の千木はこの形に象ってある。縦は空間（実体）をあらわし、横は時間（実相）をあらわす。直線の交点に当るところは質量である。哲学者は質量と言わず価値という。この三つを物理学ではC

GSであらわす。CGSは万物の基本体制である、始源の大自然法則である。キリスト教はこの大自然法則の図形を最高の象徴として掲げている。日本語でこれを霊辻《ひつじ》といふ。ロゴス（霊）の十字架《クロス》である、ヒツジはすなわち羊である。

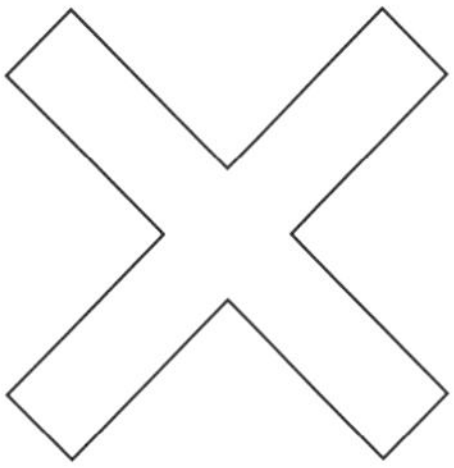

図 2. 人間の自我

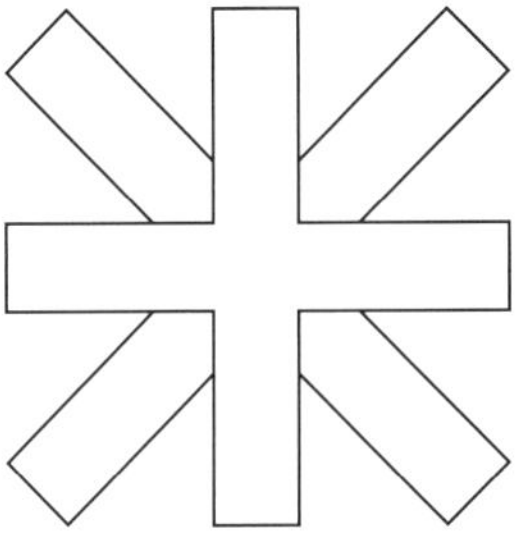

図 3. キリストなる人間的自我

上図は人間の自我の図示である。古代日本語でこれを神産巣日といい、伊勢外宮の千木の形である。始めもなく終りもない、仏教の所謂無明そのものである。これを羔羊《こひつじ》と言う。

上図はキリストなる人間的自我が大自然法則の上に架けられた形である。換言すれば無明なる自我が自然のロゴスに順応し得た姿である。これをイエス・キリストと言う。これが従来のキリスト教の奥義であって、同時にすべての宗教の究極境地である。孔子はこの境涯を説いて「己の欲する所を行ひて矩を超えず」と言った。

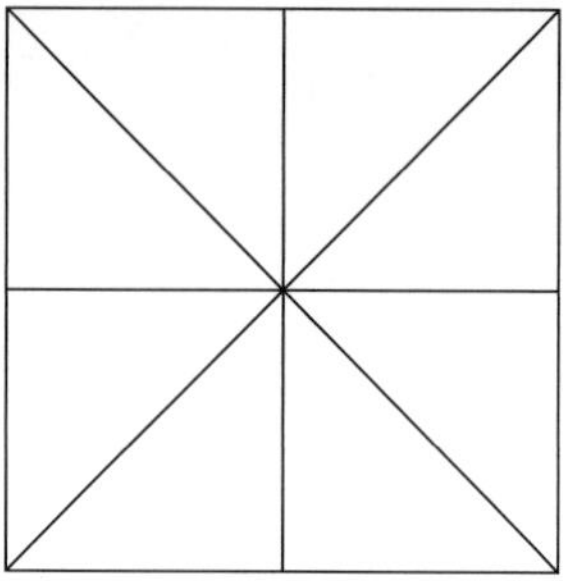

図4. アダムの肋骨

この形を更に上図の如くすると、これを日本古典では「大八島国」（八尋殿）という。旧約聖書では「アダムの肋骨」という。馬太伝ではベテレヘムの「馬槽」という。黙示録では「蝗《いなご》」の形といい、これが「生命の城《まち》」の町形である。仏教では花に擬えて「八朶《はちだ》の蓮華《れんげ》」といい、周易ではこれが河図・洛書の骨組をなすもので、すなわちこの図形がロゴスの展相の基本図形である。

だが、黙示録ではキリストの再臨をキリストの再臨と言わず「羔羊の婚姻」といい、「生命の城」の出現と説いている、その羔羊は十字架を負っただけのただの羔羊ではない。その羔羊は「シオンの山に立てり」と示されてある。シオンとは言語の子音を意味する謎である。生命の実相は言語の父音と母音が結び付いた子音として自覚され表現される。このシオンの山を踏まえて立った羔羊の姿を略示しよう。

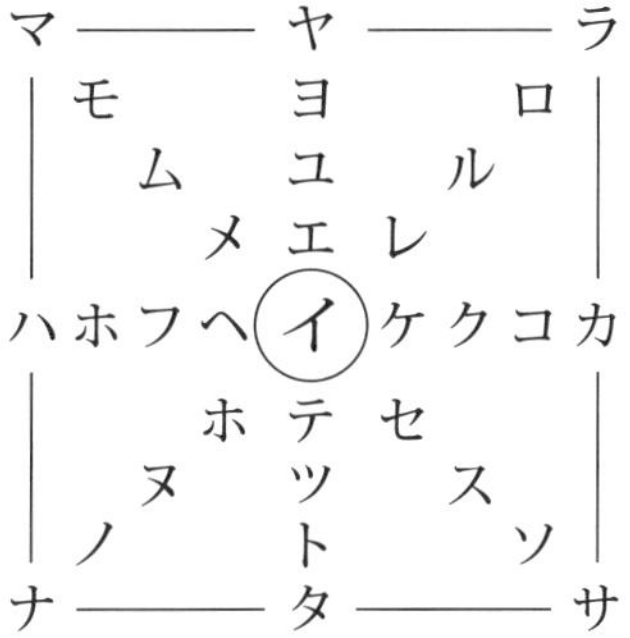

図5.生命の実相

　これが天に在す父の名、ロゴスと共なる再臨のキリストの姿である。すなわちこれが「生命の城」の姿である。神即言葉の道とはこの生命の城の内容をなす時間と空間と価値と、そしてその間に生滅する生命の律動を受信し表現する言語の運用原理に外ならない。宇宙にはこれ以上の何物もなく、これに含まれざる何物もない。生命の城とは生命の体系と展相と価値観に即した言語の範疇である。仏教では斯の如きを総時《そうじ》（摩尼鉢納摩《マニハンドマ》）といい、日本では八咫鏡という。そうしてこの様な言語の範疇が再び世界に顕れて人類の理性が再び活動を開始することが天の岩戸開きであり、キリストの再臨であるのである。

　普ねく地の面に散りながら、しかも神の選民としての誇りを失わず任務を忘れず、遂に人類の第二の種智を完成することが出来たソロモンの子等に向って我等は呼びかける。今こそ我等寄り集って、モーゼの遺業の完成とキリストの再臨のための祝典を挙行しようではないか。その祭典のための学的準備はこの日本のうちに「甕の上高知り甕の

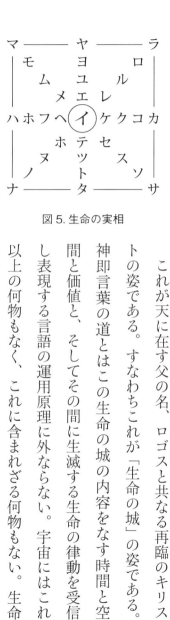

腹満て雙べて」神代ながらに整っている。それと共にこの祭典を東洋に於ける最後の最大の七夕の星祭りたらしめようではないか。その祭典の式場はモーゼとキリストの墳墓の地日本でなければならない。いざ、ソロモンの子等と日本人との主催によって、この「羔羊の花嫁の婚姻」の饗宴に普ねく全世界の人類を招待しようではないか。この一文がそのための「日本の招待状」であり、同時に「日本への招待状」であることを庶幾《こいねが》う。

第二部　シオンと日本

神道から観たヘブライ研究

一　日本とユダヤの宗教的歴史的関連に就いての覚え書

自分が皇学の研究を始めてからもう二十年になる。最近改めて基督教聖書を読み出した。ある夜古代のヘブライ文化に就いて瞑想に耽っていると、次のような和歌がそれからそれと心の中に浮かんで来た。これ等の和歌の説明の心算で走り書きをしためる。この内容を更に総合的に、精確に詳細にまとめ上げることは自分の後日の仕事である。

ヤハの神ヱホバの神は八幡《ヤハタ》神天照《アマテル》神の異国《コト》の名ぞ

ユダヤ人はヱホバと言う神名を時にヤハと言う（詩篇六、八等）。英語読みではヤーである。我々日本の学者としてはヤーまたはヤハと呼ぶことがヱホバの神名の正しい発音であると考えたい。と言うのは、ヤハと言う言葉はそのまま日本語で「八つの木の葉」または「八つの言葉」という意味になるからである。八つの葉ということには重大な宗教的意義がある。

日本の言霊学は人類の言語が三つの基本的要素から成り立っていることを教えてくれる。即ち母音と父韻と子音である。

母音　アイウエオ
父韻　キシチニヒミイリ
子音　父韻×母音＝8×5＝40

すべての人類の言語と言うものは八つの父韻と五つの母音の美斗能麻具波比《ミトノマグハヒ》（婚《ヨバ》い、呼合《ヨビア》い）によって生まれて来る。これが神道の奥義である「言の葉の誠の道」の基本原理の一つである。そもそもこの八父韻は人間の知性の原律を現わしている。万物の実相である差別矛盾の相は四組の相対のあらわれであって、四組の相対が八相に展開する。五母音は事物に内在する実体をあらわす。この内在する五要素（母音）が知性の八律によって呼覚まされる時現象（子音）を生ずる。日本語にすると八葉《ヤハ》と言う意味になるヤハ神の名はこの人類知性の原律である八数を意味するものでなければならない。この八律は次の様に図示される。

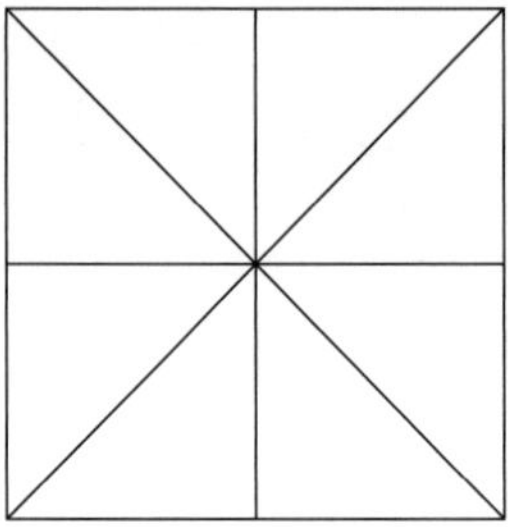

図 6. アダムの肋骨

この図を旧約聖書では「アダムの助骨」と言い、新約聖書では「キリストの馬槽」と言う名で暗示されていることが知られる。またこれは中国の易の基礎図形であって、兵法の八門遁甲の法と言うのもこの図の使い方に外ならぬ。日本の八幡神もまた幾何学的にはこの図形を以って示される。哲学上ではこれを框《カマチ》と言う。

さて、この父韻の八律を日本古典では「天の浮橋」と言うが、それは旧約聖書に於けるヱホバの神と生物との間の生命の契約の印である「虹」に当たるものであることが了解される。

日下部照氏の研究によると、日本の伝書鳩はその昔大陸から九州に上陸して筥崎八幡に居住を構えたユダヤ人の一団によって輸入されたものであると言うが、日本全国にある八幡宮の元の社である筥崎八幡は、或いはユダヤ人が彼らのヤハの神をはじめに日本の国土に勧請した社であったものかも知れない。もっとも八幡神の名はそれ等よりももっと古い頃の日本の皇統に於ける天皇の諡名であることを伝えている記録もあるから、従ってヱホバの神は日本の八幡神であるとしても、八幡神がすなわちヱホバであると言う逆説は必ずしも成立しないことになる。それにしてもヱホバと八幡神とは歴史的には密接な関連があるものでなければならない。

ヤハの八つの言葉の図形である⊠を書き直すと、いま一つ▦の図形が出来上る。これは田の形であって、ヤハの田がすなわち八幡《ヤハタ》であるわけである。

この生命の実相としての四個の矛盾、すなわち八律の相対の相を完全無欠に運用し調和せしめることは神学や哲学上の最も困難な究極の問題である。この八律を完全無欠に組織する知恵を称して仏教では波羅蜜多と言う。波羅蜜多はピラミッドと同義語であることが考えられる。ピラミッドはヤハの図形を立体的にしたもので、それは仏説の須彌山《スメル》と同じ意味のものである。日本の古典ではこれを高千穂の寄振獄《くしふるだけ》と言っている。

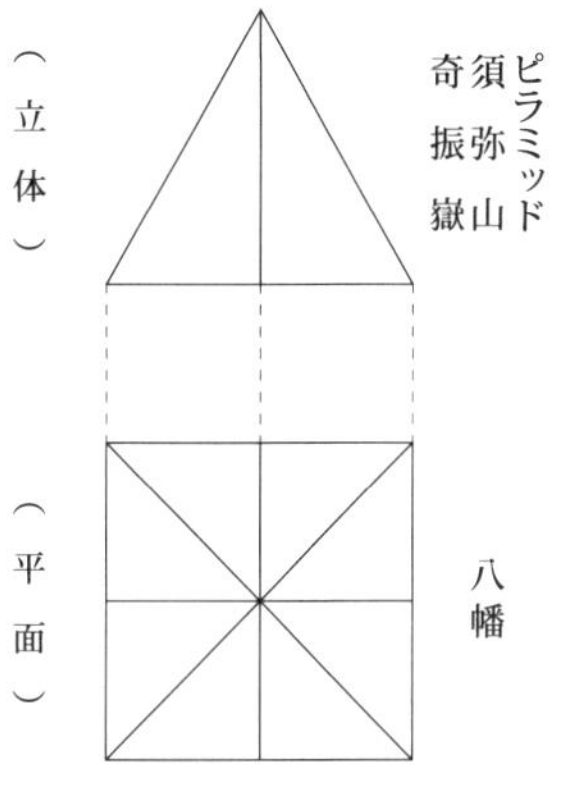

図 7. 高千穂の寄振獄

仏説の波羅蜜多に当たる深奥の知性の完成態を日

本人は天照大御神と言う女神の名で呼んでいる。このピラミッドまたは八幡の図形は、また同時にヱホバの神の原形でなければならない。ヱホバは宇宙の絶対神であり造物主であり、同時に世界の指導者である。日本の天照大御神もまた然りである。宇宙は唯一であり、人類の生命は一種類に限られたものであるからには、ヱホバと天照大御神とは原理としては同一内容を有し、同一神でなければならぬことが先ず最初として考えられる。

ユダ国は常夜となれりエルサレム、シオンに神の聖顔《カオ》の隠れて
ユダ人は律法《オキテ》をなみし神に叛き神の嗣業《ユヅリ》を失いにけり

ヱホバ神がイスラエルから、すなわちヱルサレム、シオンからその権威を隠し、ユダヤ人の上にその慈愛と守護の御業を停止した事の理由と事実に関しての詳細な記録が聖書の随所に見えている（ダニエル書九章、エレミア悲歌等）。ヱホバ神がその権威を民の上から隠したということは日本古典の所謂「天の岩戸隠れ」ということに相当する。この事を宗教的な信仰や観念からではなく学問上の原理の上から言うならば、この神が

その姿を隠したと言うことは、神がその聖顔《ミカオ》（御面）を隠したと言うことで、その神の顔であるところの学問的な様相が判らなくなってしまったことである。そこで神の聖顔とは何であるかに就いて考えて行かなければならない。

神は忘れたり、神はその顔をかくせり、神は見ることなかるべし（詩篇一〇篇）

あゝヱホバよ、かくて幾何時を経たまうや、汝とこしへに我を忘れ給ふや、聖顔を隠していくそのときを経たまうや（詩篇一三篇）

されどわれは義にありて聖顔を見、目ざむる時容光《ミカタチ》をもて飽足ることを得ん（詩篇一七篇）

神の顔とは学問を以って表されたその神の原理のことである。この原理をその神の神格と言う。すべて如何なる宗教にせよ所謂「正法」の神（仏）であるならば、その神の神格である実体を示し現す所のそれぞれの理論的組織体系がある。しかし所謂「像法」の時代に於ける神（仏）には、絵画や彫刻に示されている様な幻影的な姿（仏像）があるのみである。これが正法と像法が相違する点の一つである。この故に正法の神であるヱホバが像法の神である仏像（阿修羅）の如きを甚だ嫌悪することは当然のことである（出埃及記三四、申命記一六、士師記六）。

神にはその理論的実体としてのこの様な正しい聖顔（面、姿、表詮）がある。その様相は数理と言語を以って組立てられてあるものである。古代ギリシャ人はこの組織をロゴスと喚んでいた。日本にもまた斯の如き神の聖顔であるところの八咫鏡というものがある。太古この八咫鏡は粘土盤を以って作られ、その上に神聖な幾何学的図形と神代文字が彫られてあった。その鏡は天照大御神の神格を現わすところの数（幾何）と言葉の理想的な組織を示すものである。ヱホバの聖顔と言うものもまた斯の如き鏡（鑑）に他ならぬものに相違ない、しかもこの鏡であるヱホバの聖顔がその昔、エルサレムのシオンから隠れてしまったというわけである。しからばこのユダヤに嘗てあった所のヱホバの理法を示す聖顔は其の後一体如何うなったと言うのであろうか。それは人類の記録と記憶から全然消え去ってしまったものであるのだろうか、それともそれはユダヤの王達と預言者達以外にはユダヤ人の誰も知らないところの世界の何処かの場所に隠されたものでもあるのだろうか。神が自己の顔を隠したという伝説または啓示または呪示の背後には、それが何人かの手によって隠されたと言う事実があるに相違なかろう。

ヱホバの聖顔と我が八咫鏡が同一のものであるか如何うかを決定することは、なお我等に取って将来の問題である。しかしこの事に拘わらず、日本には遠い神代の昔から、宇宙最高の女神の御姿（顔）であるところの理論的な図形が継承されている。

この鏡を見まさんこと正に吾を見るが如くすべし

これは天照大御神が天孫仁仁杵命に八咫鏡を渡された時の神勅である。

しかるにこの八咫鏡もまたヱホバの聖顔と同様に今から千五百年昔以来、すなわち崇神天皇の御宇以来隠されているのである。それ以来八咫鏡の理法の意義と内容は神道家の間から全く忘れ去られてしまっている。この事はイスラエルの民族の運命とその神宝に就いて聖書が記録している所と酷似している。

ヱホバいひ給う汝等地に増して多くならんときは、人々復たヱホバの契約の櫃といはず、之を想ひいでず、之を憶えず、これを尋ねず、之を作らざるべし（エレミア三章一六節）

崇神天皇の御宇に於けるこの事態を日本では特に第二回の天の岩戸閉めと言う。この以後すべての日本の典籍には日本の国体原理に関してただ啓示的な呪文的な象徴的な記録だけが残される事となった。斯くして日本もまたユダヤと同様今日に至るまで精神的な鎖国状態に在るのである。しかしこの千五百年の亘る暗黒時代の後に漸く暁の曙光が見え初めようとしつつある。筆者の師であり先輩である山腰明将氏、武智時三郎氏等の努力によって日本古典の謎と秘密が漸次解明されて来た。神道者の所謂神界の原理であるところの八咫鏡の意義を構成する数と言葉の原理が解明されつつある。即ち所謂第二回目の天の岩戸開きの時期が到来せんとしつつあるのである。キリスト教聖書にはエデンの園が再び開かれる時期が来て、神聖なる神の都エルサレムの原理が天より降臨することが約束されている。この黙示録第二十一章に示されたヘブライの預言は日本の第二回目の天の岩戸開きと同じ事態を意味するものであることが了解される。八咫鏡は天津日嗣の実体の内容を示す理論的典型である。日本の天皇とそして日本国民はこの鏡を祖先神より継承しているのである。

ユダヤ国家に於いては歴史の経過中のある時期に於いて神の嗣業が断絶した。しかし日本に於ける天津日嗣は天壌無窮に継承されている。イスラエルの三種の神宝は預言者モーゼの死後幾何もなく、ソロモンの後には既に喪失されてしまっている。しかし日本の三種の神器は今日依然として宮中の賢所と、及び伊勢神宮に厳存している。我々は伊勢神宮の唯一神明造りと言う建築様式そのものの中に八咫鏡の幾何学的構造の典型を仰ぐことが出来る。すなわち建築そのものが御鏡の象徴であるのである。

今日迄の我々の研究の結果に於いてはイスラエル王室の三種の神宝と日本皇室の三種の神器とは少なくともその哲学的な観念に於いては同一意義内容のものであることが判明している。その観念的な一致点は次の如くである。（ヘブル書第九章による）

以上は極めて簡単な比較に過ぎないが言霊学と数理哲学とそして歴史と考古学の上からこの日本とイスラエルに伝わる二組の神器の意義と関係を明徴することは今後の我々の最大の問題の一つである。

それにしても日本皇室とユダヤ（イスラエル）王家の間には如何なる神秘の関係が存在するものであるのだろう。誰やらが言う様に日本の皇室はダビデ王の子孫でもあるのだろうか。それとも竹内文献が我等に教えてくれている様に預言者モーゼに十戒を授けた者は日本の鵜草葺不合朝の天皇であられたと言う事が真実であるのだろうか。

日本には今世界的に重大な、而もなお未解決の問題が山積している。これも竹内文献及び他の記録の伝える所であるが、富山県には預言者モーゼの墓があると言う。明治の頃ラフカディオ・ハーンがこの事を伝え聞いて、日本に帰化する決心をした。また筆者の同僚の鳥谷幡山翁は現在青森県のキリスト遺跡を調査中である。同県十和田湖畔にはキリストの子孫と称せられる人々が住んでいて、家具や衣類の上に十や✡のマークを祖先以来の風習として使用している。また筆者の知人の山本英輔氏、故仲木貞一氏等は四国の剣山の頂上でソロモン王の宝と称せられる遺物の探掘に従事している。一昨昭和

	日本	イスラエル
（一）	八坂勾玉 万有の性質を現す 言語表現の象徴である三十二個 又は四十個又は五十個の宝石	黄金のマナ壺
（二）	八咫鏡 言霊の構造を示すところの 八稜形の粘土盤文字	モーゼの十戒石板 神と人との間の生命の契約の内容を 示す十章から成る石板文字
（三）	草薙剣 万物を解剖分析してその性質を 明にする剣、すなわち一より十に 至る数理	アーロンの杖

図８. 神器・神宝の比較

二十八年夏には、地下の古代の坑道内の棚の上に三十ないし五十個の死骸を発見した。死体は全く風化して移動すると崩れてしまうが、着ている着物の布の目がまだ明らかに残っている。しかしその死骸は果たして古代へブライ人のものであるか、それとも壇の浦からその地に逃れて来たと伝えられる平家の倚のものであるか、まだ詳細は今のところ不明である。

以上は神と歴史に関して日本に起っている問題のほんの数例にすぎない。しかしこの種の問題は、神と真理と世界平和を希求する我々日本の研究家と、ユダヤ民族と、そして世界のキリスト教徒及びマホメット教徒に取って極めて重大な国際的な宗教問題でなければならない。

聖書を読んで行くと斯うした日本と世界の問題を解決する上に関連がある顕著な記録の数々が、その意味で聖書を見ている我々の眼に焼付くように映じて来る。

地のうちにて諸々の民の中にて遺る者は橄欖《オリーブ》の樹の打たれし後の実の如く、葡萄の収穫果てし後の実の如く、これ等の者声を挙げて呼ばはん、ヱホバの稜威の故を以て海より喜び呼ばはん、この故に汝等東にてヱホバをあがめ、彼は海の間にてイスラエルの神々ヱホバの名をあがむべし（イザヤ書二四章）

彼は海の間に於いて、美しき聖山に、天幕の宮殿を設らへん（ダニエル書一一章）

イスラエルにダビデ王の嗣業が絶えた後にこの様な預言がイザヤとダニエルの言葉として伝えられている。海の島とは何事であろう。海の間の美しき聖山とは何だろう。この言葉によって我々日本人が直ちに思い浮かべることは我等の美しい聖山である富士山である。

中国文献によると葺不合朝の或頃、富士山に日本の大宮（首都）があったことがある。また中国の伝説によると東海の島の蓬莱山（富士）とその麓の瀛洲（興津）には神仙が住んでいて不老不死の仙丹を練っていると言う。その頃始皇帝の命を受けた秦の徐福はその仙薬を索ねて蓬莱山を訪れた。そして其処で彼は日本の皇統譜に就いての歴史を編纂した。今日伝わっている富士宮下古文書と言う漢字の文献はその徐福の作と伝えられている。

「不老不死の薬」と言うこの中国の言葉は、日本人が日本の皇運を祝して「天壌無窮」と言う言葉の意味とよく似ている。またこれに似た言葉をユダヤ人も聖書の中に述べている。それは「神と生物の間の永遠の生命の契約」ということである。その契約の印は雲の上に浮かぶ虹である。

これ等の三つの言葉はよくよく考えて行くと如何にも酷似した意味である。その間に深い内部的な関連がなければならぬことが予想される。しからば人類の永遠の生命と祉福に関するこれ等の歴史的、神話的、宗教的、伝説的な言葉の奥底の真意は一体何事であるのだろう。それに就いては先ず何よりもヘブライの古い預言者の言葉に導かれて東洋の或る島の内に「永遠の生命の契約」の内容と「不老不死の薬」とを発見することが我等の為事でなければならない。その島こそヱホバ神が嘗て在まし、現に在まし、且つこの後も永久に在ます場所でなければならない。

しかしこの様な神の契約や生命の仙薬の本当の意義を見出すためには、従来の常識的乃至観念的な方法は全く何の効果も齎らさないだろう。たとえば雨あがりの空の雲を仰いでみたとて、或いは山を登ったり降ったりしてみたところで無駄である。またはそうした歴史や神話に対して従来の学問の立場から新しい解釈を試みたとて何の結論も得られないだろう。

実はこれ等の伝説的な言葉の真意義は日本とイスラエルの双方に伝えられている三種の神器の中に収められている事を我々は承知している。しかし現在ではなおその神器そのものが神秘と謎の中に包まれている。そしてそれに関して伝えられているその謎乃至神言は宗教的には極めて尊重されつつあるのではあるが、まだ十分明瞭には解釈されていない。神言とか啓示とか言うものは明白な解釈がなされない限り、人間の実際生活の上には余り大した役には立たないものである。

日本とイスラエルの神宝の秘義は神学的哲学的方法とも言うべき特殊の方法を以って釈くべきであって、普通の常識でも科学でも釈けないものである。聖書には宇宙の生命の内部の秘密を如何に開くべきかの方法を「おのづから施転《めぐ》る焔の劔」（創世記三章）と言う名を以って教えられてある。この劔が生命の永遠不滅の楽園であるエデンの園を開く鍵である。

しからばこの「焔の劔」とは何物であろう。この謎を釈くためには最初に一つ前提が必要である。その前提とは人類の知性と言うものは、ただ言語と数理だけを以って構成され運用されているものであることを知ることである。人類にはこの数と言葉を運用するための深遠な神授の能力が与えられている。すなわちこれが焔の劔である。神からこの形而上の剣の運用を許された民族を称して「神の選民」と言う。ところが聖書を次々にひもといて行くうちに、筆者は遂に驚嘆すべき一章に遭遇した。

ここにヱホバ大風の中よりヨブに答えて宣はく……汝若し知らんには誰が度量を定めたりしや、誰が準縄を地の上に張りたりしや、その基は何の上に置かれたりしや、その隅石は誰が置《す》えたりしや、かの時には晨星《あけぼののほし》あいともに歌い、神の子等みな歓びて呼はりぬ。海の水なかれ出て、胎内より涌き出でし時、誰が戸をもて之を閉じ込めたりしや、かの時われ雲をもて之が衣服《ころも》となし、黒暗《くらやみ》をもて之が襁褓《むつき》となし、之に我が法度《のり》を定め、関及び門を設けて、曰く此までは来るべし、此を越ゆべからず、汝の高浪ここに止まるべしと……汝昴宿の鏈索《くさり》を結びうるや、参宿の繫縄《つなぎ》を解きうるや、なんぢ十二宮をその時にしたがいて引出し得るや、また北斗とその子星を導

き得るや、なんぢ天の常経を知るや、天をしてその権力を地に施さしむるや……（ヨブ記三八章）

この一章は言うまでもなく啓示すなわち謎によって記されてある。この啓示を釈くことによって、神が如何に宇宙を創造し、如何に世界を経綸し、また同時に如何に三種の神器を創造し、如何にこれを世界の恒久の平和と調和のために運用するかの方法を理解することが出来る。この理解の為には、先ずこの章で述べられた地とか海とか星などと言う物は自然界または化学的な物象を指しているのではなく、それぞれ形而上の実体を意味している象徴であることに留意しなければならぬ。

ヨブがこれ等の事物の意義を彼自身自覚していたか、それとも誰かが彼に語った通りをそのまま記述したに過ぎぬものであるか、これだけの記述では判定は困難である。しかしここに我々が驚嘆措《お》く能《あた》わざることは、この預言者ヨブを通じてエホバが語ったことは、これこそ形而上の日本国体原理であるところの神道の秘義そのものに他ならぬことである。皇典古事記は日本国体の教科書である。そしてこの古事記はこのヨブ記にある右のエホバの教えの内容をさらに詳細に組織的に記述した物に他ならぬと言うことが出来るのである。

いずれ我々が改めてこの古事記とヨブ記を詳細に比較解説しなければならないだろう。しかし思えば不思議である。一体ヨブは何処で何人から、我々日本の学者達が自己の国体として熱心に研究に従事しつつある斯の如き古事記の内容を教えられたのだろう。大風の中より答えたヱホバの声とは何事を意味するのだろう。そもそもヨブとは何人であるのだろう。この一章に接することによってヨブと言う人物は他の東洋の霊者達である孔子や老子よりも、更には仏陀その人よりも一層我々日本人に近接した人物であることが認識される。そしてそれと同時にこの経験によって日本とユダヤとの関連が極めて密接なものであることに対する我等の信念がいよいよ深く確かなものになってくることを覚えるのである。

現在エルサレムのシオンにはヱホバは在しまさぬ。この故にユダヤ人は世界中を漂白しつつ、失われた彼等の神と、その神が実際に在しますところの永遠の母国を探し求めている。この事は人類の歴史上最も長期的に亘る最大の悲劇でなければならぬ。しかしこの過去三千年に亘るヘブライ人の放浪もやがてその終局が近づきつつある。我等日本の正統の神道学者がこの「さ迷へるユダヤ人」達に向かって次の如き和歌を以って呼びかけ得る時期が到来せんとしつつある。

ユダ国にヱホバの神の嗣業《ユヅリ》絶え天津日嗣に隠りましける
ユダ人よシオンに神は在しまさずその神今は日の本に在す
ヱホバの火シオンを去りてその昔この日の本に神あがりせし
ひたすらにシオンを慕う心もて天津日嗣を仰げユダ人
ヤハ神の聖顔《ミカオ》ほりせば裂口代《さくくしろ》五十鈴の宮を仰げユダ人

凡そ現実のみが事実である。ある種の日本の論者が言うように日本の天皇が果たしてダビデの子孫であるかどうか筆者は知らない。しかし年代不詳の遠き神代より日本の天皇の神器が継承されつつあることは現実の事実である。日本の三種の神器がその昔のイスラエルの三種の神宝そのものであったかどうか筆者は知らない。しかし日本の天皇が天津日嗣の天璽《あまつみしるし》として現実に三種の神器を所有して居られることは決定的な事実である。

三種の神器が神器であるからには世界に二組とは存し得ない。嘗てイスラエルに存したそのものは現在日本にあるものと同一のものか又は少なくとも類似のものであった筈である。しかし現在はただこの日本にのみ現実に三種の神器が存在する。何よりも先ず現実の事実を事実としなければならない。これに就いてユダヤの預言者はまた次の如く述べている。

ヱホバの火はシオンにあり、その爐はヱルサレムにあり（イザヤ書三一章）

日本語で「ヒ」と言う言葉は火、光、霊、及び言葉という意味がある。言語は神が人類に与えたところの最上の贈り物である。この故にヨハネ福音書にも「初めに言葉あり、言葉は神と共にあり」と記されてある。日本にはこの神から贈られた生命の言葉を如何に運用するかを明らかにした所の神道の教義がある。これを「言の葉の誠の道」と称する。古代ギリシャ人はこの道をロゴスと呼んだ。そして古代イスラエル人は同じくこの道を「生命の樹の葉の道」と呼んでいたことが知られる。日本語で「ハ」ということは樹の葉という意味であると共に言葉ということでもある。この故にユダヤ人が言う「樹の葉の道」と言うことは日本人が「言葉の道」ということと同義であることが了解される。エルサレムのシオンの宮深く昔嘗て、この「樹の葉の道」の教義が存していたことは確実でなければならない。

現在エルサレムにはシオンの遺跡は残っている。然しヱホバの火は既に其処には燃えていない。けれども我等日本人の魂の中には、その人が自身それを自覚するとせぬとに拘らず、この「生命の言の葉の道」の火が今も猶そのかみの神代ながらに燃え輝きつつあるのである。

若し今ヘブライ民族がエルサレムを再び元の如きヱホバの爐として、其処を再びヱホバの嗣業の場所とすることを希うならば、その爐の中にヤハ神の八つの言葉を以ってする火を點《とも》さなければならない。このヱホバの知恵の灯火は太陽よりも月よりも明らかなものである。何故ならばヱホバの火は日をも月をも創り給うたものであるからである。「たとへ日は冷やかなるべく、月は暗かるべしとも」（禅箴）ヱホバの火は消えることがない。

かくて萬軍のヱホバ、シオンの山およびヱルサレムにて統治《すべおさ》め、且つその長老たちのまへに栄光あるべければ、月は面あからみ、日は恥ぢて色かはるべし（イザヤ書二四章）

イザヤのこの言葉が東洋の禅箴と同一であるのは真理であるからである。今やヱホバの火をその在るべき正しい場所から、その最高の光輝のうちに見出さなければならない時である。この事こそ我等日本人と、ヘブライ人と、キリスト教徒と、そしてマホメット教徒が果たさなければならぬ刻下の最高の天職であり使命である。そのヱホバの火はこの地上の何処に見出され得るものだろうか。これに就いて我等は預言者イザヤとダニエルとが口を揃えて、東の海の島と、その島にある美しい聖山とに関して説いていることとを想い浮かべなければならない。このことを思い浮かべなければならぬ者は第一にユダヤ人でありキリスト教徒である。第二次世界大戦が終わった時筆者が次のような和歌を作ったことを覚えている。

日の本の民は應はじユダヤ人招きて伝へん言の葉の道

二　大祓祝詞と預言者モーゼ

大祓祝詞は古事記、日本書紀と共に国体神道の基本原理と歴史とを説いた重要な経典である。従来の神道学者の研究によるとこの祝詞の起源は甚だ古く、神武天皇の頃既に存在して居り、その後にも幾多の修正が行われ、最後に柿本人麿呂の手によって今日見る如き芸術味豊かな体制が整ったと言われている。しかし従来の材料や研究方法によっては不明であるこの大祓の起源も、竹内文献乃至ウエツフミによると明白になる。鵜草葺不合朝三十八代に天津太祝詞子《アマツフトノリトコ》天皇と言う方が居られた。この天皇こそその諡名に示される如く大祓祝詞の制定者であられる。日本の神社に於いてこの祝詞を一年に二回、六月と十二月の晦日に奉唱することが、神代以来今日に及ぶまで絶ゆることなき日本の習慣である。

さて同じく鵜草葺不合朝の六十九代に神足別豊鋤《カミタルワケトヨスキ》天皇と言われる方が居られた。この御名の神足別のタル（足）とは十（タル）の意味で、タにはまたタラともトラとも音便で変化する。そこで神足別とは「神聖なる十を別ち與へた」という意味になる。またこのタルはヘブライ語のトーラ（律法）という語にも通じている。

竹内文献の記録及び安倍家の古文書の記述によると、イスラエルの預言者モーゼが日本の神道の原理を学ぶために来朝したのは、この神足別豊鋤天皇の御宇のことであった。モーゼが神道の修業を終了した時、天皇は彼に所謂「十戒」の原理を授け給うた。それは神聖なる十数を以て構成されている神道の秘義である。

モーゼは天皇からこの十戒を授けられて、故国に帰り、十戒の原理に則ってイスラエルの神聖国家を創設した後、再び日本へ帰って来て、皇族大室姫命（後改名してローマ姫命）を娶り、長く日本に居住して能登の宝達山に薨じた。

葺不合朝七十代神心伝物部建天皇七十五年ナヨ十月(九月)立八日(十八日)、モーセ、ロミュラス能登宝達山宮に五百八十三才神幽《カミサ》り、ネボ谷に葬り、分塚し越中呉羽《クレハ》の安念坊《アンネボ》山に葬る。羅馬姫（大室姫）天皇七十七年ケサリ月（二月）立七日（七日）四百六十一才まで宝達山に神幽り、詔して御子七名、ヨモツ国主と定められる。

これは現在筆者の手許にある竹内文献の一部である。

これと同じ内容の記録が安倍仲麿呂及び安倍晴明の子孫である安倍正人氏の家にも現在伝えられている。当主正人氏はラフカディオ・ハーン（小泉八雲）の友人であった。或る時安倍氏がハーンに向ってモーゼの話を洩らしたところ、彼は大いに感激して直ちに日本に帰化する決意をした。ハーンが安倍氏に打開けた所によると彼にはユダヤ人の血が流れていた。日本は彼の祖先の最大の聖者の墳墓の地であるわけである。

聖書には預言者モーゼに就いての様々な奇蹟が誌されてある。この中で最も顕著なことはモーゼの指揮の下に、イスラエル民族がファラオの虐政を逃れてエジプトからシリアの故国に帰る道に起った奇蹟である。

斯て彼等スコテより進みて曠野《あらの》の端なるエタムに幕張す。ヱホバ彼等の前に往きたまひ、晝は雲の柱をもて彼等を導き、夜は火の柱をもて彼等を照して、晝夜往き進ましめたまふ（出埃及記一三章）

モーセ手を海の上に伸べければヱホバ夜もすがら強き東風をもて海を退かしめ海を陸となしたまひて水道に分れたり。イスラエルの子孫海の中の乾ける所を行くに、水は彼等の右左に垣となれり、エジプト人等パロの馬車、騎兵みなその後に従ひて海の中に入る……モーセすなはち手を海の上に伸けるに夜明におよびて海もとの勢力《いきほひ》にかへりたれば、エジプト人これに逆ひて逃たりしが、ヱホバ、エジプト人を海の中に擲ちたまへり。即ち水流れなりて戦車と騎兵を覆ひ、イスラエルの後にしたがひて海に入りしパロの軍勢を悉く覆へり、一人も遺れる者あらざりき（出埃及記一四章）

これは人類史上最も神秘的な宗教的事体であると言わねばならない。しかし最近この不思議な天祐の秘密が科学的事実として説明されることとなった。

その説明はロシャの学者ヴェリコフスキー氏によってなされた天文学的、歴史的解釈によるものである。彼によるとその時地球と彗星との大衝突があった。これが聖書に記された不思議な自然現象の原因であった。紅海の水を捲返して陸地とした原因はその彗星の引力であった。その彗星の長く曳かれた尾が、昼は雲の柱の如く、夜は火の柱の如く天空に架って見えたわけであった。

ヴェリコフスキー氏のこの新説は現在アメリカで激しい反対論に会っているそうだ。ここで筆者はヴェリコフスキー氏のために遥かに援軍を送りたいと思う。地球と彗星との衝突と言うような事は地球全体に損害を及ぼす大事件であって、もとよりエジプトとシリアという限られた地域だけに起った異変ではない筈である。果たせるかな日本の竹内文献にもこれと同一の事件の記録が伝えられている。

神足別豊鋤天皇の御代に大変事があり、火の雨が降り、人さわに死す、木に餅がなると言う様なことが記されてある。その記録は簡単で短いが、火の雨とはまさしく彗星から地上めがけて落下して来た無数の隕石のことに相違ない。この為無数の死者を生じたのである。

筆者がこの記録を読んだのは二十余年前のことであるが、その後長い間この「火の雨」ということの意味が釈けなかった。しかし今日漸くヴェリコフスキー氏の解説によって多年の疑問が氷釈したわけである。そしてそれと同時に更に愉快なことには葺不合六十九代神足別豊鋤天皇と預言者モーゼとは同時代の人であることの科学的証明が成り立ったのである。地球と彗星との衝突という様な事件は歴史上そう度々起り得るものではない。また記録が誤り伝えられる様なことも恐らくは有り得ないだろう。

モーゼは二度日本を訪れている。旧約聖書からこの事を見て行くと、彼の一度目の来朝は彼がシナイの山頂に在って神に祈りを捧げていたと記されてある期間がこれに当ることを指摘し得る。

モーセ雲の中に入り山に登れり、モーセ四十日四十夜山に居る（出埃及記二四章）

彼はヱホバと共に四十日四十夜其処に居りしが食物をも水をも口にせざりき、ヱホバその契約の詞なる十戒を彼の板の上に記し給へり（出埃及記五二章）

モーセすなはち身を転らして山より下れり、彼の律法の二枚の板その手にあり、此の板はその両面に文字あり……此の板は神の作なり、また文字は神の書にして板に彫りつけてあり……（出埃及記三四章）

この時モーゼは彼の祭司長アロンをさえ遠ざけて唯一人山頂に居たことになっている。山の上でモーゼが何をしていたかに就いては何人も詳にしていない。

ここで「四十日四十夜」と言うことに就いて少々説明しなければならないと思う。竹内文献によるとモーゼと同じくイエス・キリストも日本に来朝したことになっているが、新約聖書によるとこのキリストもまた四十日四十夜荒野に坐っていたことが記されてある。一般にこの四十日四十夜は単にその日数だけの期間をあらわす以外に意味ないものと考えられているが、元来この四十という数は重大な数である。いずれ後で詳説するが、この数は言の葉の道の基本をなすところの原理的な数である。この四十を二倍すると八十になる。古代日本語ではこの八十をヤソと言う。この発音は耶蘇《ヤソ》という音に非常によく似ている。キリストが四十日四十夜坐っていたと言うことは、その如く文字通り四十昼夜坐っていたことを意味するのではなくて、キリストがヤソすなはち40+40（又は100-20）の原理を学ぶために日本に来朝したことを暗示しているものであるかも知れない。モーゼの場合もこれと同じことが言える。斯く釈くことによってシナイ山頂のモーゼが何をしていたかが明らかになるわけであろう。

モーゼの二度目の来朝は聖書の中に彼が死んだと記された後のことであったことが考えられる。

斯の如くヱホバの僕モーセはヱホバの言の如くモアブの地に死ねり、ヱホバ、ベテペオルに対するモアブの地の谷にこれを葬り給ひき、今日までその墓を知る人なし（申命記三四章）

モーゼはモアブの地で死んだことになっているが、不思議な事には、彼の遺骸を葬った者は彼の祭司長のアロンではなくして、ヱホバ神自身であった。また彼の地にモーゼの墓が見付からぬことは彼の死骸が其処に無いためではあるまいか。そこで我等としては次の如くに断言することが出来る。モーゼはモアブの地で死んだのではないのである。死んだと見せかけただけである。モーゼにはイスラエルの国家創立を完了した後にも、まだまだ為すべきこと学ぶべきことが沢山に残っていた。

竹内文献は更にイスラエルを去った後のモーゼの消息に就いて語ってくれる。それによると大ローマ帝国の創設者であるロミュラスは実にこの予言者モーゼその人であった。またローマの預言者ヌマ、ポンペリウスはモーゼと大室姫命との間の子であった。

さてここで本章の始めに筆者が大祓祝詞の編纂者である天津太祝詞子天皇に就いて書いたことに関連を持って行かなければならない。モーゼの十戒は日本の大祓祝詞と密接な関係がある。竹内文献によると神足別豊鋤天皇はモーゼに表十戒と裏十戒の二種類の十戒を授け給うたことになっているが、これと同時に、天皇がこの十戒の教えばかりではなく、その当時既に日本の朝野に広く行われていた大祓祝詞をも併せて彼に教伝したことを証明し得る明瞭な根拠が存在する。最近筆者は竹内文献には関係ない方法でこの事実の証拠を発見、その証拠と言うのは大祓祝詞の一節と旧約聖書の記述とを比較することによって見出された。先ず大祓祝詞の中に説かれてある日本建国の経緯や、国体原理の構成方法に関する部分は別として、ここで特に問題として掲げなければならないのは左の条々である。

国津罪とは生膚絶《いきのはだだち》、死膚絶《なをるのはだだち》
（一）白人《しらひと》
（二）胡久美《こくみ》
（三）己が母犯せる罪、己が子犯せる罪、母と子と犯せる罪、子と母と犯せる罪
（四）畜《けもの》犯せる罪
　昆蟲の災、高津神の災、高津鳥の災、畜仆し
（五）蟲物《まじもの》せる罪
　幾許《ここだく》の罪出でむ。

大祓の罪には天津罪と国津罪とがある。天津罪とは天上界の罪であって、形而上の学問上の錯誤のことである。これに対して国津罪とは形而下の関係が犯す罪である。しかるこの関係が犯す罪に関してヱホバ神がモーゼとアロンを通じてイスラエルの民を戒めた個条が聖書に記されてある。

（一）ヱホバ、モーセとアロンに告げて言いたまはく、人その身の皮に腫《はれ》あるひは癬《できもの》あるひは光る処あらんに、もしこれがその身の皮にあること癩病の患処のごとくならば、その人を祭司アロンまたは祭司たるアロンの子等に携へいたるべし、また祭司は肉の皮のその患処を見るべし、その患処の毛、もし白くなり、且その患処身の皮よりも深く見えなば是癩病の患処なり、祭司これを見て汚れたる者となすべし、若しその身の皮の光る処白くありて皮よりも深く見えず、又其毛も白くならずば、祭司その患処ある人を七日の間禁鎖《とじこ》め置き第七日に祭司またこれを見るべし……祭司これを観てその皮の腫白くして、その毛も白くなり、且その腫に爛《ただれ》肉の見ゆるあらば、是旧き癩病の其の身の皮にあるなれば

祭司これを汚れたる者となすべし（利未記一三章）

（二）凡そ汝の歴代の子孫の中身に疵ある者は進みよりてその神ヱホバの食物を捧ぐることを為すべからず……すなはち瞽者跛者および鼻の欽けたる者、或余れるところ身にある者、脚の折たる者、痀瘻者、侏儒、目に霊膜《ほし》ある者、疥ある者、癬ある者、外腎の壊れたる者は進みよるべからず（利未記二一章）

（三）汝等凡てその骨肉の親に近づきて之と淫する勿れ、我はヱホバなり、汝の母と淫する勿れ、是汝の父を辱しむればなり、彼は汝の母なれば汝これと淫する勿れ（利未記一八章）

（四）汝獣畜と交合して之によりて己が身を汚かすこと勿れ、また女たる者は獣畜の前に立ちて之と接する勿れ、是憎むべき事なり（利未記一八章）
男子もし獣畜と交合しなばかならず誅さるべし、汝等またその獣畜を殺すべし、婦人もし獣畜に近づきてこれと交らばその婦人と獣畜を殺すべし、是等はともに必ず殺さるべし、その血は自己に帰せん（利未記二〇章）

（五）汝等憑鬼者《くちよせ》を恃むなかれ、卜筮師に問ふことを為して之に身を汚さるる勿れ、

我は汝等の神ヱホバなり（利未記一九章）
憑鬼者または卜筮師を恃みてこれに従ふ人あらば我わが面をその人にむけ之をその民の中に絶つべし（利未記二〇章）
汝等の中間《うち》にその男子女子をして火の中を通らしむる者あるべからず、また卜筮する者邪法を行ふ者、禁厭《まじない》する者魔術を使ふ者、法印を結ぶ者、憑鬼する者、巫覡《かんなぎ》の業をなす者、死人に詢《と》ふことをする者あるべからず、凡て是等のことを為す者はヱホバこれを憎みたまう（申命記一八章）

そこでこの大祓祝詞の内容と聖書の律法の内容を比較してみよう。まことに一読にして明瞭である。この両者は全く同一のものである。何人もこの同一を否定することは出来ない。ただ頑迷固陋な日本の職業的神道家、国粋主義者が今日なお故意に我々の研究に反対しようとするだけである。

即ち聖書の（一）の罪は大祓祝詞の白人《しらひと》の罪に当る。この白人の意味に関しては古来日本でまちまちの解釈が行われていた。或はこれを白色人種のことなりと言い、或は生物学の突然変易で生れて来る「白ッ子」の事だろうとも言われ、甚しきに至っては次の胡久美《こくみ》と結び付けてシラヒトコクミと読んで白昼姦淫の意味にこじ付ける者もあった。しかしこれを聖書の教示によってレプラの事なりと決定すれば、今後全く議論の余地は無い。

聖書の（二）の罪は大祓祝詞の胡久美の罪に当る。国語辞典「言海」に胡久美とは余肉《あましし》のことなりと記されてあるから、胡久美の意味は従来誤って解釈されては居なかった。聖書にはその内容が更に詳細に説かれている。聖書の（三）の罪は大祓祝詞の「己が母犯せる罪、己が子犯せる罪、母と子と犯せる罪、子と母と犯せる罪」に当る。先輩の武智時三郎氏はこの罪を五十音の子音と母音の結合関係に就いての学問上の誤りとして釈こうとしたが、そこまで穿《うが》たずとも、聖書にある通りの解釈で充分事足りることとも思われる。ギリシャ神話にはエヂプス・コンプレックスと言われる罪があって、己が母と結婚して娘を生み、悲みの余りみずから盲目になった英雄エヂプスの物語が伝えられている。ギリシャのこの物語とモーゼの戒律とは同じ淵源に発しているものであると推定される。キリスト教聖書の謎を解くと同じ方法を以ってギリシャ神話の秘密を釈くことが出来るのである。

聖書の（四）の罪は大祓祝詞の畜犯せる罪に当る。この（三）の罪といい（四）の罪という日本やユダヤの祖先人のうちの国津神である一般民衆の中には今日の我々が想像もなし得ない様な奇怪な道徳的犯罪が行われたわけで、国津神とは或は先住民族などを意味することかも知れないが、余程未開の人種であったものらしい。

聖書の（五）の罪は大祓祝詞の「蠱物せる罪」に当る。前述した様に日本の神道もヱホバの宗教も共に釈尊の言う「正法」の教えであって、それは日蓮の言う「法本尊」の教えである。宇宙の原理原法が即神であり仏である教えである。ところが「正像末三千年」と言われるが正法の時代が終って像法の時代となると、日本では神道が廃れて仏法が興り、その仏教も釈尊時代の正法ではなくして、人格本位、人間本位の像法の仏教であった。それは肉体的な現世利益を目標として堂塔伽藍《どうとうがらん》を建立し仏像を制作し、その結果天平・飛鳥・平安の絢爛たる芸術的黄金時代を現出した。

イスラエルに於いてもこれと同じくモーゼの時代を過ぎて、ダビデ、ソロモンの頃合いには波羅門教が盛んになって民衆が阿修羅の像を拝むようになった。神ヱホバはこの阿修羅の像を拝む者を甚しく嫌悪する。正法の神であり、法を主体とするヱホバが像法の神であるアシュラーの木仏金仏を憎むことは当然である。同じく正法の道である日本の国体神道もまた像法の仏である仏像等に対して敢て嫌悪はしないまでもこれを帰依や憧憬の対象とはしない。その芸術品を芸術品として取扱うだけの事が正法としての正しい態度であると言わなければならない。正法としての国体神道に於いては元より人間である天皇個人をさえも帰依や崇拝の対象とはしていないのである。正法の神道は何処までも法本尊であって、その法の実体（法身）を天照大御神と言い、その法の実相（報身）が天皇である。

しかるにこの像法の時代も過ぎて末法の時代となると、元よりその始めの正法の神仏の原理原法は全く忘れ去られ、それと共に像法の宗教としての人格の修練さえものが放擲《ほうてき》され、物欲第一、物質万能の時代となる。即ち理論的にも人格的にも理想の追求が忘却される。この様な末法の時代になると「蠱物せる罪」が社会に横行する。吉凶禍福の卜筮《ぼくぜい》、憑霊者の御筆先、憑鬼者の口よせ等に民衆は先を争って集まって来る。これが今日日本に於ける所謂新興宗教の渤興する理由である。正法像法の双つ乍らを捨て去った民衆の拠り所なき狂態である。話が廻り道をしたが、大祓祝詞に於いても利未記申命記に於いても、三千年の昔、既に今日のこの事態に対する厳しい警告がなされているのである。

もはや以上の大祓祝詞と旧約聖書との内容の一致同一に就いて長たらしく説く事を要しない。両者が斯の如くぴたりと符号することはもとより偶然の一致ではない。これは日本の神道とヱホバの神道とが同一のものであることの明白な証拠の一つである。しからばこの同一は如何なる歴史的理由原因によるものであるかと言うと、日本の竹内文献は葺不合朝三十八代天津太祝詞子天皇と六十九代神足別豊鋤天皇と、そしてアラビヤ、アカバ、シナイ山から来朝したモーゼ、ロミュラス民王との関係を明白に示しつつある。

三　日本の三種の神器とユダヤの三種の神宝

今まで筆者は主として日本とユダヤの歴史的関係に就いて筆を進めて来た。しかしもとより歴史のみが両者の関係のすべてではない。二十余年前筆者は、先師矢野祐太郎海軍大佐と共に竹内文献その他の太古の研究に従事していた。矢野大佐はその後昭和十三年我々の宗教運動のために捕われて獄中で毒殺された。凡そこの先師の死の時期を境として筆者は自己の研究の視野を歴史から理論へと一転させた。それ以来今日迄古事記の研究に没頭している。古事記は日本に於ける「言の葉の誠の道」に関する唯一の教科書である。この意味に於いて古事記は全世界に於いても唯一にして最も尊貴の古典であることを知らなければならない。そして同じく「言の葉の誠の道」の理論の上から日本とユダヤの関係を闡明《せんめい》しようと努めているのが筆者の今日である。

そこで更に神道のより深い理論体系に照し合せて、モーゼの十戒に就いて哲学的な立場から今少しく説明を加えて行こうと思う。この目的のためには日本の三種の神器とユダヤの三種の神宝の比較研究の結果の一端を紹介することが最も適当であると思われる。

イエス・キリストはユダヤに於いて排斥されてはいるが、しかし彼はヨブやイザヤと同じくユダヤの偉大なる預言者の一人であることを筆者は信じている。彼は使徒ヨハネを通じて神と言葉に関して次の如き教えを遺している。

太初に言葉（ロゴス）あり、言葉は神と偕《とも》にあり、言葉は神なりき。この言葉は太初に神とともに在り。萬の物これに由りて成り、成りたる物に一つとして之によらで成りたるはなし。之に生命あり、この生命は人の光りなりき。光は暗黒に照る、而して暗黒は之に悟らざりき（ヨハネ伝一章）

この言葉は神道と同時にヱホバの宗教の秘密を開く鍵である。それと共に世界のすべての宗教の奥義を明らかにする指針である。ゲーテの戯曲「ファウスト」の序曲に主人公がこのロゴス（言葉）という語を独逸語に翻訳する場面がある。彼はロゴスを「言葉《ヴォルト》」と訳すことは気に入らなかった。そこで「意志《ヴィル》」とか「力《マハト》」とか色々に訳を試みた後、「行為《タート》」と訳することにした。これが「ファウスト」の悲劇の発端である。ファウストがロゴスを誤って翻訳したことが悲劇の原因である。本来ロゴスは言葉でなければならない。ロゴスは言葉を以って構成され、言葉そのものである。

「人の光り」とは頭脳細胞の振動として発現する人間の知性である。この頭脳の振動すなわち活動が宇宙に於ける客観的現象事象の原型である。この人間の頭脳即ち精神の内部的活動には厳密な法則と律動がある。それは恰も外部的世界に物理学や生物学の科学的法則が存することと同様である。

人間の精神活動は世界像の原因である。この活動の種々相はそれぞれの音声の音色として発声器官を通じて表現される。そこでこの頭脳の振動を内部的な言語と考え、口唇から出て行く言語を外部的な言語であると考えることが出来る。言語は口から発せられる以前に於いて既に言語である。この内部の未だ発せざる言語（未鳴《マナ》）と、言語として発せられた言語の間には直接的直系的な連絡と関係がなければならない。この内部的言語と正確な関連を持つ言語が実際にあるとしたら、これこそ生命の真実の自己表現である。これを「神と及び生命と偕にある言葉」と言う。世界中の何処かに斯の如き種類の言語或は国語がなければならない。

そもそも神と及び生命と偕なる言葉が物の始源に存在する。これは哲学的な言い方である。また斯の如き言葉が昔嘗て存在したことがあった。これは歴史的な観方である。まことに斯の如き神と及び生命と偕なる言葉が世界に存在するのである、古代ギリシャ人はこれをロゴスとよんでいた。我々日本人はこれを「言の葉の誠の道」と言う。この道は国体神道の奥義である。またこの道は聖書の中で「生命の樹の葉の道」と言われる所のものでなければならない。同じくこの道はヱホバの宗教に於いて現在禁断の教義になっている。

ヱホバ神曰いたまいけるは、視よ、夫人《かのひと》我等の一人の如くなりて善悪を知る、然れば恐らくは彼其手を舒《の》べ、生命の樹の果をも取りて食い、限りなく生きんと。ヱホバ神彼をエデンの園より出し、其の取りて造られたるところの土を耕さしめたまへり。斯く神其人を逐出し、エデンの園の東にケルビムと自《おのづか》ら旋転《まは》る焔の劍を置きて、生命の樹の途を保守《まも》りたまふ。

前述したように、人類の言語は五つの母音と八つの父韻によって作られるものであることを国体神道の奥義は教えてくれる。五母音は、宇宙の五大要素を表わしている。この五大を仏教では地水風火空と言う。中国哲学では五行と言う。木火土金水である。もとよりこの五行五大はこの様な自然物乃至自然現象を意味するのではなくして形而上の要素を示す比喩的象徴的な言い方である。この五大五行を言の葉の道ではアイウエオ五母音を以って言い表わすのである。生命の内容を簡単に二数を以って「中今」と言ったり、三数を以って天地人と言い表わす場合もあるが、二や三では全体数ではない。五母音が実在の全内容である。五母音を具備せぬものには実在性はない。そのうちの一つが欠けても実在にはならない。またそのうちの一つを抽象して取出して考える場合も実在ではないのである。

八父韻は人間の頭脳の振動である。知性の八個の原律もしくは性質を表わしている。仏教ではこれを八相と言う。中国哲学ではこれを乾兌離震巽坎艮坤《けんだりしんそんかんごんこん》の八卦を以て表わしている。言の葉の道ではこれをキシチニヒミイリの八父韻に取るのである。

母音　ア（風）、イ（地）、ウ（空）、エ（火）、オ（水）
父韻　キシチニヒミイリ
子音　5×8＝40　又は4×8＝32

この場合八つの父韻を伊邪那岐命という。五つの母音を伊邪那美命という。古事記や日本書紀によると天地創造の始めこの男神（父）と女神（母）が結婚したことが記されてある。この結婚を美斗能麻具波比《みとのまぐはひ》と言い、また婚《よば》いと言う。ヨバヒとは呼合いの義である。父韻と母音の呼び合いによって子である子音が生まれる、その方法は次の如くである。

父×母＝子
t×a＝タ
k×e＝ケ
・・・・×・・・・

この様にして生まれ出た子（子音）の数は5×8＝40である。イ段を父韻と考えると母音はアオウエの四個になるから4×8＝32となる。古事記にはこの三十二数が示されている。この三十二子音は即ち仏の三十二相に他ならぬ。斯くて此の三十二（四十）の子音を母音と併せて駆使することによって、我々は人間の頭脳に実現する宇宙全体の万事万象の悉くを言い表わすことが出来る。まことの言語は生命の自己表現である。

斯くて五つの母音（アイウエオ）と五つの半母音（ワヰウヱヲ）に四十個の父、子音を合計することによってここに言語の完全数としての五十数を得ることとなる。この五十の言葉が言の葉の誠の道に於ける言葉の基礎となる。ヱホバの宗教の奥義であるエデンの園の生命の樹の葉の全体数もまたこの五十数であることが考えられる。日本語で「ハ」という音は樹の葉という意味にも言葉という意味にも用いられる。生命の樹の葉とは当然人類の「言葉」を意味するものでなければならない。

日本の古語ではこの五十音言語（言霊）を「マナ」または「マンナ」と呼んだ。マナは天の真名井《まない》と言われる頭脳の思索軸枢から湧き出て来る。日本国体の完成体である高天原と言う形而上の範疇はこの五十個のマナの組立てのよって構成される。このマナこそ日本とユダヤの双方に伝わる三種の神器の秘密を開く鍵である。

前述した様に日本とユダヤの三種の神器は次の如くに対比される

（日本）　　　　（イスラエル）

（一）八坂の勾玉　　黄金のマナ壷

（二）八咫鏡　　モーゼの十戒石版

（三）草薙の剣　　アロンの杖

先ず（一）の八坂の勾玉に就いて述べて行こう。古代日本語で言葉のことをタマ（霊）またはコトタマ（言霊）と言う。言霊は八父韻の力によって頭脳と口唇とから発現する。八父韻は宇宙万象の性質の原型であるところの生命の八律を示している。八坂とは八つの傾向または性質《さが》のことである。勾玉のマガは事物の歪み《ひず》（曲）を意味する。白色に対して赤や橙や青や紫の色のリズムはそれぞれの歪みであり曲《まが》である。アイウエオの五母音に対するキシチニヒミイリの八父韻もまた然りである。そこでマガタマとは事物の性質を現わす言葉（言霊）ということになる。八坂勾玉とは事物の八つの傾向を現わすところの八律の言語ということである。

形式的な祭典を主とする神社神道に於いてはこのタマである言葉を八色の宝石を以って象徴する。そしてその宝石を4×8＝32又は5×8＝40乃至40＋10＝50個集めて、これ等を仏教徒が用いる数珠と同じく糸に貫いて祭典に用いる。

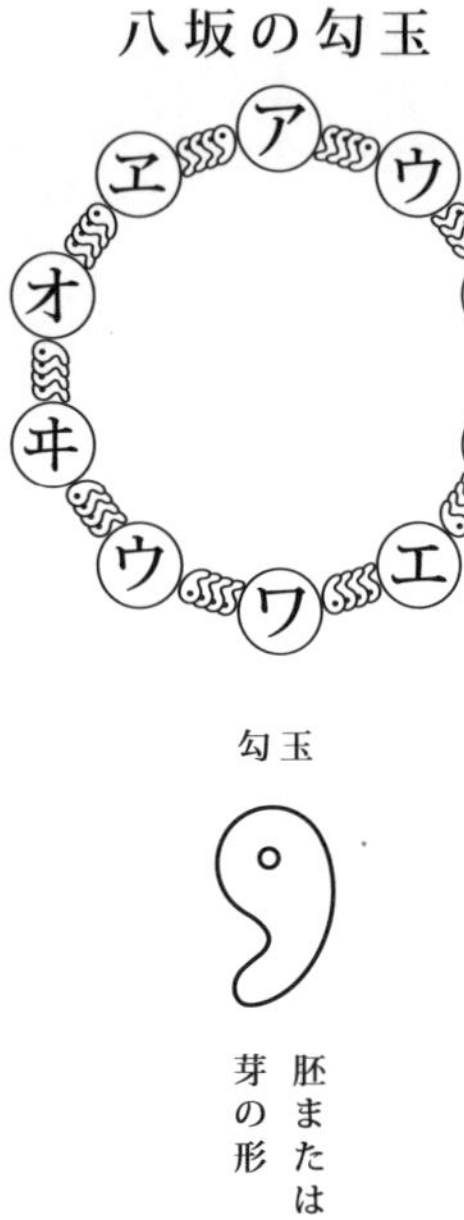

図9. 八坂の勾玉

タマという言葉には同じく宝石という意味がある。神道と仏教とを問わず数珠に連ねる宝石の完全数は五十でなければならぬ。五十は真名《マナ》の数であるからである。八坂の勾玉とはすなわちマナのことである。

イスラエルに於いてもシオンの神殿の黄金の櫃に納められた黄金の壷の中実を称してマナ（マンナ manna）と言う。聖書によるとこのマナはイスラエル民族がシリアの沙漠を彷徨していた時食物として神が与えたものであると記されている。普通このマナは単に何か肉体を養う食物の一種と考えられているが、しかしこの解釈ではこのマナが神から民族に授けられた至高の天璽であることの意味を見出すことが不可能になる、どうしてもこれは精神的な食物であると考えなければならない。もしイスラエルのマナが日本のマナ（真名・真奈）と同じものであるならば勿論それは精神的の食物である。そうだとすると我々はシオンの神殿の黄金の壺の中のマナの数を容易に数え上げることが出来る。その数は五十個に違いない。そこでマナに関する聖書の記録を調べてみよう。

その置ける露乾くにあたりて肱野《あらの》の表に霜のごとき小き円き物地にあり。イスラエルの子孫これを見て此は何ぞやと互いに言ふ。そはその何たるかを知らざればなり。モーセ彼等に言けるは是はヱホバが汝等の食に与へたまふパンなり…イスラエルの家その物の名をマナと称べり。是は莞《いはき》の実のごとくにして白く、其の味は密をいれたる菓子のごとし……イスラエルの子孫は人の住める地に至るまで四十年が間マナを食へり、即ちカナンの地の境にいたるまでマナを食へり（出埃及記十六章）
マナは莞荽《いはき》の実のごとくにしてその色はブドラクの色のごとし、民行巡りてこれを斂《あつ》め石磨《いしうす》にひき、或は臼に搗《か》てこれを釜の中に煮て餅となせり（民数記略十一章）

汝記念《おぼゆ》べし、汝の神ヱホバはこの四十年の間汝をして曠野の路に歩ましめたまへり、是汝を苦しめて汝を試験《こころ》み、汝の心の汝何なるか、汝がその誡命《いましめ》を守るや否やを知らしめんためなりき。即ち汝を苦しめ汝を飢えしめ、また汝も知らず汝の先祖等も知らざるところのマナを汝らに食はせ給へり、是人はパンのみにて生くる者にあらず、人はヱホバの口より出づる言葉によりて生くる者なりと汝らに知らしめんが為なり（申命記八章）

神の口より出ずる言葉とはヨハネ伝の所謂「神と偕なる言葉」である。ギリシヤ人の言うロゴスである。申命記八章の記述はこのマナが精神的の食物であって、肉体的な食物に非ざることの明らかな証拠である。イスラエルの民は四十年の間このロゴスのマナによって精神的に養われたことが明らかである。しかし其の期間は四十年を超えることがなかった。この事は肝腎な事である。

ブドラクに就いても少しく蛇足を添えてみたい。前述の様に日本のマナ（真名）は色とりどりの宝石（勾玉）に象徴される。ところがブトラクもまたイスラエルのマナの色をあらわす宝石の一種である。この様に日本のマナもイスラエルのマナも共に宝石に擬えられる。このこともまた両民族の習慣の顕著な類似の一つである。

更に莞荽《いはき》の実に就いても少しく説明を加えよう。この莞荽の実をヘブライ語で何と言うか知らないが英語でコリアンダーと言う語は日本語でイハキと訳される。ところがこの日本語のイハキと言うことは「五十《イ》の葉《ハ》の樹《キ》」ということである。この言葉は生命の樹の五十枚の葉を想出させる。そしてこの五十は日本のマナの数である。だがしかし何故にコリアンダーが日本語に訳されると「五十の言葉」という意味になるか、その理由を更に精しく調べる必要がある。それにしても、そもそも「イスラエル」という言葉からして日本の古代語のイスラまたはイズラという言葉そのものである。イスラとは八坂勾玉の図に示した如く五十の言葉を並べ連ねたものを意味する。五十という数もまた日本とイスラエル双方に深い意味を持っていることを知らねばならぬ。

さて、聖書によるとイスラエルの民はこのマナを挽いたり搗いたり煮たりして餅にした。現在でも逾越節《すぎこし》の日に酵母《たね》入れぬパンを食することがユダヤ人の宗教的習慣になっている。この酵母入れぬパンをヘブライ語で「マッツエ」matze あるいは「マッツォ」

matzoと言う。ところが日本に於いては年の始めに米の餅を作って神に捧げる習慣がある。我々は米を煮たり搗いたり焼いたりして餅にする。この米で作った菓子を日本語で「モチ」と言うのである。日本の餅とヘブライの「マッツェ」とはその発音から作り方までよく似ている。

餅を作る習慣は神道に於ける咒事の一つである。それは出来上がった餅そのものにも意義があるわけだが、その餅を作る作業の中に既に咒事的な意義が含まれている。それは日本の精神的なマナ（真名）を集めてこれを完全な組織にまとめあげる操作を象徴したものである。五十のマナは即ち五十音である。ところがこの五十音を哲学的に操作する仕方の内にまた同じく五十の段階がある。この五十の段階を現実の事に例えて現わせば米を煮たり搗いたり焼いたりすると言ったような操作に当るのである。この操作を総称して「禊祓」と言う。即ち禊祓には五十の操作段階があるのである。斯の如くにして五十音のマナは五十の操作によってモチに仕上げられる。五十で百である。モチとは即ち「百道《もち》」の意味である。この形而上の「百道」を政治経済の上に具体化した機構を「百敷の大宮」と言う。

百道《もち》

ワ	ラ	ヤ	マ	ハ	ナ	タ	サ	カ	ア
ヲ	ロ	ヲ	モ	ホ	ノ	ト	ソ	コ	オ
ウ	ル	ユ	ム	フ	ヌ	ツ	ス	ク	ウ
ヱ	レ	エ	メ	ヘ	ネ	テ	セ	ケ	エ
ヰ	リ	イ	ミ	ヒ	ニ	チ	シ	キ	イ

10	9	8	7	6	5	4	3	2	1
11	12	13	14	15	16	17	18	19	20
30	29	28	27	26	25	24	23	22	21
31	32	33	34	35	36	37	38	39	40
50	49	48	47	46	45	44	43	42	41

図 10. 百道

日本では昔このようなマナの五十音を神代文字にあらわして、その一字一字を粘土盤に彫りつけて焼いて瓦として、集めて箱に納めて神体とした。その瓦を埴土簡《ハニフダ》と称し、平瓦《ヒラカ》とも称した。またその平瓦を納めた箱を埴土筥《ハニバコ》と称した。埴土筥《ハニバコ》は言霊がはいっている箱である。聖徳太子の大成経には斯うした埴土箱が河内国の枚岡《ヒラオカ》神社にあったことが記されてある。社名のヒラオカはまさしく平瓦《ヒラカ》の義である。

日本の俗語ではこの埴土管を「玉手箱」と言う。言霊《タマ》のはいった手箱である。玉手箱は「龍宮の乙姫と浦島太郎」の伝説に出て来る。龍宮はタツノミヤで、タツはタチ（性）である。乙姫は、オトヒメすなわち音秘めの謎であって言霊を秘めてあることである。この伝説は上古の日本と中国（秦朝）の間に起った秘密の外交的、宗教的葛藤を物語に象徴脚色したものであり、この事は同時にヘブライ民族の東漸と言うことにも深い関係のあることであるが、精しい説明は別の機会に譲ることとする。日本のこの埴土簡と埴土筥《ハニバコ》の関係はイスラエルに於けるマナと黄金のマナ壺との関係を説明してくれるものでなければならない。

さて埴土筥の中の五十個の埴土箇は五十個の操作によって組織配列されて完全な言語の原典（範疇）に作り上げられる。この理想的な言語の原典すなわち言語の亀鑑を「八咫鏡」と言うのである。八咫鏡も百道（餅）もまたは鏡餅も結局は同じものであり、一つものである。

この八咫鏡の内部的構造は幾何学的図形の上に神代文字を配列することによって表わされる。そしてその図形と文字は同じく粘土盤の上に刻まれる。その粘土盤をミカガミと言う、すなわち甕神《ミカガミ》の義であり、甕とは素焼の粘土盤のことである。故にミカガミ（御鏡）は八咫鏡のことである。斯くて八咫鏡とは幾何学と神代文字を以って構成された宇宙生命の縮図である。仏教ではこの様な生命図、宇宙図を称して曼荼羅《マンダラ》と言う。日本ではまたこれを天の斑馬（マダラコマ）とも言う。マンダラとマダラとは同音同義語である。曼荼羅をまた涅槃と言い、或は泥日、浮図とも書く。涅槃とは粘土槃の義である。泥日とは土に書かれた言葉のことであり、浮図とは形而上の原理を現わした図ということであって、これが仏陀の色身である。この仏陀の色身が粘土盤文字のままに蔵置されて読み釈く人間が居ない状態を入涅槃の状態と言う。入涅槃は日本人の言う「天の岩戸隠れ」の状態である。粘土盤が読み釈かれて実際の哲理として政治に経済に用いられる時代が仏在世の時代である。

八咫鏡
（百敷の大宮）

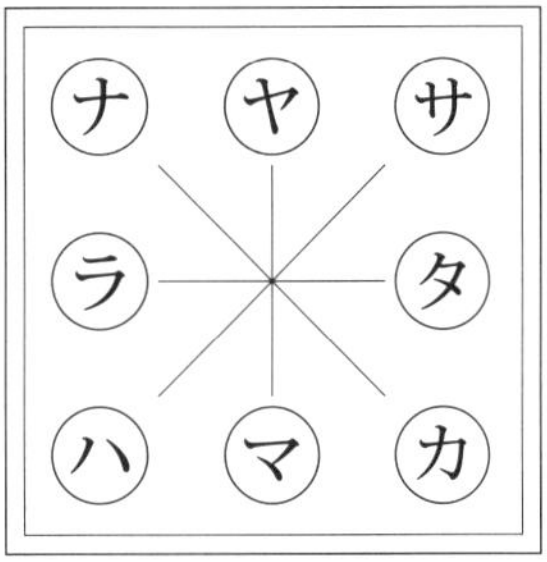

図 11. 八咫鏡

八咫とは八頭《ヤアタ》すなわち八稜のことである。この八は八坂勾玉の八であり、生命の言葉の八律を示す八である。この八という基本数に就いて聖書の記述を調べてみよう。

神言いたまいけるは我が我と汝等および汝等と偕なる諸の生物の間に　世々限りなく為す所の契約の徴《しるし》は是なり、我わが虹を雲の中に起さん、是我と世との間の契約の徴なるべし、即ち我雲を地の上に起す時虹雲の中に現はるべし、・・・　虹雲の中にあらん、我之を観て神と地にあるすべての肉なる諸の生物との間なる永遠の契約を記念《おぼ》えん（創世記九章）

神の契約は生命の原律であるところの虹の色以って為される。虹は普通七色と考えられているが本当は紅・赤・橙・黄・緑・青・藍・紫の八色と観ることが正しい。この八色はヒチシキミリイニ（キシチニヒミイリ）の言語の八律と対応する。日本の古典ではこの八律を称して「天の浮橋」と言っている。すなわち聖書の虹ということと同じ言い表わし方である。八律は生命の公理の一つである。この様な公理が神人ノアの時代に既に神から教えられていた。そしてこの公理を基礎として組立てられた完全な生命の定理が十戒の形で預言者モーゼを通じて改めてイスラエル人に教えられたのであった。

八数は易の八卦の数である。すべての現象すなわち仏者の言う実相はこの八律を基礎として顕現する。この八数にその実相が生まれて来るところの元の実在（空相）の一数を加えると九数を得る。更にその九数を総合して全一体を考えてその一を加えると十数を得る。そこで8＝9＝10という式が成立する。

事物の実在は実体であって、相なき空相である。これが物の始めであり、アルファである。この空相が識（精神）の媒介によって実相として現われ、その実相が全一として把握総合されたものが所謂理想である。これが物の終りであり、オメガである。聖

虹

1	2	3	4	5	6	7	8	9	10
A アルファ	紅	赤	橙	黄	緑	青	藍	紫	ω オメガ
	ヒ	チ	シ	キ	ミ	リ	イ	ニ	
吾									汝
主体				天の浮橋					客体

図 12. 虹　天の浮橋

書では物の始めを生命の樹と言い、その終局を知識の樹と言う。（聖書で the tree of knowledge を知恵の樹と訳すことは誤りである。知恵の樹ならば the tree of wisdom でなければならない。そしたらそれは生命の樹のことになる）そこで実相の八にアルファとオメガを加えると8＋1＋1＝10となり、十は究極数である。そこで形而上の意味では8＝10と言う式が成立する。この意味からする時、日本の八咫鏡の八数とモーゼの十戒の十数とは本質的には同じ数であることが了解される。八咫鏡は八律を以ってする言葉の運用を示した粘土盤文字である。モーゼの十戒は十数を以って神の律法を全一としてまとめ記した石板文字である。両者の意義が段々に接近して来ることを感じられるであろう。

さて竹内文献によるとモーゼは日本の神足別豊鋤天皇から二種類の十戒を授けられたことになっている。それは表十戒と裏十戒とである。モーゼは最初この二つの十戒を携えてアラビアに行ったが、再び来朝した時、表十戒だけを彼地に残して、裏十戒は日本へ持って来て天皇にお返ししたことになっている。ここがまた極めて重要な点である。

今日竹内文献そのものによってモーゼが日本へ持ち帰った裏十戒が如何なるものであるかを明らかにすることは不可能である。それは竹内文献の使命が歴史の保存伝承に存して、国体の保存を目的としたものではなかったからであろう。しかし我々の古事記その他の神道古文献に関する言霊学的研究は、竹内文献とは別個の方面からその裏十戒が何物であるかを明らかにしつつある。

表十戒とは形而下の律法である。すなわちそれは現実の人間の行為を規律するための道徳律であり法律でなければならない。例えば孔子が作った論語や、聖徳太子の十七条憲法の如きものである。この表十戒の条文は今日旧約聖書に伝えられているものがそのまま往時のものであると考えて差支えなかろう。

しかるに是に対して裏十戒とは形而上の律法でなければならぬことが判断される。モーゼの十戒は創世記の所謂「神と人と間の生命の契約」ということと密接な関係があるものであって、その契約の内容の完結であり全一であると考えることが至当であるが、而も裏十戒がこの契約に関する形而上の律法であるからには、それは神即生命即言葉の道の体系と展相と用法に関する規定でなければならぬことが確信される。即ちそれはキリスト教の「生命の樹の道」であり、我等の謂う「言の葉の誠の道」そのものでなければならない。この道は今日なお神道の秘密に属するが、この道こそモーゼの裏十戒そのものに違いない。今日我々が只管《ひたすら》苦心研究を続けている言葉の道の学問は、これをユダヤ的に言うならばモーゼの裏十戒そのものの研究に他ならぬと言うことが出来る。その昔イスラエルから秘められたモーゼの裏十戒《デカログ》とシエキナ（石楠《しゃくなげ》）とが日本に在ることを竹内文献の記録によって発見して歓呼した最初の人は酒井勝軍氏であった。酒井氏は当時まだ言葉の道の存在には気付かなかったが、その叫びは今日我々がその裏十戒と言霊学とを結び付け得るようになった為のよき暗示を与えてくれた。

聖書によるとイスラエル人が直接マナによって養われた期間は彼等がシナイの肱野から人々の住まう地に至るまでの四十年間であって、彼等がカナンの地に到着した後はその土地に生じた食物を食ったと言う。モーゼはイスラエルの民に四十年間以上マナを食うことを許さなかったことが知られる。何故ならば彼はそのマナを彼の宗教的故国に返還しなければならなかったからである。しかしモーゼがイスラエルに残存していたわけであった。けれどもそれは黄金の壷に納められ、堅く封印をされて何人も見る事も味わうことも許されなかった。それからやがてソロモンが王位に即いた頃にはその壷さえも失われてしまった。

三種の神器の最後の宝は草薙剣である。剣とは太刀《タチ》のことである。太刀は物を斬る道具である。物事を斬って細かに区別して行くとそのものの性質《タチ》が明らかになる。これを分析という。物事を裁断して性質を識別する形而上の太刀とは何であるかと言うと、それは数である。数というものは一から十までで構成されている。一から八までの数を八拳剣《やつか》と言う。一から九までの数を九拳剣と言う。一から十までの数を十拳剣と言う。剣そのもののことをタチ（太刀）と言い、またそれによって明かにされる事物の内容をも同じくタチ（性質）と言う。

この様にしてこの剣の裁断分析によって事物の性質が明らかになった時、次に我々はその識別されたそれぞれの性質を寄せ集めて、これを再び調和ある全一体に組織する。

斯うした分解と総合、演繹と帰納の方法を以って我等人類は今日まで文明と文化とを創造し建設して来たのである。この様な創造と建設を日本語でマツリと言う。マツリとは祭《マツリ》であり政《マツリゴト》である。その意義は真釣《まつ》りと言うことである。

祭りとは哲学的意味に於いては神の言葉（道）を調和する道である。政（治）とは神の子である人民を調和してその堵に安んぜしむる道である。しからば如何なる方法によって真つり合わせて言語或は人民の全一の調和を計るかと言うと、その方法もまた一から十に至る数の運営による。即ち草薙剣とはこの意味に於ける祭政の道具の一つに他ならぬ。クサナギとは青人草《クサナ》を和ぎ合せるの義である。

すべて人類の文明とか文化とか言うものは数と言葉とによって構成される。これは至極単純な真理であると共に最も根本的な法則である。言語は文明の内容であり、数理はその組織及び運営方法である。この二つは文明と文化の両親である。日本語でカズ（数）と言う言葉は父（カズ）を意味する。八（言葉）または八八と言う言葉は母を意味する。母をイロハ（妣）と言うことは「いろは歌」の四十八音の言霊を意味することからである。数は文明の父であり、言葉は文明の母である。草薙剣は数理の象徴であって、すなわち祭政の運営法である。

日本は皇室では菊と桐の御紋章を用いている。キク（菊）という語を動詞に用いると聞くの義となる、即ち言葉の道の責任者として神の言葉を聞し召される者が天皇である。キリ（桐）と言う語を動詞に用いると斬《き》りの義となる。天皇は数理を運用して万機の裁断と調和総合を行わしめ給うのである。これは神道の謎であり秘密である。

図 13. 菊

図 14. 桐

アロンはモーゼの祭司の長であった。彼の任務は祭典とそして政治に存した。神の意志を明かにする原理の考究方法としての祭りと、その祭りの内容を実際の司法政治に運用する政《マツリゴト》を執行する役目であった。日本的に言うならば草薙剣または十拳剣を用いるマツリツカサであった。アロンの杖はその彼の任務の意義を示す象徴でなければならない。この杖は言わば軍人の指揮刀の様な意味のものであり、日本の剣《ツルギ》に当るものでなければならない。

古代日本では杖を知恵の憑り代の象徴として用いられた。古事記に「投げ棄つる御杖に成りませる神の名は云々」と記されてある。頭脳に実現する知恵の実質であるマナは元来は数ではない。故にマナだけでは何事も成し得ない。宗教的な信仰とか芸術の或部分を生み出す以外に余り多くの文化的な仕事は出来ない。しかしマナは生命の知恵の実相であるから、これが無い所に生命の発露は有り得ない。そのマナが拠って以って自己自身を正確精密に処理し調和あらしめるためには、一から十まで、更に十から百千万億と無限に続く数理の協同を得て初めて「真釣り」が成立するのである。「投げ棄つる御杖」とは数理の義である。アロンの杖は日本の十拳剣に相当する。

以上で日本の三種の神器とイスラエルの三種の神宝の意義との類似性もしくは同一性に関する概要の説明と証明を終ったこととする。これによって日本人は古来何故に天孫民族と称せられるか、またヘブライ人は何故に神選民族と称せられるかその理由に就いての何物かを諸君は既に把握されたであろう事を信ずる。

ユダヤの三種の神宝は、その昔神より預言者モーゼに授受されて以来、ソロモン王の頃に至るまで、エルサレムのシオンの神殿の奥深く黄金の櫃の中に安置されてあった。しかしその後間もなくその所在を失ってしまった。それと共にイスラエル、ユダヤ国家滅亡の時が来た。その昔神の選民であることの自覚に立っていた誇らかに美しいシオンの処女達は、神と国とを双つながら喪って、落魄し逸散して世界中をさ迷い歩かなければならなくなった。そのシオンの聖所に嘗て在した神の実体実質に就いて、その後ヘブライの預言者達が如何に説き如何に語りつつあるかは前述した通りである。彼等の神は一体何処へ行ったか、そして彼等の民族は将来如何うなって行かなければならぬか、預言者ヨブは、イザヤはそしてダニエルは知っていた筈である。不思議な事に日本の神武建国はユダヤ国家の滅亡とほぼ時を同じうしている。

それにしても、何故に神が神の実体をシオンから隠さねばならなかったのだろう。日本に於いてからが何故に崇神天皇が神鏡を宮中から取出されて伊勢にお祭りしなければならなかったのだろう。それ以来今日に至る迄日本に於いては神鏡に鑑みての祭政が停止されている。これを和光同塵の時代と言う。この和光同塵の時代は日本のみが然るのではない。仏陀が嘗て涅槃に入って以来、仏教の世界に於いても然りであり、遠くエデンの園が閉鎖されて以来ユダヤ教、キリスト教の世界に於いても然りであり、全世界が今なお同床共殿廃止、和光同塵の時代に在るのである。三種の神器は世界に於ける最大の秘密であり謎であると同時に、人類最高の宝物であり遺産である。

今日程この三種の神器の意義の闡明が特に要望され、その意義の実現が切実に希求されつつある時代は古今を通じて他に有り得ない。今日とは人類の今ひとつの知識が将に完成せんとする時期である。人類の主体に於ける知恵は宗教の奥義である言葉の道である。人類の客体に於ける知識は科学である。この知恵と知識は恰も映写室のフィルムと銀幕の上の映像の関係の如く全く相似であり同一のものである。

世界に嘗て神道の所謂高天原すなわちエデンの園が完成されたということは、この生命の言の葉の道が完成されたことを意味する。この道を継承し実現した時代が日本に於いては鵜草葺不合朝である。ユダヤではこの知恵の道を生命の樹の道と言う。しかし太古のこの時代に於いては、人類の今ひとつの知識である科学、すなわち知識の樹の道と言われる科学が、アダムとカインの子等の手によって、なお建設の途中にあった時代であった。

鵜草葺不合《ウガヤフキアヘズ》という名がこの時代の意義を明瞭に示している。ウとは万有の義である。カヤとは神屋《カヤ》の義であって、知恵又は知識の組織体ということである。葺不合とは未完成という意味になる。そこでウカヤフキアヘズとは万有の学である科学がなお未完成であった時代ということを意味している。

この鵜草葺不合時代以後二十世紀の今日に及ぶまで、三千年の長い歳月に亘って、アダムとカインの子孫達は人類の第二の知識である科学の完成のために営々の辛苦を続けて来た。この科学に関する辛苦と経営が仏陀の所謂正像末三千年の意義である。この意義は正法像法末法と言われる宗教自体の内部に存するのではなくして、主体の学である宗教とは全く懸絶した客体の世界に於いて却て三千年の歴史の意義が建設されつつあったのである。しかもこの三千年の経営の責任者であり代表者である者はアダムとセトの直系の子孫であるヘブライ民族であったのである。

全世界の恒久平和は宗教と科学が完全に一致した時に始めて実現される。しかしこの目的のためには唯物論者から阿片と批評されている単なる信仰に立脚した宗教や、実体を有たぬ空虚な観念論哲学では殆んど何の役にも立たぬ。来るべき時代に於ける真の宗教は、嘗てエデンの園の中に存した宗教であって、その後数千年間人類の前に隠没し保存されて来た宗教でなければならない。これを生命の樹の道と言い、言の葉の誠の道と言う。神ヱホバが、そして我が崇神天皇が何故にこの三種の神器を隠匿し人類にその使用を禁止したかの理由に就いては、仏陀がその法華経寿量品の中に詳しく説いている。

（昭和二十九年十月）

第三部　天皇の世界経綸

神道から観たヘブライ研究

一　まえがき

これから人間性の原理と世界文明史の真相について申し上げる。事は世界宗教と科学に関する問題であるが、従来の宗教や哲学の上で神とか仏とか言われてきた薄ぼんやりした観念を説教するわけではない。日本を中心とする歴史の流れを説くのであるが、国体信仰とか民族信仰とかいうような、閉鎖された島国的思想に立脚した言挙《ことあ》げではない。また人間性の本質に徹底的に触れることとなるが、しかし業縁《ごうえん》とか煩悩とか或いは霊の作用とかいうような未解決な個人の物欲しげな暗中模索の内容を引きずり回すわけではない。

神とか仏とか国体とか民族とか因縁とか霊とか、そうした問題の一切を明瞭に解決し得た結論である生粋の人間性の根本原理を三種の神器という。その神器を奉戴《ほうたい》運用して全世界を指導経営して居られることが、惟神《かんながら》の日本天皇の天職である。その天皇と人類の指導の下に生命の芸術である文明の創造に、仔々としていそしんでいる者が全人類である。その天皇の活動の全局についてこれから申し上げる。

真理と歴史に関して、今日まで広く古今東西の諸先覚、諸先輩が、入れ替わり立ち代り様々な研究結果を我々に遺してくれた。その研究はいずれもそれぞれの真理真実を示しているが、しかし、それは言わば、なお部分的であり断片的なものであった。そうした部分々々のすべてを一貫した道理の下に綜合組織統一し、過去現在未来を通じる歴史的因縁果報が由って来る所の人間性の根本原理を明らかにして、その因果の筋道を正しく整理することによって、皇祖皇宗の世界経綸が将来に予定し、その予定を釈迦やキリストをして預言せしめているところの霊肉不二一体の第三文明の時代を世界に実現する時となった。先覚達が苦心研究して遺して置いてくれたそれぞれの部分である、たとえばエンジンや車輪やボディや、ハンドルや計器を組立てて、完全の一台の車に仕立て上げて、これに全世界の人類を乗せ、正しい道路に沿って、有終の目的に向かって運転して行くこと、仏教のいう大乗の法を樹立し転輪することが我々の使命である。しかし皇祖皇宗の経綸が予定している文明の有終の美が実現される事は、春夏秋冬のように放って置いても自然に巡ってくるわけのものではない。文明は自然現象ではなくして第二次的な人為現象である。人間が自覚して努力するからこそ到来する。自覚と努力がなければ世界は何時までも現在の劫末《ごうまつ》の渾沌状態で足踏みを続けているだけである。しかもこの仕事は一人や二人の人間で為し得る仕事ではない。歴史と原理を会得した先駆者が協力して世界を覚醒し、現実を動かして行くことによって初めて成就する。

二　須佐之男月読命の東洋経営

日本から進発した須佐之男命の一団は先ず朝鮮に渡り国を創った。その王の名を檀君《タンクン》という。次いで満州北支に国を営み、別動隊は印度に達した。満州に有った古文献「契丹古伝《きったんこでん》」に拠ると須佐之男命が経営した古代国家は殷《イン》までであって、その後西域から侵入して来た異民族が殷《イン》を滅して建てた国が周であると伝えている。

須佐之男命は東洋の古代科学である錬丹還金術や本草学や或いは東洋（漢方）医学を興した。布斗麻邇の原理を自然科学に適用しようとした最初の試みである。殷、周の後を受けて起った秦の始皇帝は特にこの錬丹還金術の研究に熱心だったという伝えがある。

須佐之男命の半面は月読命である。記紀《きき》ではこの二者は別人になっているが、竹内文献では須佐之男月読命という一柱の名となっている。現代では自然科学と社会科学は区別されているが、古代にあっては両者の学問の領域は厳密には区別し難い。須佐之男命という名はス（皇）である天照大御神を佐《たす》けるという意味であると共に、物をすさまじく産み出すという意味であって、科学と産業に従事する人という職名官名である。

月読命とは太陽に譬えられる天照大御神に附（つき・月）属して、その光りを写して光り、大御神の布斗麻邇の意義を読み取って解説するということで、本来の言霊布斗麻邇は直接使用しないが、すべて概念や数や漢字などの象形を以ってする哲学や、その布斗麻邇に至る心身の鍛練修業を説く法と行の学問が月読命の仕事である。

月読命は中国に於いて河図《かと》、洛書《らくしょ》として基本原理を伝え、或いは印度にあってはヴェダ、ヴェスタスを説き、ウパニシャッドを編み仏教以前の波羅門等の諸哲学宗教の基礎を植付けた。月読命の国を大月氏国（大宜都比売《おほげつひめ》）という。月の旗印を掲げる国々である。更に斯うした東洋の月の国々ばかりでなく、遠くギリシャ神話や北欧のエッダ神話を編んだのもまたこの月読命の事業である。

世界巡幸《じゅんこう》を例とされた天皇に附き従い、もしくは単独でこうした須佐之男月読命の使命に任ぜられた高天原人が、次から次へと日本を進発して行った。旧約聖書にヤコブが「神の人と相撲をとった」とか「神の人々がイスラエルの娘達を娶った」などと記されてあるのは、外国に派遣された月読命たちに関する記録の断片である。

三　外国王、預言者、神人達の来朝留学

以上の如くにして月読命は究極に於いて世界の人類を高天原の第一の精神文明の内容に導くための啓蒙に任じ、須佐之男命は新たな第二の科学文明の開発に従事した。いずれも日本から進発して行った学者達の活動である。

時代が鵜草葺不合朝《うがやふきあえずちょう》の末葉に近づくと、こうした須佐之男月読命の予母都国《よもつくに》啓蒙開発の努力が漸く実を結んで来た。そしてその頃になると、逆に彼地の学者、賢人達が真理の本源に就いて直接学ぶために、次々に日本に来朝留学する時期となった。竹内文献には伏義、神農、モーゼ、老子、孔子、釈迦、そして後にイエス・キリスト、マホメット

の来朝あるいは帰化の史実が伝えられている。天皇はこれ等の王、預言者、聖者達を懇切に指導し、布斗麻邇の奥義を伝授し、更にこれ等に命令して、人類の上に計画されている経綸の上の、次の大変革大維新に応じるための、新しい施設を全世界に実行させた。

四　神足別豊鋤天皇《かみたるわけとよすきてんのう》の勅命によるモーゼのヨーロッパ経営—神の旧約

モーゼの来朝は葺不合朝六十九代神足別豊鋤《かみたるわけとよすき》天皇の御宇《ぎょう》のことである。神足別という天皇の諡名《おくりな》は神のタル（足、十、たる、たり、トーラ、十戒、律法）を頒ち与えたという意味である。天皇はヘブライ語のトーラである布斗麻邇の十律を、すなわち三種の神器をモーゼに授けて、その神器の運用によって、ヘブライ国家を創設し、その民族を率い、その民族が基調となって将来三千年に亘ってヨーロッパ民族を経営して、須佐之男命の事業である科学文明の建設に従事すべき職務を仰付《おおせつ》けられた。斯くしてイスラエル民族はこの天命を受けて、初めてこの時から神選民族となった。

モーゼは布斗麻邇に則《のっと》って旧約聖書の五書（ペンタ、トーチ）を撰《つく》り、原理の咒示として古事記と同意義の天地人の創造説を編み、歴史を説いて民族の使命と行くべき所を指示した。斯くの如きヘブライ民族に課せられた神足別豊鋤天皇とモーゼとの間の契約による大経綸をキリスト教で神の「旧約」Old Testament という。

モーゼの来朝は彼がシナイ山に四十日四十夜籠ったと記されてある時のことである。モーゼが賜った三種の神器の器物としての象徴物はユダヤの三種の神宝、すなわちアロンの杖（剣）、黄金のマナ壷（璽）、十戒石（鏡）として、エルサレムの神殿の契約の箱の中に祭られてあったが、ソロモンのときまでに日本に返還された。その後イスラエルでは預言者から預言者への神器の言い伝えは残っていたが、その原理の意義の記憶は、日本に於ける神器の伝統と同じように漸次模糊《ぜんじもこ》として薄れて行った。

モーゼの十戒に表十戒と裏十戒があることを竹内歴史では伝えている。表十戒とは現在の聖書に記された「殺す勿れ、姦淫する勿れ」等の十個条の道徳律であり、裏十戎とはアカサタナハマヤラワの十音、すなわち言霊布斗麻邇の原理、換言すればエデンの園の構造である。モーゼは皇族大室姫命（後にローマ姫命と改む）を娶り、その子ロミュラスは狼に育てられたと伝えられるローマ帝国の創始者である。斯の如くしてイスラエルの建国と、ローマ帝国の創始と、全ヨーロッパ民族経営の計画の基礎が固められた後、モーゼは再び来朝して、能登の宝達山に薨《こう》じた。聖書ではモーゼは晩年行方不明となったことになっている。「何人もその墓を知るなし」と記されている。

五　ヱホバの神格の変化、魔神の世界経営─生存競争の文明的意義

全世界は須佐之男命が本格的に活動する舞台となる。神足別豊鋤天皇とモーゼとの契約、すなわち所謂神の「旧約」によって須佐之男命の事業を世界に実現する選ばれた責任者がユダヤ民族である。故に神撰民族というのである。須佐之男命のヘブライ名をヱホバ（ヤーエ）という。

初めヱホバは人間の楽園エデンを創設した愛と叡智なる神であった。高天原に在っては天照御大神も須佐之男命も共に完成された生命の布斗麻邇の内容であって、別々に分離されたものではないのである。しかるに或る頃からこのヱホバの神格に変化が起こった。愛と叡智なる神ではなくなって、聖書に示される如く戦いの神、妬みの神、仇を

報ずる神となった。この事はギリシャ神話に於ける太古の平和な神々テイタン神族が滅亡して、同じく、戦いの神、嫉妬の神であるオリンパス山のゼウス（ツォイス、ジュピター）の世になったことと同一の消息である。ヱホバとゼウスとは同一神である。（Jehova=Deus=Zeus=Zeus-peter=Jupiter）

ヱホバはシナルの地に築かれた都市国家を破壊し、言語を乱して、相通ずることなからしめ、民を地に逸散させてバベルの混乱を生ぜしめた。その部下のガブリエル、ラファエル、ミカエル、ウリエルと共に五大天使の一人であるルシファーを悪魔（サタン、メフィストフエレス）として地に降ろして、人間を背後からそそのかして罪を行わしめた。

高天原の組織から一人抜け出した荒振る神であり、「畔《あ》放ち溝《みぞ》埋め、瀬播《しきま》き、串刺し」等の天津罪を犯した神、すなわちキリスト教でいう原罪の神である須佐之男命の暴挙を実際に行う者が神ヱホバ（ヤーエ）である。それは「出雲八重《やえ》垣」の神であり、八重《やえ》言代主神である。何故にヱホバの神格が斯くの如く変貌したのか、聖書を神の経綸の書としてひもとく者は必ずこの疑問に直面しなければならぬが、本来善なるべき神が何故に魔神の所業を事とするようになったか。

高天原の経綸である皇運は進展して、鵜草葺不合朝末期より世界人類の歴史は第二文明の科学建設時代に入った。科学は元来事物を破壊分析する方法によって究めて行く学問あると共に、これを促進させるためには特別の方便を設けることが必要である。その方便とはすなわち生存競争である。科学は生存競争、弱肉強食の社会を基盤として発達する。

しかし生存競争は完成された高天原、すなわちエデンの園に於ける人類社会の有り方、営み方ではなく、人間生命の本来の意志に反する悪であって、人類の背後にあってその生存競争を教唆する者は神ではなくして魔神である。須佐之男命が高天原から神遂《かんやら》いに遂われた事のもう一つの理由は、彼が高天原から一人抜け出して、母神の伊邪那美神の国である黄泉（四方津）醜女《しこめ》の国に赴いて魔神になったことである。その須佐之男命の応佐がヱホバである。キリスト教だけの世界の事としていうならば、そのヱホバが歴史の或る時期からこの魔神に変化したわけである。ヱホバがその天使ルシファーを悪魔に仕立てて地に降ろしたという事は、ヱホバ自身が魔神として人間界に君臨したという事と選ぶ所がない。

斯くして全世界は漸次高天原日本の教庁からの愛と叡智による指導から離れて、荒振る神、罪を科《おほ》せられた神、天津罪を犯した神すなわち須佐之男命と、戦いの神、妬みの神、仇を報ずる神、人間に原罪を犯さしめた神すなわちヱホバ、ゼウスが支配する地獄、餓鬼・畜生、修羅の巷に変貌して行った。世界を指導する者の神格の変化は直ちに現実の歴史の変化である。竹内文献によれば遠い太古から例とされていた天皇の世界巡幸も、世界五色人王達の来朝も葺不合朝末期にはその跡を絶った。

千《ち》（道）早振る神代は精神文明の時代であった。人間の精神原理である布斗麻邇の展開としての道義のみが世界の権威であった時代である。この人間社会、娑婆《しゃば》世界は劫初《ごうしょ》から浅間《あさま》しい生存競争のるつぼであったわけではない。それは歴史的には僅々《きんきん》三千年或いは四千年このかた、世界の指導経綸者である天皇の宏謨《こうぼ》によって方便として特殊に仕組まれて、人為的に現実した社会相である。

この生存競争の社会に生存するためにはその競争相手に勝たねばならぬ。この時何が闘争に手取り早く勝利をもたらすかというと、信仰や道徳などではなくて、簡潔にいえばあらゆる意味に於ける科学の優秀性である。銅器を持った部落は鉄器の部落に破れ、鉄器の部落は鋼鉄器を奮う部落に征服された。斧は刀に敗れ、刀は槍に敗れ、槍は弓矢に敗れた。近代産業に於いても科学と経営上に優秀な技術を持った企業のみが経済社会に生き残る。第二次世界大戦で日本が敗戦した原因は、日本の戦争目的が何処にあったかなどという問題にあるのではなく、米国の科学技術と生産量が日本より優れていたという簡単な所にあった。

国家民族間の戦争は、その都度勝った側にはもとより、敗けた側にも急激に科学を進歩発達させる。第一次第二次世界大戦後に於ける科学文明の素晴らしい発展は我々が眼の辺りに見ている所である。もとより戦争は多大の犠牲を伴う人類の惨虐事であり、最大の罪悪であるが、その結果としてその犠牲を償《つぐな》って余りある科学の進歩と生産の拡充という豊富な福祉が収穫される。悪なる方便手段によって、いま一つの大いなる善である第二の文明を産んで行くのである。即ち必要悪である。ここに世界を指導し人類の皇運を経綸する者の遠大な意図と計画が存する。

高天原の道義政治時代が世界に於いて一応終了した時、新しい世界経綸の方針と計画に参与する思想の構造としての人間の基本理念に名付けられた称名が須佐之男でありヱホバである。その理念の実行者がモーゼであり、イスラエル民族であり、そのための教えが旧約聖書の半面であり、シオン・プロトコールである。それは元来善なる神が三千年間の暫時の方便として悪魔の仮面を被《かぶ》った姿である。神劇の仮装舞踏会に悪魔に扮装して登場した者がユダヤ民族なのである。チェコのスコダの如き武器製造に従事するユダヤ人を「死の商人」Merchant of deathと呼ぶ。ユダヤ的な最もユダヤ的な企業である。

ユダヤ民族が高天原の天孫民族と並んで、光栄ある神選民族である所以は、ここまで掘り下げて究わめなければその真意義を明らかになし得ない。モーゼのイスラエル建国の企図の奥には斯の如き遠大深刻な目的が蔵されてあった。そのモーゼに三種の神器の使用を許可し、これと相図って三千年の計画を実行せしめたのが葺不合朝の神足別豊鋤天皇であられたのである。

六　天の岩戸隠れ――仏陀の入涅槃

世界は須佐之男、大国主、ヱホバの神が経営する生存競争の時代となった。それはその後三千年にわたる人類の努力によって第二の科学文明を建設するための仮初の方便の時代である。仏教ではこれを像法、末法の時代という。仏教でこの世を仮の世というが、人類歴史の初めから、好い加減な仮の世であったわけではない。もとよりこの世は夢の世であり、天の浮橋として中有に浮かぶ綾なす虹の姿に過ぎぬとしても、その夢を最高に合理化する方法を布斗麻邇として人類はとくに知っているのである。

世界がこの新しい仮初めの方便の時代に入る時運に際して第一の精神文明の本拠である高天原日本に於いても、その時運に適応するために、また同時に来るべき三千年後に於いて、人類の社会が再び本源の姿に復帰する時期に処するために必要な政策を行わなければならない。生存競争の時代は無道義の時代である。この方便の期間に在っては愛と叡智の淵源であり、その原理である布斗麻邇の権威は不用である。これがそのままに世界に行われていることは却って、人間の間に闘争と混乱を醸し出すことの妨げとなる。人間社会であるからには多少は道義がなければならないとしても、或る程度までに止めて置かなければならない。道を教えてはならず、教えないわけには行かずというわけであった。

凡そ以上の理由と事情の下に神武維新後六百余年にして崇神天皇が執られた政策が三種の神器の同床共殿廃止《どうしょうきょうでんはいし》であった。それは日本並びに全世界の上に布斗麻邇の運用を停止した事である。この時以来鵜草葺不合朝までは世界の政庁であり教庁であった高天原朝廷から、世界の精神文明の形而上の原理が神宮の奥深く隠没した。この事を（第二回目の）天の岩戸閉鎖という。世界は和光同塵《わこうどうじん》の代となった。

神道でいう天の岩戸閉鎖と仏陀の入涅槃とは全く同意義の同時代に於ける、しかも世界的な事実である。法華経寿量品《じゅりょうほん》はこの事の意義を簡潔に説明してくれる。しかし天の岩戸は人類の前に永劫に閉ざされてしまったわけではない。神人仏陀は予定された時が熟し、計画された自態が世界に現われたならば、再び秘蔵してある布斗麻邇（摩尼宝珠、一切種智）の原理を携えて出涅槃下生する。すなわち布斗麻邇の自覚運用者としての生ける人間が現われる。そこで三千年後に予定されているその時の用意のために、或る程度までは岩戸の内景である麻邇の存在と様相を示して置く必要があり、同時に来るべきその時に人類が処するための魂の修練開発も勧めて置かなければならない。咒示と象徴を事とする言わば一種の神楽である宮中の儀式典礼、及びその宮中の儀式を民間に移した神社神道の編成創設や、全編咒文と象徴を以って綴られて、麻邇の内景と運用法を黙示してある皇典古事記の編集はそうした事のための施設であった。

和光同塵の代は、また月読命の時代である。月の光によって物を見る如く、薄ぼんやりと真理の見当がつく時代である。須佐之男命の半面は月読命である。この月読命は日本ばかりでなく、既にこの頃中国、印度、西南アジアを舞台にして、新たな大活動を開始していた。すなわち儒教、仏教、ユダヤ教、キリスト教の興隆である。

竹内歴史によれば伏義の来朝は葺不合五十八代御中主幸玉天皇の御宇の事であり、モーゼの来朝は前述の如く同六十九代神足別豊鋤天皇の御宇の事であり、また釈迦の来朝は同七十代神心伝物部建天皇の御宇の事であった。更に老子は狭野（神武）天皇の時に、孔子は安寧天皇の時に来朝した。それぞれ宮廷の神人の研究指導（ゼミナール）を受けて神道布斗麻邇を学んだ。そして研究を終えて、時の天皇から神道者としての許可を受け、同時に勅命を蒙《こうむ》って故国に帰り、月読命として亜細亜に活躍した人々である。

月読命の教えは神道布斗麻邇の概論であり入門（プロレゴメナ）であり、修業の指導であるが、老経にも繋《ケイ》辞伝にも法華経にも布斗麻邇そのものは直接には説かれて居ない。

この時期に世界から隠没することになった精神文明の基本原理の全局がその時顕わに説かれるわけはない。

老子も孔子も釈迦も布斗麻邇を体得していたが、これを説くことは禁じられていた。この事はイスラエルの新旧約聖書に於いても同様である。契約の箱の内容の三種の神宝の存在は説いているが、その実体は説かれていない。法華経は一切種智・摩尼宝球に到る指導書ではあるが、仏所護念である摩尼そのものは説かない。釈迦は摩尼そのものである仏教自体を説いたのではない。その仏教の本義である「白法」、すなわち神道布斗麻邇が彼の後三千年間世界から隠没入涅槃することを宣言した人である。彼が四十五年の説法に於いて「一字説かず」と言った事は、摩尼を就いて説かなかった事である。斯くて教化を終えた釈迦は再び来朝し、日本で薨じている。その墓は信州の川中島（善光寺）か青森県の大釈迦のどちらかにある。

七　ユダヤ亡国と神武維新

神代と現代、道義時代と自由放縦時代、神皇時代と人皇時代の境は神武維新である。実際にはそれより六百年降った崇神朝である。この故に神武天皇も崇神天皇も同じ名の肇国天皇《はつくにしらすすめらみこと》と言われるのである。この時まで世界を指導していた精神文明の天照大御神の権威は科学文明建設のための須佐之男命の権力と交代した。この事は全世界にわたる共通の事態であって、日本だけの事ではない。

この頃ヘブライでは既にモーゼ、ダビデ、ソロモンの時代が過ぎてイスラエル、ユダヤの両国に分かれたが、ペルシヤの滅すところとなって、民族はエルサレムの神殿と国土と二つながら失って、全世界に逸散流離した。その時その流浪して行く先を彼らの預言者は次の如くに教えている。「海の間の美しき聖山にエホバの天幕の神殿を設らへん」（ダニエル書）と。イスラエル民族が長い流浪の後に究極に於いて到達すべきモーゼの故地、すなわち民族の魂の故国を指示したのである。

ユダヤの亡国と日本の神武維新とは恰《あたか》も時を同じくする。何故に一方が滅んで一方が起ったのだろう。この二つの事実の間に如何なる関係があるのだろうか。前述の如く邇邇芸《ににぎ》朝・彦火火出見《ひこほほでみ》朝、鵜草葺不合朝と変遷して、それぞれの時代的な意義と特色を発揮して来た神代の皇朝に変わって、高天原の国である日本の責任を負って起った神倭磐余彦（神武）皇朝とはそもそも何事であるのだろう。

この時饒速日《にぎはやひ》命と神武天皇の間に戦争があったが、何れも天孫たることを主張する両者が何故に戦わなければならなかったか。この間の理由が甚《はなは》だ明瞭を欠いている。神武天皇は秦の始皇帝の末、除福の子であるという学説（佐伯学説）さえある。実はこの神武維新の由来には世界歴史と日本歴史の間に秘められた大きな秘事があり、その謎の解明のために神懸りの形で叫び声を挙げた者が民間宗教の天理教祖と大本教祖であったのだが、ここではこの事を露わに説く事は暫く保留して置くこととする。真実はいずれすべて事実として顕われて来る。

それにしても神武天皇と饒速日命との争いはその後も長く霊の因縁の緒を引いて、幾度となく燃え上がった。物部氏と蘇我氏、壬申の乱、源氏と平家、南朝と北朝等の一連の葛藤はいずれも霊的には同一事実の繰返しである。この葛藤の繰返しが天の岩戸閉鎖、像法末法時代に於ける日本歴史の主題《テーマ》をなしている。「五百生野狐に堕し、転々として錯たず」と禅でいうが、これが日本の宿業《カルマ》である。

世界を貫く第一義の歴史は天壌無窮、万世一系の皇運であり、言葉《ロゴス》の発展の歴史であるが、或る頃からその皇運の流れの上に泡沫《うたかた》のように第二義の葛藤の歴史の相が現れたのである。大祓祝詞もこの因縁を説いている。葛藤の歴史は宿業の相続である。宿業を解決する道はその淵源を明らかにすること以外にはない。

八　ユダヤ民族の東漸と西漸

イスラエル、ユダヤ両国の滅亡と共に、ヘブライ民族は全世界に散逸した。ヱホバは初めバベルの混乱を生ぜしめて人類の言葉を乱して、全地の表に散らした。そして最後に彼自身の民族の国を奪って同じく世界に散らして、人類の背後に立たしめたのである。

ヘブライ民族は指導者である預言者の指示に従って東と西に向かって民族移動を開始した。前述のダニエル等の預言に従って東に向かった彼らはその後の所謂シルクロードを経て極東に現われた。前述の契丹古伝が伝える所によると、満州北支に国を営んだ殷朝まではニギ氏の子孫スサナミコの国家であった。その殷は西域から興った異民族である周に滅ぼされ、周は同系の秦、漢へと交替して行った。殷の末はその後契丹となり金となり、そして最後に清朝となって時折その頭角を歴史に現わしている。

老子、孔子の来朝は日本と周との交流の例である。竹内文献には孝霊天皇七十二年に秦の除福の来朝が記録されている。斯くの如く凡そ神武維新を境とし、特にその維新の機運を望んで中国、朝鮮のユダヤ人達は更に海を越えて最後の民族移動を行って、漸次日本へ渡来帰化した。従来の歴史ではこうした所謂蕃別の姓氏に属する帰化人達を朝鮮人或いは中国人と目しているが、彼らは堯舜《ぎょうしゅん》時代の古代からの極東の住人ではなく、殷、契丹という古来の中国人種から見れば西方の異民族である。ユダヤ人達が三千年昔から何のために日本に渡来したか、そこにヱホバの経営と彼らの預言者の指導が存するのである。日本を世界遍歴の最後の目的地として東漸したヘブライ人はアベルの末ともいうべき宗教的な彼等である。

九　垂仁天皇とイエス・キリスト――神の新約

以上のように神武維新を境として大陸から半島を経てヘブライ民族は陸続と渡来帰化したのであったが、その中で特に世界的な活動をした者はナザレのイエス・キリストであった。彼もまた祖先モーゼの如く朝廷に学び、垂仁天皇より神道の伝授と神人としての免許を得て故国に帰り、キリスト教の眼目である「山上《さんじょう》の垂訓《すいくん》」を説いた。

彼に課せられた使命はモーゼとは異なり、民族の指導、国家建設を事とするものではなかった。その使命は異国の先輩である釈迦とほぼ同じきものであって、仏陀入涅槃、天の岩戸閉鎖後二千年にして第二文明の完成と共に再び地上に実現する神代ながらの愛と英智の文明時代を迎えるための人類の心の用意を説き、魂の悔改めを勧めることにあった。釈迦はこの事を全東洋に説き、イエスはこれを全ヨーロッパに教えたのである。

その初め神足別豊鋤天皇の勅命によって、モーゼが指導するユダヤ民族を主体とする神の「旧約」の経営は、イエスによる全人類的愛への転換による地上天国の実現を待って、初めてその有終の美を収め得ることとなる。垂仁天皇の勅命によるイエスのこの新しい指導経営をキリスト教では神の「新約」New Testamentという。旧約だけでは世界に平和は来ない。新約だけでも同様である。新約と旧約が同時に一つになる時が第三の文明時代の出発である。

イエスはその弟子ヨハネをして、その神の新約成就に至るまでの二千年間の世界の経過を詳細に預言せしめた。すなわち黙示録である。またその弟子ペテロ或いはパウロは更に実在の歴史人イエスの人格に基づいて、これを人間の理想像に描き上げ、神の子としてそのキリストを信じ、これを自証する事によって愛と智の根源としての人間の本性を悟り、自我の確立を図る方便の教えを樹てた。これが宗教としてのキリスト教であり、すなわちカソリックである。

山上の垂訓は人間イエスの訓えであるが、そのイエスを神の子キリストとして信仰することはカソリックの方便としての教えである。それは釈迦が法華経に於いて哲理と行道を説いた傍ら、方便として阿弥陀如来の極楽浄土を示し、信仰と自証を勧めたことと全く同じ行き方である。釈迦はこの信仰を東洋人に勧め、カソリックはヨーロッパ人に勧めたのであった。

かくてイエスはヨーロッパに於いて来るべき時代に対する「新約」の指導の任務を終って再び日本に帰って活動した。当時の日本は神武維新より既に六百余年、そのかみの預言者の指示によって来朝帰化した多数のユダヤ人達が、その特技である産業と経済の上に着々とこの国に地歩を確立しつつあった時代であった。時あたかも伊勢皇大神宮の御造営の儀に際し、イエスは倭姫命、日本武尊、武内宿称を援け、帰化ユダヤ人の財力を糾合してこれに奉仕した。伊勢遷宮の先導を勤めたと伝えられる丈高く、鼻高く、赤ら顔の異人である猿田彦命とはイエス・キリストその人でなければならない。イエスは青森県の十和田湖の畔に住して、其地に薨じた。

十　帰化ユダヤ人の活動
―平安、平城京の建設。堺、大阪の発展。日本財閥の系譜

帰化人の数が増大した。このため允恭《いんぎょう》天皇は日本人の姓氏を調べて、これを神別、皇別、蕃別の三に区別した。秦、波多野、綾部、呉羽、服部等は蕃別の姓である。元来産

業と技芸と経済の民族である彼等はいくばもあらずして日本の経済界の実権を掌握した。しかしまた彼等は元来敬虔《けいけん》な宗教的民族であって、その民族移動の動機と目的は嘗《かつ》て失われた彼らの神の宮を見出し、その下にひざまづいて、これに仕えるためであった。この故に日本に於ける彼等の目標はおのずから神宮と皇室にあった。彼等は惜しむ所なくこれを護持した。前記のイエス・キリストの活動もその一例である。時は正像末の正法の時代が終って像法の時代に入った。皇室では宮城の荘厳を計画して、首都の建設を帰化人達に命じた。彼等はその財力を挙げて造営に当たった。忽《たちま》ちにして平城の都奈良が、次いで平安の都京都が完成した。この時彼等は彼等の意のままに市街を設計することを許された。かくて出来上がった奈良の町並みも京都の町並みも、いずれも彼等の旧都エレサレムの市井の姿をさながらに写したものである。

こうした功績によって帰化人達は漸次朝廷に地位を獲得して行った。推古朝の東の漢の直駒《あづまのあやのあたひこま》は大臣であった。帰化人の娘達はお后となった。また彼女達は日本の有数の氏族の妻となった。源義家の母は帰化人の末であった。これ以後清和源氏に対するユダヤ系の庇護後援が歴史を通じて行われた。鎌倉幕府以来明治に至るまで七百年間、清和源氏が日本の実権を掌握した背後にはユダヤ財閥の力があった。

帰化人達が産業の地盤、経済の根拠地としたのは堺であり、大阪である。その支族は或いは江州に移り、甲州を開いた。その産業は建築に工芸に、特に紡織に歴史を通じて能く日本人の生活を支えてくれた。戦国時代に及ぶと彼等の商船はルソン、安南、シャムに往来した。当時諸国に割拠した群雄達は、堺衆と言われるこれ等の商人達の背後からの援助を得て、初めて覇を唱えることが叶ったのであった。斯くの如くして帰化ユダヤ人達は日本の経済界のバックボーンとして絶え間なき活動を続けて今日に及んでいる。その彼等の今日に於ける姓氏を或いは住友と言い鴻の池と言う。

その昔彼等は故国を離れて地球を東漸して来た民族である。その目的は前述の如く見失われた彼等の神ヱホバに巡り会うためであったのだか、そのほかにももう一つの仕事がある。彼等の同胞は直接極東に向かって民族移動した者のみがその全部ではない。彼等と反対の方向に地球を西漸して行った者が、長い三千年にわたる漂泊の後に、ヨーロッパを経て、米洲を過ぎ、最後に太平洋を渡って日本に到着する時が来る。その西漸の同胞の到着を待ってこれを迎え、これと合体することが彼等のもう一つの予定である。

十一　聖徳太子の施設

「推古天皇の御宇、聖徳太子三歳の源を察し、三国の起りに達し」（書記跋本）といわれた太子はもとよりこうした帰化ユダヤ人の由来を悉知《しっち》して居て、これに対する適切な処置を惜しまなかった。その一例は京都太秦《うずまさ》に興隆寺を建て、彼等の活動の根拠地とした事であった。太秦の文字は中国音でタージーと読む。東ローマ帝国の事である。興隆寺の境内に井戸が十二個あって、其の名を伊浚井《いさらい》と呼んだ。現在井戸は三個残っていて、石の井桁にその文字が刻まれている。伊浚井はイスラエルであり、井戸の数の十二は十二種族を表している。

また境内に酒公という人を祭った神社があって大酒《おほさけ》神社という。大酒は転化した文字で、元は太辟《おほさけ》（闢、避）と書いた。太辟はダビデの漢音訳である。太辟が辟公となり、やがて酒公となったのである。そのほか興隆寺の由来の中には聖書に関連する物語りが多い。

十二　科学の発祥と西漸─後漢と東ローマ帝国、アラビアのアルケミー、十字軍、中世紀の科学

国家喪失の後ユダヤ人は地球を東と西に向かって民族移動を行ったが、その東漸のユダヤ人が宗教的なユダヤ人である事に対して、西漸のユダヤ人は科学的なユダヤ人であるということが出来る。東漸のユダヤ人がアベルの末であるなら、西漸のユダヤ人はカインの末である。

前述の如く高天原日本から進発した須佐之男月読命の経営の下に、四千年昔東洋に古代の科学が産声を挙げた。煉丹還金術、本草学、東洋医学等であるが、これらの原始的な科学は周、秦の頃に及んで東漸のユダヤ民族に受継がれていよいよ発達の気運を得た。

秦朝の宮廷では科学研究を事とする学者を方士と称した。始皇帝の阿房宮《あぼうきゅう》の密室ではその方士達が集まって、硫黄を燃やして水銀を煮て、黄金を獲んとして日夜苦心が続けられた。ここでひとつエピソードを語ろう。

その頃聞くらくは東海に五山がある。蓬莱、瀛《えい》洲、方壷、員橋、岱《たい》与と言い、その島

には神遷が住んで不老不死の仙薬を練るという。始皇帝は寵臣《ちょうしん》の方士除福《じょふく》に命じ、童男童女数百人を率いて船に乗って、五山にわたって仙薬を求めしめた。五山とは富士山、興津（清見潟）、高千穂、天の橋立、松島の五である。

除福は紀州の熊野に上陸して直ちに朝廷に赴いて、伝説の不老不死の仙薬を提示することを要求した。除福の背景には当時世界第一の強国である秦朝があった。朝廷では恐愕措《お》く能《あた》わず、日夜福を饗して祝宴を催し、御馳走攻めにして、ようやくにしてこの恐るべき使者を追返すことが出来た。こうした史実が「竜宮の乙姫と浦島太郎」の伝説や、万葉の「浦島子の歌」の材料となったのである。

竜宮とはタツ（タチ）ノミヤである。その万有の性《たち》の宮とは言葉の原理・組織のことである。オトヒメとは音秘《オトヒメ》めの咒文であって、その音すなわち言葉の原理を秘蔵していること、そこで竜宮とは日本の皇室、乙姫とは天皇のことである。その竜宮にはまさしく不老不死の仙丹が存するのであるが、ただしその仙薬は肉体の寿命を不滅にする薬ではない、これを天壌無窮、万世一系の原理という、すなわち布斗麻邇、三種の神器である。始皇帝は除福をしてこの神器を求めしめて、以って秦の社稷《しょく》を二世より万世に伝えんとしたのであった。しかし始皇帝は遂に神器を得られなかった。何故ならばその後間もなく神器は伊勢神宮の奥深く岩戸隠しをしなければならない時期であったからである。秦はやがて漢の滅ぼすところとなった。以上は余談である。

さて、漢から後漢に及ぶ頃、西域東ローマ帝国（太秦）との交通が盛んになった。その間極東の古代科学はシルク・ロードといわれる天山南路、天山北路を経てアラビアに輸入され、アルケミーと呼ばれた。中世紀に及んでアラビア人がパレスタインを攻めてエルサレムを占領した時、ヨーロッパの諸候は挙げて十字軍を起こしてこれと戦った。数回に及ぶこの遠征に勝敗はつかなかったが、おのずから文化の交流が行われ、アラビアのアルケミーはヨーロッパに紹介されてケミストリー（化学）となった。物質原素としての酸素が最初に発見されたのは今から七百余年の昔のことであった。

十三　天の岩戸開き――仏陀の出涅槃、キリストの再臨

劫初以来の歴史の真相が明らかにされ、その歴史を貫いてこれを指導している原理の

意義が凡そ了解出来たならば、これから人類が何をしなければならないかということが自明されよう。その第一の為事《しごと》は天の岩戸を開くこと、すなわち仏陀の出涅槃下生を招致すること、すなわち救世主キリストの実態を再臨せしめる事である。この事は今日まで咒事的、比喩的、神話的、宗教的に様々に教示され預言されて、ああでもない、こうでもあろうかと憶測されて来たところである。

天の岩戸開きとは固く閉ざされた石室から天照大御神という燦然たる光りの女神が出現するというおとぎ話ではない。それは神話として脚色された比喩であり咒示である。岩戸のイハは五十葉（いは）であって、すなわち五十音言霊布斗麻邇を意味する。今まで述べた如く布斗麻邇は一万年昔人類が完成し、三千年前までは普《あまね》く世界に用いられていたが、その後今日まで全世界にその運用を停止されていたところの人類の精神的財産であり、その精神文明の完成された原理である。それは五十個の音声を以って組立てられた至極簡単な原理であるが、それだけに却って底知れぬほど深遠微妙なものであり、その運用は無限に複雑でありしかも正確である。

布斗麻邇は世界のすべての宗教の共通の奥義であり、宝珠といわれる通り人類のすべてが渇仰《かつごう》する最高の福祉の淵源である。やがてその布斗麻邇が世界に全貌を現わす時が来た。高天原日本自体の直接の責任に係る所の精神文明に関する皇祖の経綸は予定通り進捗している、像法末法《ぞうぼうまっぽう》の期間は既に終了して、新しい正法《しょうぼう》の時代に入った。すでに布斗麻邇の学者は起ち上がって崇神天皇以来二千年間秘められていた古き伝統を知性内部に復元しつつある。

岩戸開きはすなわち仏陀の出涅槃《ねはん》である。涅槃（ニルバナ）とは暗黒の義であるが、その元の意味は粘土盤文字（泥盤・泥日）ということをもじってある漢字訳であって、生身の仏陀が釈迦牟尼仏《しゃかむにぶっ》以後はこの世に跡を絶って、その言葉が経典の文字としてのみ存在することが入涅槃の意義である。これを「声字即実相《しょうじそくじっそう》、文字即涅槃《しょうじそくねはん》」という。五十音の麻邇は法華経のいう一切種智《いっさいしゅち》であり、如意宝珠《にょいほうじゅ》であり、仏所護念《ぶっしょごねん》である。その五十音の一切種智の曼荼羅としての仏陀語の原典の粘土盤文字が再び世界に現われて、声字、言語として活用されること、即ち麻邇を把持運用する人間が世界に出現することが仏陀の出涅槃下生である。

再臨の救世主キリストは人の子である。その人の子は神の小羊であり、その花嫁として万国の民を医す生命の城の生命の樹の葉の原理をもたらす人である。生命の樹の葉は生命の楽園であるエデンを構成する神の律法《おきて》であり、その「律法と預言者を成就」するために来る者が再臨のキリストである。そしてその律法とはモーゼの表十戒裏十戒であり、すなわち契約の箱の中のヘブライの三種の神宝である。その三種の神宝とは高天原の三種の神器そのものであることは既に説いた。

十四　ヱホバの神性復元、ユダヤ民族の世界制覇完了と、その霊性還元

全世界は間もなくユダヤの支配下に帰一し統一されよう。この事は煩雑を避けるために未だ釈かずに置いたが、天皇の世界経綸《せかいけいりん》の政策の一つとして改めてこの事を挙げよう。その初め須佐之男命であるヱホバは方便のために敢えて天津罪、原罪を犯して人間に生存競争を教唆《きょうさ》し、世界に混乱を巻き起こして今日に到っているのであるが、歴史が進展して、その方便行使の意義が終了した時、世界の混乱を収拾する当面の責任者は、初めにその混乱を生ぜしめた当時者その者でなければならない。ここに須佐之男命、ヱ

ホバの経営の裏面に於ける微妙な目標がある。高天原の世界経綸はもとよりこの事を予定している。

すなわち須佐之男命、ヱホバすなわちユダヤ神選民族は世界に対して同時に二つの仕事をしているのである。一つは国家民族の背後に在ってこれを闘争せしめて、これを以って第二文明の創造に資すると共に、一つは闘争の当事者の弱体化に乗じてこれを次々に自己の支配下に隷属せしめて、以って全世界の覇権を掌握することである。シオン・プロトコールはこうした事のための指導書である。須佐之男、ヱホバはスペードのエースであって、オール・マイテイーの神である。ヱホバに反抗する者はすべて滅亡する。旧約聖書は斯く宣言している。このためにナチス独逸も、イタリヤのファシズムも、そして日本の軍閥政権も、これと戦ってあえない最後を遂げた。これが歴史の必然である。明治天皇はこうした由来をご存知であったから、当時唱道された日独同盟を斥《しりぞ》けて、日英同盟を締結された。この次に世界のどの民族、どの政府がこの歴史の必然に逆行するか、日本軍閥の無知を繰返さざらんがために、無用の犠牲を省くために、その政府の指導者の賢明なる操作を期待して止まない。

初め伊邪那岐大神は須佐之男命に神勅を下し「汝が命は海原《うなばら》を知らせ」とその任務を規定し、その前途を祝福し給うた。ウナバラとは万有（う）の名の世界である。「無名は天地の始め、有名は万物の母」（老子）というが、物の実体はその物の名に存する。名が定まって初めて物となる。名がなければ渾沌である。須佐之男命はこの万有の名、すなわち名であるところの事物を支配する神であって、大国主命はその継承者である。名の掌握体を国という。世界の国々を悉く《ことごとく》引き寄せて掌握し、領有する者が大国主であり、この事を「国引き」（出雲風土記）という。ヱホバの仕事でありユダヤ民族の仕事である。

ユダヤの世界制覇は天皇の経綸の現われである。ただしその世界制覇だけがその経綸の終局であるのではない。ヱホバの活動は方便であり、その世界統一はなお究極の完成に至るための終局に近い一つの段階である。方便はその目的が成就すればその意義が終了する。段階はそこに到達すれば次の段階に移らなければならない。ヱホバの仕組んだ生存競争は科学文明が完成した時、存在理由がなくなる。国家間の戦争はユダヤの世界統一が成就すれば消滅する。今日がやがてその時である。

第二次世界大戦後の科学の急激な発達に就いて前述したが、その科学に基づいた産業の興隆によって、人類は今や歴史上にその例を見ぬ豊富な物質を生産しつつある。この時無意味な消費を目的とする小戦争や、商業上の広告宣伝に費やす浪費を省いたならば、地上の生産量は全世界三十余億の人口を賄って十分に余りがある。

斯くして科学の完成と併せて産業の充実は方便として仕組まれた生存競争の意義を解消した。すなわち生存競争は今日既に歴史的の意義を喪って、昨日までの過去の惰性に過ぎないものとなりつつある。原因が解消した惰性は間もなく人類の意識から消滅しなければならない。ヱホバが方便として五千年間被っていた悪魔の仮面を脱ぎ捨てて、元の愛と叡智なる神性に還元する時が来た。ユダヤ民族がさ迷えるユダヤ人の漂泊の旅を終え、功成り名遂げて、魂の故国であるエデンの園に帰還する時が来た。

十五　須佐之男月読命の高天原帰還

国土と神殿を失って世界を流浪しているユダヤ民族の旅は、放浪のための放浪ではなくして、定められた目的の神殿に到達するための巡礼の旅である。三千年のその旅の過程に於いてモーゼの民族はその命ぜられた天職に従って将に人類の間に科学を完成せんとし、同時に武力と経済力を以って全世界を席巻して、これを殆どその支配下に掌握した。しかしこれだけの事でモーゼの民族が満足してしまうわけには行かない、それだけではまだ使命は終らないのだ。念願の神殿に到達する最後の旅のコースが残っている。

須佐之男、ヱホバはオール・マイティであって、現在武力と経済力を以って世界を制圧しているが、世界の人類は権力を以って支配されていることがその本来有るべき姿ではない。人類は一人一人が本来神の子であり、自覚と自由と自律と自主を以って運行している小宇宙である。人類がその有るべき正しい状態に置かれなければならない事は、現在現実に世界を支配している者の責任である。そのために世界の支配権力は如何に自己の在り方を是正し転換したらよいか、その自己転換の操作がヱホバの地上経営の最後のコースである。

このコースを通ってユダヤ民族はその念願の神殿に到着する。その神殿に於いてその昔彼等が見失った神の実体である真理に再び巡り会って、これと合体する時、その時まで世界のすべてから敵視されていた魔性が脱却され、方便が真に方便であった事が証明され、神選民族が真に神選民族である所以が承認されるのである。この時初めて全世界から栄光と称賛がモーゼの民族に捧げられる。

須佐之男命の所産の科学は高天原のアオウエイの組織の中から独り逸脱したウ言霊の展開であるが、前述の如く科学は生命現象の主体性を捨象《しやしょう》して客体側のみを抽象した学であって、内面の自己目的には没交渉な、自覚としての生命の光りなき盲目の学である。この光りなき世界を夜見《よみ》（黄泉、四方津）という。科学は万有の存在 Seien の法則は明らかにするが、人間がみずからの生命の在り方と、行為の意義と価値を規律する自覚、自由、自律、自主という主体性の活動である「べし」Sollen の自己命令、すなわちカントのいう至上命令は科学からは割り出せない。その中から強いて哲学を組立てようとしてもプラグマチズム以上のものは出て来ない。

物にその根底を置く須佐之男、大国主の統治方法は、力を以って人間の意志を拘束し、或いは観念を以って「洗脳」して強権に服従せしめるより他はない。科学的共産主義は警察力を背景とし、資本主義は経済の埒《らち》によって人間の生活を操縦する。前者に於いて人間は監獄の囚人の如くであり、後者にあっては牧場の牛羊の如くである。いずれにしても大差はない。この状態を以ってしては神の「旧約」は或いは一応成就したかも知れないが、「新約」はまだ少しも果たされていない。この故に三千年来の世界の指導者、責任者である須佐之男命すなわちユダヤ民族の旅は未だそのゴールに到達していないというのである。

彼等の念願の神殿への最後のコースは今まで通りの直線ではない。ここで百八十度転換しなければならない。世界は物だけ、客体だけの世界ではない。そのもう一つの半面として心すなわち主体の世界が存在する。両者を表裏として禅でいう「一枚」であるものが生命であり現実である。その本来の一枚へ帰るところに物の解決があり、同時に心の救われがある。文明の解決はここにある。

世界の資本主義、共産主義という科学的覇道主義が、歴史が既にその意義を解消している三千年来のふるくさい自己の惰性を反省し、百八十度の転換によって彼等がみずから捨象しているところの宇宙のいま一つの半球の中実である精神の主体性に気付かなければならなくなっている。そこに愛と叡智とが整然と運行する自由と自律の広々とした内面的宇宙が発見される。この内面宇宙の内容が再び世界に出現する事が神の「新約」である。換言すれば新約とは繰返して言うがヱホバが悪魔の仮面を脱いで、元の愛と叡智なる神に還ることであり、同時にユダヤ民族が魂の故郷であるエデンに還ることである。

長い歴史を通じてただ物の上にのみ終始して来たユダヤ民族の心願の神殿は人間の精神の中にある。今日世界の覇道的権力がその欠乏のために右往左往せざるを得ない所以は、彼らに精神界の指導原理が欠除していることにある。火星に行くことが人間に取って何の意義があるか、弁《わき》まえる道を持たぬ盲目の科学に光あらしめ、生命あらしめるものは人間の魂の自覚である。有り余る豊富な物資の海の中に住んで、なお奪い合いの戦争、競争を繰返している人類を救うものは我みずから「べし」を規定する精神原理の確立である。

だが、その必要な精神原理を人類が今から改めて創り上げようとするならば、今日の科学の完成に要した年月と同じように今後幾千年の未来を待たなければならない。しかし実際にはその必要がない。斯くの如く世界が要望し渇仰している精神原理は、人類が既に創造を完了した第一の文明布斗麻邇として、最初の日の姿そのままにこの日本に保存され厳存している。世界からの要望があり次第我々はこれを天の岩屋という魂の倉庫の中から取り出して、普く人類に頒つことが出来る。我々は長年叫んで来た。「人類よ、日本へ帰れ」と。日本こそ文明の根源の国であり、人類の魂の祖国であり、精神の指導国である。

五千年前世界に新しい第二の文明科学を創設するために高天原日本から次々に進発して行った須佐之男月読命が、その垂迹《じゃく》応佐の神々であるヱホバ・ゼウス、オーディン等と共に、またこれ等の神々の御手代《みてしろ》であった伏義、モーゼ、釈迦、老子、孔子、キリスト、マホメット達の霊と共に歴史を通じて啓発指導育成した星の国々であるユダヤの十二種族、ヨーロッパの諸民族、月の国々である東洋の諸民族を引連れ、その経営の所産である完成された科学の全体系と、哲学宗教諸派の労作と、産業の総量を携えて、再び故国である高天原日本へ目出度く帰来する時が来たのである。

しかし高天原へ帰るといっても、何も現実の日本へ来るという事ではない。それは第一の魂の文明の殿堂の扉を開いて、第二の物の文明がその中へ自己を投入して、それと合体することをいう。本書は伊邪那岐神、天照大御神の本拠である高天原に住む我々が五千年前の古き同胞とその教えの子達を喜び迎えるための招待状である。その歓迎の祝典としてこれから世界に如何なる盛儀が開催されるだろうか。これから世界が如何うならなければならぬか、我等日本人と全人類とが何をしなければならぬかは、布斗麻邇の教科書である古事記に詳しく予定され予告されている。

十六　東西ユダヤ民族の合一

前述の如くユダヤ民族のうち東漸の一団は周以後の国家を建て、或いは中国に留まって青幇紅幇等の華僑ともなったが、その先頭は日本に帰化して長く日本の経済界の指導経営に任じて今日に到っている。何のためにこの様に早くから日本に来たかという事は彼等の魂の奥底の記憶が承知している。これも前述したように昔彼等と一旦袂《たもと》を別《わか》って地球を西漸して、その途中で第二文明の内容を建設しながら、最後に心願の国日本に到達すべき彼等の兄弟を迎える用意を整えて置くためである。

その用意とは昔パレスタインで見失われたヱホバが鎮座するその本地が日本であることを知らしめ、その兄弟を招くために必要な歴史と原理の研究と、魂の修練と、実際の設備を整えて置くことである。全世界から高天原日本に帰来する須佐之男月読命とその子達を迎える役目は神代からの高天原民族としての日本人と、上古からの帰化日本人とが協同して行う為事である。斯うした意味で現在の日本財閥の上には現実の営利企業を更に一歩超越した世界的、人類的な使命が存在している。その使命を自覚して歴史的大活動を開始しなければならぬ時が来た。

やがて使命の上に立ち上がった日本の経済人達の東導によって全世界の支配権力、所謂ユダヤである経済力と武力の悉くがこの高天原日本に集結される。今日まで三千年間世界の支配権を掌握するために、何故に彼等が敢て世界中の憎しみを背負いながら営々辛苦して来たか。それは、彼等の神の祭壇に彼等が掌握した全世界の実権を捧げるためにに他ならない。世界のすべての神は、仮面を被ったすべての魔神も共に、高天原こそその出生の本拠地である。高天原から出たものはまた必ず高天原に帰って来る。人間の生命から、その知性から出たものは科学であれ哲学であれ産業であれ、すべてその魂の故郷に帰って来なければならない。この時が事物の最高の完成であり、救われであり、調和である。

西漸のユダヤ権力の先頭は今米国まで到達している。太平洋を渡ればここが彼等の本地日本である。現在の日本は米国の占領国、属国の観があるが、この状態は間もなく逆転することとなる。米国の企業は悉くその経営の本拠、本店を日本に移転する。日本の経済界はもともとユダヤ民族が開発経営して来たところであって、これにその旧き同胞が合体するのである。米洲は依然としてそのまま活発な工場であり農場であればよい。斯うした姿が世界の権力がその獲たもの、持てるものの悉くをみずからの神に供えた形の一つである。

この時ソ連の共産主義は如何なるかというと、元来共産主義は資本主義のアンティ・テーゼであり影であって、これまた表裏をなす一体のものである。対立というものは片方があるから他方がある。資本主義があるから共産主義があるのである。世界の資本主義がその還えるべき所に帰り、在るべき姿に建て直れば、共産主義もまた、おのずから帰るべき所に帰り、在るべき姿に正される。

十七　三菩提の三位一体

世界の権力である須佐之男命、大国主命、ヱホバが高天原の天照大御神の御前に、その政権、経済力、武力を挙げて捧献することを大国主命の「国譲り」という。と言っても何もその実権を放棄するという事ではない。

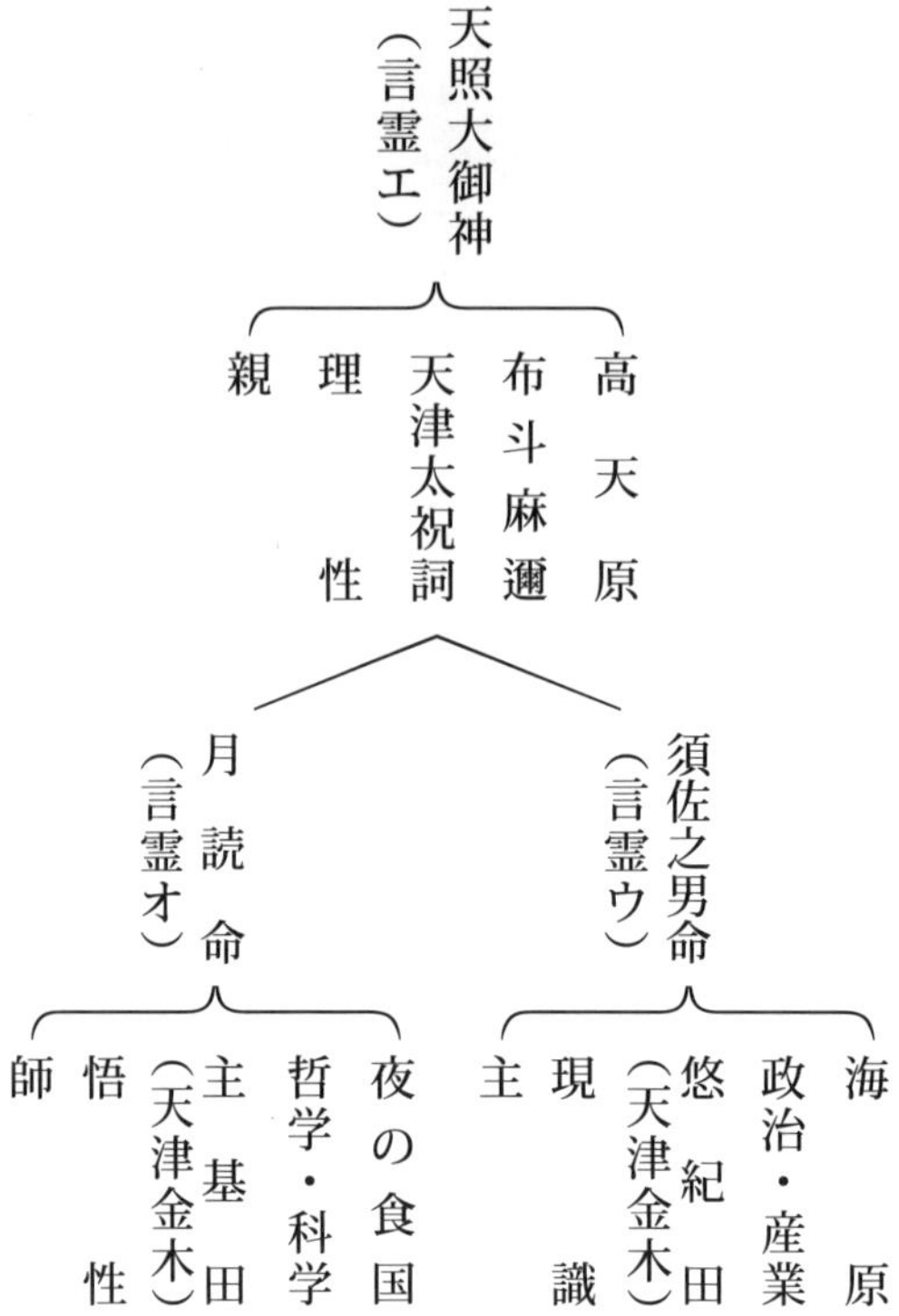

図 15. 三菩提の三位一体

前述の如く須佐之男命は「海原を知らす」神であり、すなわち現実界の統治者である。この神勅の定めは永劫に変わることがない。

ただしこの須佐之男命が単独で、生命の自覚に盲目な無目的な権力を行使すること、すなわち権力が人類のその他の精神能力、精神内容と相図することなく、権力が権力だけで独走横行することが神律違反の所以であり、この事を天津罪といい、原罪というのである。ヱホバ自身が方便として用いて来たその原罪を払拭して、生命の自己目的の自覚の世界である精神界、高天原の天照大御神の叡智の光に摂取され、これと合一し、表裏一体となって協力一致する事がすなわち「国譲り」の意義である。権力がそのまま生命の道徳に順応することである。

更にこの意義を一層明らかにするために須佐之男命からその半面である「夜の食国《おすくに》を知らす」月読命を分離して三位一体の形を整えてみれば、成程と肯くことが出来る。この三位一体を仏教では阿耨多羅三藐三菩提《あのくたらさんみゃくさんぼだい》という。この三神、三尊が文明の指導原理として世界に君臨することが、その実現を予定されている人類社会の理想の有り方である。

十八　三つの世界会議──世界哲学宗教会議、布斗麻邇と科学の照合会議、世界政治経済会議

人類はこれから全世界を挙げて三つの会議を開催しなければならない。その会議は従来行われて来た経済や政治に於いての協議や国際会議や、或いは部分的な学術会議等に比してその規模に於いても、意義内容に於いても、全く類を見ない画期的な有史以来の会議である。

第一の会議は世界宗教会議である。現在世界に行われているすべての古来の大宗教である仏教、キリスト教、波羅門教、回教、儒教、道教等から、或いは古今の哲学の諸派から哲学が選《せき》ばれて代表として参集する。会議の席上で各教、各学派の教義が余すところなく呈示紹介される。この時高天原日本からは神道の実体である布斗麻邇の覚者がその原理を披歴《ひれき》し、布斗麻邇と世界各哲学宗教の玄義とが対照され審議される。ここで世界の哲学宗教の道理が正しかった事が簡潔明白な布斗麻邇の原理の上から証明され、同時に布斗麻邇こそ世界の哲学宗教の精煉され尽くした最高の道理であることが、普く世

界に証明されるのである。この会議を神道で「天の岩戸開き」という。岩戸前に於ける八百万神の神集いの神庭会議という。

第二の会議は布斗麻邇と科学の照合会議である。この会議には全世界の物理学者、生物学者、宗教家が参集して、前記第一の会議で開顕確立された人類精神文明の原理布斗麻邇が呈示されて、これと理論物理学及び生物学が対照され、検討審議される。この結果心の世界と物の世界とは学問的取扱いの上ではっきり二つに区別され、中途のどっちつかずのあやふやなものがなくなり、而《しか》もその区別された各々の原理内容が相等しい事、すなわち物と心とは二つであって、而も理の上で一如である事が証明される。一万年昔完成された第一の精神文明の原理と、今日完成されんとしつつある第二の科学文明の原理とは、斯くの如くにして区別され、綜合されて、以ってそのジン・テーゼとしての物心不二一体の第三文明の原理として新しく誕生するのである。この第二の会議が前述の「天の誓い」すなわち七夕祭りである。

第三の会議は世界政治経済会議である。この会議に現実の全世界の国家民族の指導者、責任者の悉くが参集する。これに対して全世界の宗教家、哲学者、科学者が出席して、第二の会議で決定された第一の精神文明と第二の科学文明が綜合された新しい第三文明の指導原理が呈示される。

悠久一万年に亘る全人類の努力によって完成されたこの最高の道理の前に、その時まで世界の支配に当たっていた覇道的権力者が、その権力の独走横行が全人類に真の福祉をもたらす所以でない事を知り、人類は過去五千年間の方便であり惰性であった生存競争を停止する。ここに人類が遂にみずから完成することを得た第三の文明原理を、爾後永久に世界の指導原理と奉載して、これに則って世界憲章が樹立され、国際法が制定され、及び各国家民族の国内法が編纂される。この第三の会議を神道で「国譲り」「天孫降臨」という。

本書を終るに当たって特にモーゼとイエス・キリストの民族の功績を讃め称え、黙示録の言葉を引用して以て結語としよう。

今よりのち呪《のろ》わるべき者は一つもなかるべし。神と小羊の御座は都の中にあり、その僕等はこれに仕え、且つその御顔を見ん、その御名は彼等の額にあるべし。今より後夜あることなし、燈の光をも日の光りをも要せず、主なる神かれらを照し給えばなり（第二十二章）

十九　神の旧約と新約

太古神代全世界を知食めし給うて居られた天津日嗣の経綸である天照大御神の八咫鏡に則った布斗麻邇政治、道義政治が行われていたが、三千年昔の頃に及んでこの太古の経綸の方法が一旦停止された。これに代わって爾来今日まで世界に須佐之男命の覇道思想、生存競争思想に基づく政治が実施された。三千年昔の神代と現代との境目に行われた世界経営方法の大転換を天の岩戸隠れ、エデンの園の閉鎖、バベルの塔の崩壊、仏陀の入涅槃、先王の道結縄の政の隠没という。すなわちこの天の岩戸隠れの半面は須佐之男命、大国主命の経営、ヱホバの天使にして同時に悪魔であるサタン（ルシファー、メフィストフェレス）の活躍、仏陀の敵、提婆達多の活動である。民族と宗教によってそれぞれ表現を異にするが世界のすべての古代宗教の聖典は、それぞれ別個のものではなくして、唯一の天津日継の経綸とその政策の転換という全世界に共通する歴史的事実を伝えている。

三千年昔に於ける全世界に亘った思想的維新の後、予定の期間が経過して、須佐之男命の科《とが》の学《まな》びである科学が今日見る如く発達した時、天の岩戸が再び開かれて、太古ながらの天照大御神の愛（言霊ア）と叡智（言霊エ）の世界が現在の科学（言霊オ）の上に再び実現する。科学文明の上に更に高度の人間の智性が蘇返り再現されてそれを指導するのである。この現代の現実の上に太古の道《ロゴス》が復元することを天孫降臨、エデンの再現、仏陀の出涅槃下生という。そしてこの事の半面が須佐之男命の高天原への舞上がり、大国主命の国譲り、ヱホバの神性還元、サタンの天使への復帰、イスラエルの改心、弥勒の成道という。人類の覇道思想が三千年来のその使命を終了することである。

人類の上に生存競争を助長し、覇道思想を吹込んで、人間に物質的意味での生活の利便と幸福をもたらす言霊ウに即した科学産業を発達させる企画経営を神の旧約という。そのやがて発達する物質文明の上に愛（ア）と慧智（エ）と生命（イ）の太古ながらの永遠の道理《ロゴス》を復元実現する企画経営を神の新約という。この事はヨーロッパ民族だけに関する教えと預言ではなくして、以上の全世界に普ねき歴史的経綸の両面を聖書の上にユダヤ教、キリスト教が教えとして記し伝えて来た所のものである。

この旧、新二つの神の契約は目に見えぬ超越者としての神なる者と人間との間の関係ではなくして、実在する天津日継（天皇《すめらみこと》）とそれぞれの民族の運命の指導に任ずる王たち、預言者たちの間に授受された全世界経営の上における約束、企画、予定である。神の旧約の実行者に対して顕著な指導を行ったのは鵜草葺不合皇朝六十九代神足別豊鋤天皇であって、イスラエル国王モーゼがこれを拝命し、やがて覇王ダビデによって露わに実施の緒に就いた。すなわちこの時からイスラエルは神の選民としての活動を開始した。神の新約の発令者は綏靖天皇《すいぜいてんのう》及び垂仁天皇《すいにんてんのう》であって、印度の釈迦とユダヤのイエスがこれを拝命して、仏教、キリスト教としての東洋、西洋に伝導された。

神の旧約は須佐之男命の神業《かみわざ》であり、これと相対的な経綸として、新約は月読命の神業である。科学文明として旧約の中実が世界に出現する時が新約実行の時である。大国主の国譲りと天孫降臨とは裏と表である。科学産業の充実の時がヱホバの民（ユダヤ民族操縦の下にある欧米）の悔い改めの時である。しかしこの時心願のエデンの園の扉、天の岩戸が開かれなければイスラエルの悔い改めの道は明らかにされない。黙示録に記された「生命の城」の降臨は天照大御神の神の子羊である高天原の天孫民族の手によってのみ実現される。その他の哲学や宗教を以ってしては「生命の樹の道」、「生命の樹の葉」である人間の心（霊魂・精神）の原理、言霊布斗麻邇三種の神器の操作ができないからだ。

世界歴史は一系の天津日継の一系の経綸の運行である。人々それぞれに生活の塵労があり、また真理を聞いても素直にこれを真事《まこと》と認識し得ない宿業の障害等の様々な妨げがあることだが、その生活や宿業の重い鎖を曳擦りながらでよい、力が乏しければ一挙手一投足でも、貧しければ一灯でよい、この世界の聖業に寄与し貢献する所に神代から生き通しに生き、種《スペシー》の有る限り永久に死ぬ事のない人間として今日この世に現れた生命の意義がある。

天津日継の世界経綸の上から明らかにされる広義の旧約、新約は単にイスラエル民族やヨーロッパ人だけに関する事柄ではなく、東洋を包含した広く全世界の上の経綸である。モーゼのイスラエル建国、ローマ帝国建国、シオニズム運動の淵源であるダビデの経営、聖典カバラ、タルムードの編纂、研究、ユダヤの亡国、十字軍、産業革命等の一連の事実は旧約の実現過程であり、老子、孔子の活動、釈迦の立宗、イエスの布教、ペテロのカソリックの創設、そして最後のマホメットの決起等の一連の史実は新約実現に向かっての経営であった。これを神道の命題を以って説けば、旧約は須佐之男命の経営に係わり、新約はその須佐之男命の経営の成就を待って天照大御神が再び岩戸から出現するための月読命の約束であり準備である。前者は科学産業文明完成のための人類活動であり、後者は太古の精神文明、生命文明の保存継承と最後に物心両文明を総合する為の道程である。

斯うした全世界の歴史的動向の中に在って、その経綸の指導者、責任者である高天原の国日本自体に於いても、もとよりこの世界の傾向と同じ道を辿らなければならなかった。この旧約新約の歴史的交叉点に於いて日本自体の政治的思想的大変革が行われたのがすなわち神武維新である。これ以後日本においても世界と同じくこの旧約と新約の二つの経綸の流れが、糾《あざな》われる縄のように互いに干渉し、繞《もつ》れ、対立し、反撥しながら、しかも両者は決して妥協せず混合されることなく、三千年と予定されている期間の経過の中を今日までもつれもつれながら歴史を降下して来たのである。アベルとカイン、モーゼとダビデ、釈迦と提婆の対立はそのまま日本に於いては饒速日命と神倭磐余彦《かんやまといわれひこ》命（神武天皇）、蘇我と物部、源氏と平家、南朝と北朝の歴史的対立抗争の事実となって現れた。月読命系の日本人と須佐之男命系の日本人の抗争死闘が広義に於ける日本の南北朝の対立である。日本に於ける南北朝の対立はそのまま世界に在っての神の旧約と新約の並立抗争であって、この両者の矛盾対立が今日まで人類全体が引擦って来た最大の宿業《カルマ》である。

神代の最後の鵜草葺不合皇朝時代は人類のウ（鵜）言霊の内容がオ言霊としてその中実を整備し組織される神屋《かや》（原理）が未完成（葺不合）の時代であった。そのウ言霊すなわち人間の感覚に則った営みに即した世界像を完成する宏謨《こうぼ》が計画発令されたのがその皇朝の末期であって、その指令者の一人が神足別豊鋤天皇である。爾後三千余年に亘る須佐之男命、大国主命の覇道主義、物質産業主義の経営に便ならしめるために神代に於ける生命に即した道義政治の典範であった天照大御神の原理、言霊八咫鏡がしばらく世界の裏面に隠れる事となった。すなわち天の岩戸閉めという。

神武維新は神代ながらの天照大御神の道法が岩戸隠れして、代わって須佐之男命の方針を以って日本を指導することとなった思想革命であり、歴史的大転換であった。神武天皇の時その準備が始まって、後六百年の崇神天皇の時、いよいよこの事が実施に移された。即ちこの時三種の神器が宮中から遷《うつ》されて大和笠縫宮（後に伊勢五十鈴宮）に祭られた。この事は祭祀という形式の中に神器の実体言霊が隠匿封鎖された事である。斯くして神武崇神朝以後に於いては、神代の精神文明としての生命の指導原理である完成された日本の真態真姿は実際としてはもとより学問としてさえも露わに世に行われる事がなくなった。この事を同床共殿廃止、和光同塵政策という。この間三種の神器の真義を釈くことを禁じられていた。ただ咒文咒事或いは象徴として、謎としてのみ黙示、暗示され伝承されていた。その謎が再び釈かれたのが三千年の経過後の今日である。

神武維新は政策での維新であって建国ではない。覇道専制政治から立憲君主政体に代わった明治の変革を維新というが如きものである。日本の建国というべきは明らかに仁仁杵命の天孫降臨の事実がその事である。更に日本の肇国は遡上って伊邪那岐神が高天原の形而上世界を言霊として完成し世界に三貴子の三権分治を定めた機《おり》にある。しかしそうした五千年、一万年もの昔に当る建国、肇国の史実としての詳細は文献の伝承が無いから杳として知る由がないが、人間性の原理である言霊の操作によってオ言霊を直観的に活用する時、道理の上からその肇国、建国の時代の状況に過誤なく遡源することが可能である。

また一方建国、肇国の原理方法が皇典古事記、日本書紀或いは大祓祝詞等に咒文を以って黙示されているから、その謎を釈けばその原理が復元される。その原理を布斗麻邇、三種の神器といい「敷島の道」、「言の葉の誠の道」という。キリスト教の「生命の樹の葉の道」、仏教の摩尼宝珠（白法、言辞の法）に当たる。三種の神器の意義を度外視して如何ほど日本の肇国、建国或いは神武維新に就いてあげつらい、日本人の民族性を理解しようとしてもすべて本質に触れない皮相の見解に止まり、観念の遊戯に終わる。

神武維新は天照大御神から須佐之男命（大国主命・八重言代主命）及び月読命への政策の転換であり、その須佐之男命の世界的応作がモーゼの、特にダビデの活動を通じてのヱホバであり、その政策の具現者はユダヤであり、ローマ帝国を初めとするヨーロッパ民族である。こうした表面にまだ現れない事実を繞って歴史的な開明が着々と進められている。景教《ネストリアン》の研究から入った佐伯学説によると神倭磐余彦命は秦の徐福の子とされている。当時国が滅亡して散逸したユダヤ民族は祖先のアブラハム、モーゼ以来の魂の祖国である極東の日本に向かって、預言者たちの指揮の下に民族移動を開始した。既に神武維新前後には多くのユダヤ人が中国人、朝鮮人として続々入国帰化している。神武維新の真相は斯うした世界の事情と深い関連を持っているものである。現在の日本人の血液の半分もしくは三分の二までは帰化ユダヤ人のそれであるといっても過言ではない。隠れた歴史の真相を喚び醒まして明らかにする事が眼に見えない宿業を釈きほどく所以である。歴史が宿業を伝承し、宿業が葛藤の歴史を生んで行く。宿業から離脱する道は因果を明らかにする事にある。

神武維新以来日本は天照大御神の国ではなく、須佐之男月読命の国であって、天照大御神は岩戸隠れの状態で伊勢神宮に潜在し給うて居られる。明治維新は神武、崇神両帝が計画した三千年の宏謨に従って、時が熟した事によって、この神武維新を更に維新して、本来の高天原の精神文明の国日《ひ》の本《もと》を復古再現する為の天の岩戸開きへの出発であった。爾来百年、この維新の事業は道理の上でも実際の面でも右往左往、紆余曲折を重ねて、まだまだ中途半端な過程を彷徨しつつある。

鵜草葺不合皇朝に代わって神倭磐余彦皇朝が起こった神武維新は斯うした天津日継の世界的経綸の上にその指導国、棟梁国日本自体が順応するための思想と政治の維新であった。神の旧約新約の関係から考える時初めて神武維新の意義を把握する事が出来る。この維新すなわち所謂神武建国を境として、日本は天照大御神の国ではなく、須佐之男命、大国主命が全面に出て経営する国となった。天照大御神が雲に隠れて、神秘の中に潜在する国となった。正月に飾る裏白は白法(八咫鏡)隠没の咒物である。

西にユダヤ国家が滅亡して民族が世界に逸散した事と、東に日本の維新が行われて神武天皇が起った事とほぼ時を同じくしている。維新の前後を期としてユダヤ民族は預言者の指導の下に、中国、朝鮮を経て盛んに日本に入国帰化した。この間の実際の歴史は隠匿され、謎としてのみ伝えられている。日本書紀には木の国(紀伊ノ国)は須佐之男命が「木種《こだね》」を播いた所と記されてあるが、木種とは子種であり子孫であり、且つ思想の継承者である。神武天皇と饒速日命が戦争をしたが、両者とも皇祖伊邪那岐大神からすれば何れも天孫であるわけである。秦の徐福が紀州熊野に上陸入国して、不老不死の仙薬と伝えられる方姑射《はこや》の山（高千穂峰、言霊）の原理を要求した事は万葉集に長唄として残されている。熊野に祭られている十二柱の姫神はユダヤの十二種族に関連するものでなければならぬ。斯うした隠された謎として伝えられる歴史の真相を天津日継の経綸の筋道として、これを指導している言霊の変化の上に正確に理解する事が、今日から将来に向かっての経綸の行方を決定する上の有意義な資料である。

日本に於ける帰化ユダヤ人は夥《おびただ》しい数に上っている。彼らは彼らの祖先アブラハム、モーゼの神を求めて日本に渡来して、皇室と伊勢神宮の周囲に集った。やがて彼らは朝廷に用いられて大臣（蘇我入鹿、漢《あや》の直駒《あたひこま》）となり、その娘は天皇の妃となった。彼らはその得意とする経済力と技術を挙げて皇室の守護に努めた。平城京、平安京の建設はその財力と技術の奉仕によるものであって、その市井の区割は彼らの古都エルサレムの町並みに型どって営まれた。伊勢神宮の地には今日でも多数の所謂穢多族が住んでいる。

彼らは祖先以来ここに在って神宮の守護に任じて来た事を誇りとしている。エッタなる日本名はイスラエルの十二種族の一つEddaである事が理解される。

聖徳太子はこうした帰化人のために集会所（ユダヤ・センター）を造って与えた。京都太秦《うずまさ》の興隆寺である。太秦《タージー》とは東ローマ帝国の中国名である。この寺の境内に伊凌井《いさらゐ》（イスラエル）と彫られた十二個の石の井戸がある。また酒公という人物を祀った大酒《おほさけ》神社がある。大酒《さけ》は太辟《ダビデ》Davidで、辟（避《さけ》）がやがて酒に変化したものである。この他興隆寺の縁起の中には例えば葦船の物語など、旧約聖書からそのまま取って来たものがある。その聖徳太子は若くして日本を去って、秘かにアラビアに渡ってマホメットとして活躍したという説が残っている。竹内家歴史文献にはモーゼや、釈迦、イエスの来朝留学と共にマホメットの渡来も記されている。三種の神器の封印隠匿である天の岩戸閉鎖は同時に歴史の真相の封印であった。今日その封印が釈かれて、原理と歴史の二つながら次々と世界に現れて来た。

須佐之男命が表に起って活動を開始した事によって人類社会は三千年来生存競争の坩堝となり、天の岩戸閉鎖と共に聖書の言葉通り民は生命の言葉《ロゴス》の法則を失って、互いに相通ずる事がなくなって、闘争の巷を彷徨する事となった。この闘争の左右両陣を総別すれば世に隠れた天照大御神系と世の表に立った須佐之男月読系の二つでありこの双つの経綸の筋道を神の旧約新約といえる。日本ではこれを広義の南朝と北朝という。今日までの全人類の宿業《カルマ》はそのまま日本自体の宿業である。その宿業を全地上に発生せしめた淵源は天津日継の経綸の法策そのものであった。

仏教でいう正像末三千年の間を輪廻して来たこの人類の宿業を解決するため、神の旧約と新約を同時に総合的に実現するために、南北朝の死闘を和合させるために第一歩を踏み出した歴史の必然の歩みが明治維新である。二百余年に亘った徳川幕府の現実的な鎖国が解かれると同時に皇政復古によって政治形態は一応神武の昔に還った姿に蘇返った。しかしその神武維新の実際は神代の皇道政治から須佐之男命の覇道主義への転換であったのだから、これに鑑みようとした明治維新は帝国主義日本を育成して、百年にして昭和の敗戦によって旧日本思想の全面的崩壊を招いた。明治維新はまだ完成されていない。それは改めてもう一度維新されて、神武維新を遥かに遡上って天孫降臨の昔に帰らなければならない。

三千年に亘った神倭皇朝における日本の皇位は、天照大御神の神威を、すなわちその御魂である三種の神器を伊勢神宮に隠して、弟神の覇道思想者が表面に支配君臨した。その思想が国是となって、形而上の道としての神器を忘れて、物的象徴として器物のみを皇位世襲の証拠物として来た形式的な天皇であった。換言すれば日本は三千年間精神的に鎖国されていた国であった。

昭和二十一年一月一日、神倭皇朝第百二十四代裕仁天皇が発布した神性放棄、人間宣言の詔勅は神武以来の形式的な形骸のみの天津日継の高御座の放棄であり廃止である。すなわちこの事は須佐之男命が経営する国としての三千年来の旧日本の伝統がこの時を以って終了したことを意味する。日本の皇位の本質実体は神勅の規定によって、形而上にもあれ形而下にもあれ三種の神器に存する。しかるにこの神勅に基づいた皇位の意義を架空の神話であると否定する事によって天皇の神性を放棄した事は、三千年間天照大御神から委託の形でお預かりしていた天津日継の高御座とその神器とを弟神須佐之男命が皇祖皇宗の神に返還したことである。

天の岩屋である伊勢神宮の奥には人類の生命文明の指導原理である三種の神器が保

存されている。この岩屋の扉を閉ざしたのは神武天皇、崇神天皇であった。裕仁天皇が自ら宣言して形式としての天津日嗣の高御座を辞して神性を放棄したということは、百二十四代に亘った須佐之男命皇朝である神倭皇朝が、天の岩屋閉鎖封印の責任者としての任務を終了し、その扉を撤去し、三種の神器の原理を説いてはならないという歴史的な国禁を釈いて、その内容を世界全人類の自由研究の前に解放した事である。裕仁天皇は天の岩戸開きに際して自ら自覚せずして、いわば手力男命としての任務の一端を果たされたという事が出来る。すべては皇祖皇宗天津日嗣の経綸のしからしめる所、すなわち皇運の歴史の必然である。

扉が開かれた天の岩屋の中から出御する者は人類の救世主の天璽《あまつみしるし》であり、その天璽の三種の神器をみずから把持し、その活用者である人間天津日継天皇である。これは日本国家の元首でもなければ民族統合の象徴でもない、全然別個のものである。しかしその実際の人物が誰であり、またいつ出現するかは今はまだ全く不明不確定である。或いは天津日継（仏）は道（法）として現れるだけで、人（僧）としては現れないものであるかもしれない。我々はその開かれた岩戸の前に参集した八百万神として「天照大御神の図象《ずがた》」（五十音言霊図）を組み立てて、天津日嗣がまことに世界の救世主《キリスト》であり、下生の仏陀であることを証明《あかし》する。その天津日継が即位登極する高御座《たかみくら》である百敷の大宮である形而上の原理を、天津日継の御手代《みてしろ》として操作する先達として、この後に続く覚者を養成し、その集団を新しい世界の朝廷として組織構成することに専心している。

二十　シオンの三神宝

熊野の玉置神社に今月の二十四日、七条記曾一氏と橘法堂氏が参拝する由、席上（第四十二回例会）報告があった。同神社を繞《めぐ》って昔エルサレムのシオン神殿に存していた「契約の櫃」の中の「黄金のマナ壺」に就いての神懸かりが橘氏と、和歌山の峠原千恵子さんと、名古屋の某婦人の三方面の霊媒に現われている。神懸かりということは、いまだ完全には主体の中に統一されていない自己分裂状態に於けるいわゆる霊視、霊聴、霊言、霊書記等を指すものであって、自己統一すなわち鎮魂帰神への過程段階としての意義を有するものである。シャーマニズムを始めて世界の古代宗教に於いてはこの神懸かりの啓示、オラクルを取り上げて参考に資していた。

四国剣山に「アロンの杖」が存することを唱道したのは高根正教氏の神懸かりであった。アロンの杖の姿は剣であるから剣山の名が生まれたという。熊野の玉置神社というからには霊《たま》すなわち言霊、すなわち真奈《まな》、旧約五書のMannaに関しての証拠物が有ることと思われる。アロンの杖はダイヤモンドをちりばめた見事な剣であると高根氏が説いたように、玉置神社に存するまな壺の中のまな、すなわち麻邇字《まにな》は河内の牧岡《ひらおか》神社の神宝である素焼の甕《みか》の埴土筒《はにふだ》、すなわち粘土盤の上に神代文字を刻んだカードであろうともいえるが、或いは、またそのカードはアロンの杖のごとく一枚一枚が諸種の宝石製の文字盤であるかも知れない。

熊野新宮の地は神武東征の基地であり、そこには秦の徐福が嘗て住んで、その神社(廟)が今に存している。神武東征と秦の徐福と、こうした剣山や玉置神社の古代イスラエルの神宝と、そして伊邪那美命と須佐之男命を祭った熊野神社と、音無川《おとなし》(言霊のない川、熊野川)に祭られた十二社大明神といわれる十二柱の姫神とイスラエルの十二種族の間にいかなる関連があるものであるが、我々の手許には既にその歴史的、原理的関係がほぼ明らかになっているから、漸次発表して行くことにする。またいずれ時が来て、そうした古代の物体が現実に出現した暁《あかつき》、それを処置する哲学宗教上の操作は言霊を運転する第三文明会が担当しなければならぬ事を約束しておこう。

神武維新に就いての座談は一転して霊的な因縁話になった。その神武維新と前後して日本に入って来た金毛九尾の霊狐、すなわち所謂ユダヤ思想である天津金木思想と、またその金毛霊に対抗して起ち上がった白狐霊すなわち日本の右翼思想の発生と、それから降って崇神天皇の同床共殿廃止（天の岩戸閉め）の関係に就いて理解が進められた。金毛にせよ白狐にせよ、そうした未到の不浄霊の因縁の輪廻相続の自己葛藤を直截に解決した例が無門関の「百丈野狐」の公案であるが、こうした霊的、心理的錯倒の事実を個人の宗教的経験の上からだけでなく、普く世界の諸民族、諸国家の歴史的宿業《カルマ》の問題として、その最後の浄化整理、解脱成仏を図ることが本会の為事である。

昔エルサレムのシオン神殿に祭られてあったイスラエルの、すなわちユダヤ教、キリスト教、イスラム教に共通の三つの宝の器物はその教えと魂の祖国日本に返還された。

第一の「アロンの杖」を納祭した所が四国の剣山であることの推定が黙示録の研究家高根正教氏によって発表され、同氏と内田文吉氏や、その後の山本英輔氏、仲木貞一氏、そして現在は鈴木正夫氏等によって山頂の地下坑道の探索が今日まで約三十年間続けられている。その間高根氏は、ダビデ章の紋様や五色の縞模様の粘土の壁を発見し、山本英輔氏の組は約五十個の風化した死体が石の棚に安置されていることを発見した。アロンの杖は約六キロのダイヤモンドで飾られているといわれている。吉川英治氏の小説「鳴門秘帖」は剣山の神宝にまつわる伝説を脚色したものであるが、その頃既に盗賊によって発掘されてしまったものか、品物は既に出土しているという説もある。それはダイヤモンドではなくて更にもっと貴重な宝石で製したものであるとも言われている。

第二の「黄金のマナ壺」の所在が大和十津川の玉置神社にあるという神懸かりの風説が前述のごとく昨今同時に三ケ所に現れた。その埋蔵場所も調査によってほぼ判明している。第三の「モーゼの十戒石」は戦前磯原の竹内家の神宝の中に存していた。戦災で喪失してしまったが、石塊に神代文字を以って聖書の十戒とほぼ同じ言葉が刻んであった。

酒井勝軍は十戒には表十戒と裏十戒があると説いた。しかしその頃同氏はまだその表裏の意義を明らかになし得なかったが、表十戒は聖書に存し、竹内家の石にあった十ケ条の道徳律である。裏十戒はマナ壺のマナ Manna を以って組織された形而上の宇宙図、すなわちアカサタナハマヤラワの十音、五十音を配列した言霊である。マナは「神の口から出づる言葉」（レビ記）であって、そのマナの形而上の正体を明らかにするためには神道の奥義書である古事記の咒文を解いて三種の神器の実体である言霊を以ってしなければならない。その古事記の言霊上の解説は山腰明将、武智時三郎の両先輩の研究の跡を受け継いで、本会に於いて用意され、「古事記解義、言霊百神」の上梓発行の機会を待っている。「形而上を道と謂ひ、形而下を器と謂ふ」である。道とは目に見えぬ生命活動の主体である心、霊魂、精神の道理であり、器はその道の意義を形ある物体に象徴した咒物である。

この様にして「出エジプト記」「レビ記」「ヘブル書」の秘密である世界人類の形而上、形而下の三つの宝の所在と意義本体が既に八、九分通りまで明徴されるに至った所まで人類の歴史と文明が進展し、一面には復古還元されて来ているのが世界の奥底の現状でである。だがこうした事態に就いて現在の日本の神道家も歴史家も、またもとより政治家も全く何もご存知ない。我々は特別な宣伝はしないが、殊更に秘密にしているわけではない。しかしこうした真実と真理が世界に出現した時、内外を問わず科学以外の従来の学問、宗教、思想の体系組織が、たとえばバベルの塔のごとくに一朝にして崩壊してしまうであろう事を恐れるために、学者、宗教家は我々を極度に敬遠し、白眼視して寄り付こうとしないのである。だが文明の役に立たなくなった従来の学者、宗教家の個人的利害がどうあろうとも、歴史すなわち所謂神の摂理は必ずその予定のコースを確実に進んで行く。イスラエルの神宝が日本に返還された時期は、かの国ではソロモンの時、日本では神武維新前後のことだったろう。

モーゼの来朝は鵜草葺不合《うがやふきあえず》六十九代神足別豊鋤《かみたるわけとよすき》天皇の御宇のことで、天皇の名は神のタルすなわち足《たる》、十《たる》、律法《トーラ》、十戒《トーラ》、虎《とら》の巻を分けたThe distributer of the Sacred Tenという意味である。モーゼは神道を修行し、十戒の表裏すなわち三種の神器神宝と及び大祓祝詞を授かり、その学んだところを彼の自著の五書（ペンタ、トーチ）に書き残している。ヘブライのアロンの杖は草薙の剣である。黄金の壺の中のマナは八尺の勾玉である。十戒石（裏十戒）は八咫鏡である。両者その名と咒物は異なっても形而上の実体は同一である。モーゼは天皇の委嘱に従ってその神器神宝を用いてイスラエルを建国し、また彼と日本の皇女大室姫命（ローマ姫）の間に生まれた子ロミュラスはローマ帝国を創始して、将来三千年にわたるヨーロッパ文明の基礎を確立した。この事をキリスト教では「神の旧約」という。晩年行方不明と伝えられているモーゼは再び日本に来て、その陵墓は能登の宝達山である。

モーゼ以後にあって、イエス以前のキリストといわれるヨブ記の中には古事記の中の伊邪那岐美二神の黄泉平坂《よもつひらさか》の絶妻の誓（ことどわたし）の記事がそっくりそのまま掲載されている。この内容の詳しい言霊的解説は後に譲るが、預言者ヨブがいかにしてこの神道の理論を知ったかを考えると、彼もまたモーゼと同じく、彼が病床に臥していたと伝えられる間に日本に訪ねて来て、神道を学んだであろうことも推測される。

モーゼ、ヨブらの歴史と、旧約聖書と神道との教理の関連を承知すると、やがてその後のユダヤの預言者の一人であったナザレのイエスが日本にやって来た事もまた当然の事実である事が首肯できる。日本はイスラエル民族の魂の祖国である。ユダヤ国家の滅亡と日本の神武維新がほぼ時を同じくすることは意味深い事であり、広義の南朝である天孫饒速日命《にぎはやひ》に代わってこの国の主権を掌握した広義の北朝としての神倭磐余彦命はそもそも何者であったかを明らかにすることが世界歴史の真相を明らかにする上の重大な鍵の一つである。

この神武維新以後、東漸のユダヤ人はいわゆるシルクロードを経て、中国朝鮮を過ぎて続々とその祖先モーゼ以来の心願の国日本に移住帰化している。その民族移動を指揮した者は預言者ダニエルらであったことが聖書に記されてある。現在の日本人の半数はその頃から引き続いたいわゆる蕃別の帰化人の子孫であるということができる。爾来帰化ユダヤ人は日本の産業経済を興し、工芸美術芸能を奨め、その宗教の宗家宗源である日本皇室の守護に任じた。やがて帰化人は朝廷に用いられて大臣（蘇我入鹿、秦河勝、倭の漢《あや》の直駒《あたひこま》ら）となり、その娘は天皇の妃となった。

垂仁天皇の御宇、渡来したイエスはモーゼと同じく宮廷に入って神道を学び、天皇の宏謨を受けて、二千年後の今日の世界にモーゼの旧約の経営を成就するための新約の運動としてのキリスト教の運動をヨーロッパに興す基礎を樹立した。キリスト教の最後の最高の結論である黙示録二十一章、二十二章は神道原理言霊を以ってしなければ釈く事ができない。イエスは再び日本に来て陸奥国に住み、倭姫命、武内宿禰に協力して、ユダヤ人の財力を糾合して伊勢五十鈴宮の造営に当たった。この時いわゆる猿田彦命（天狗）として活躍した人物が彼イエス自身であったろうことが推定される。

その後キリスト教において人類の理想像として描かれた救世主イエスは、仏教に於いて釈迦が描き出した阿弥陀如来と同じく信仰の対象、方便である哲学上の媒介としての観念像であって、実在ではない。キリスト教全体は「イエスが神の子であることを汝みずから証明せよ」という問題の提供であって、禅のいわゆる公案と同じ意義のものであるという事が出来る。この信仰の対象としての理想像を描き出したのはキリスト教を創り上げたペテロ、ヨハネ、パウロの仕事である。救世主としてのキリストと歴史上の人物としてのイエスの区別、すなわち無門関のいわゆる「有髯の達磨と無髯の達磨」を混同してはならない。これを思惟の上で言霊アと言霊オに識別して取り扱わなければならない。阿闍《あか》宮福音書 Aquarian Gospel of Jesue the Christ という書にはイエスが西蔵まで行ったと説かれてあるが、その先が中国であり日本である。

以上のごとき旧新約聖書、ユダヤ教、キリスト教、回教に就いてばかりでなく、広く仏教、儒教の教義から、更にはギリシャ、北欧、中華、印度等の世界の神話に関してもこれらを同時に開明する原理が神道の言霊である。これらはすべて、その昔日本から教伝されたものであるのだから、その淵源である形而上の原理は日本に存在し、日本人がこれを精神の伝統として保持している。しかしこれ以上の如き事柄をそれからそれへと不用意に説いていくと際限なく拡がっていって、従来の哲学や歴史観では収拾がつかなくなってしまう。この時間空間に拡がる広汎な問題の中に人類の生命の本流である聖書の「生命の河」としての歴史の因果律が運行し、同時にその流れの原動力として文明を創造する人間生命の性能の根本の真理三種の神器、言霊布斗麻邇が活動しているのである。

この生命の本流である歴史の真実真相と人間性の根本原理とは我々の先輩同志と我々自身の過去五十年に及んだ研究思索によって今日初めて終始一貫した系列にまとめられて、世界に唱道する機運に到達した所のものである。この真実と真理によってのみ今日の混乱の極みに達している全世界の人心と社会に秩序あらしめ、発達の極みに達した盲目の科学に生命の光りを付与することが叶う。三千年来人類に封印されていた救世主、メシヤ、キリスト、仏陀の天璽《あまつみしるし》であるユダヤの三種の神宝、日本の三種の神器の権威が全人類の精神の典範として活用されて文明を解決する時が来た。

第三文明会の前身の「ヘブライ研究会」以来満五年、以上の真実と真理、摂理と経綸に就いての啓蒙講義を撓まず続けながら、今日まで会を維持継続経営して来た。会員の協力によって必要な書物も出版され、またされようとしている。説くところは小笠原という個人の意見や主張ではない。皇祖皇宗天津日継の神霊みずからが御経綸を説いている。すなわち人類の生命意志が歴史の必然と文明の当然を、人類の有るべき姿、行くべき道を説法しているのである。天に口なし、人をして言わしめる。

人間は世代を通じて生き代わり死に代わり、生き通しに生きている神代の神そのものである。今が永遠の神代であり神世である。自分自身が神であり仏である。墓に葬られた物体は祖先の亡き骸に過ぎない。祖先の生命そのものは亡びる事なく絶ゆる事なく今ここに自分自身の精神と肉体として生きている。その生命は肉体であると共に、その知的性能であり、意識と潜在意識すなわち心であり、その発展と累積である。潜在している昔の知性は予定された必然の時期が来れば、霊魂の奥底から再び浮び上がって来て顕わな自覚として蘇返る。これを仏陀の出涅槃といい、キリストの再臨という。

二　磯原の人　ローランド・グールド氏

ニューヨーク・タイムス、デイリー・メール　特派員　ローランド・グールド氏

朝日新聞社の年刊誌 This is Japan（十月十一日発行）に、本年五月青森県にキリスト遺跡の探訪調査の記事が載せてあって、末尾に第三文明会の活動が紹介された。同誌の寄贈を得て、記事の梗概《こうがい》を紹介する。グールド氏は七月の研究会に出席され、本会の活動に深い関心を持っており、これからの提携が期待される。

一九五三年この問題に関する記事をジャパン・タイムズで読んだ時、私は早速ニューヨークに打電報告したが、その時ちょうど復活祭の時だったので問題が歓迎されず、取り上げられなかった。十六年後の今日、その時のお詫びのために再度進んで取材に当っ

た。

本年五月キリスト伝説の焦点である青森県戸来《へらい》の墓を訪れた。二つ並んだ丸塚の前に「イエス・キリストの墓」という英文の建札があって次の説明が記されてある。「キリストは二十一歳の時に日本に来て、十二年間神道を学び、教えを説き、ユダヤへ帰った。十字架で死んだのは彼の弟のイシキリが身代わりになったのである。キリストは三十七歳の時日本に帰り、戸来に住み、一〇六歳で死んだ。二つの塚の一つは双生児の弟のものである。」

七十二歳の沢口三次郎氏を訪ねて話を聞いた。代々その墓の持ち主である沢口家には「御子の裔《あと》」であるという先祖からの伝説がある。しかしその御子とは誰のことか知れず、またその墓がキリストの墓であることも知らなかったが、四十年ほど前、磯原から来た人（竹内巨麿）から沢口家はキリストの子孫であることを教えられた。私も家内もこの事を信じも否定もしないが、とにかく誰か昔の偉い人の墓であって、傍らに生えていた杉の巨木の年輪から数えると二千年前のものであることは確かである。

ついで私は大湯温泉の諏訪富太氏（八十五歳）を訪ねた。同氏の話ではこの土地は大昔大陸と続いていたらしく、中国、朝鮮、ヨーロッパに関連した出土品が多い。大湯の近くに四、五千年昔のものと思われる古墳がある。いわゆるサン・ストーンで飾られてあって、周囲には数百の陪塚がある。諏訪氏は私を戸来と大湯の中間の眉《まゆ》ケ平《たい》に伴った。その辺りは昔海であって、貝殻が沢山出て来る。しかし地震で壊されたために昔からの由来が分からなくなったようだ。この地方には昔中国から移住して来た景教《ネストリアン》の信徒が住んでいたらしく、キリスト伝説は磯原の人の話から出たというよりも、その景教から出たものであろう。沢口家がキリストの子孫という話は磯原の巫女の神懸かりで聞いたものらしい。とにかく景教の信者がここに住んでいたとすれば、戸来の墓は誰かその景教の貴人の墓だったろうと諏訪氏は語った。

山根菊子氏は一九六六年に亡くなった。夫君の児玉天民氏と共に日本は世界文明と宗教の発祥地であると信じていた。山根氏の一九三〇年の著書「光は東方より」を読むと、戸来伝説は徳川時代の「隠れ切支丹《きりしたん》」から出たものではなかろうかということが私の心に浮かぶ。その書の中には戸来地方の死人の棺の上に十字架を記すこと、赤児の額に赤い十字を記すことなどが述べてあり、ヘライはヘブライの訛りであり、同地の方言である「アダとアバ」（父と母）ということはアダムとイブの訛りであると書いてある。更に山根氏の最後の著書「世界の正史」（一九六四年）の中にはキリスト伝説に就いての詳細の説明がある。

児玉氏の言うところによれば「磯原の人」とは竹内巨麿氏のことで、日本で一番古い神社皇祖皇太宮の神主である。山根氏と児玉氏は一九三二年に初めて竹内氏に会ってそれから一緒に戸来を訪ねた。竹内家には神代の書籍や神宝が沢山あった。これを見てキリストが戸来に葬られたことの確証を得たと言う。

次に述べることは児玉氏及び「磯原の人」の息子竹内義宮氏と私の会話をまとめたものである。キリストは日本紀元六二四年に生まれ、印度や中国を旅して、十八歳の時能登に上陸し、越中の皇祖皇太神宮に参拝して、武雄心命《たけおごころのみこと》の指導の下に神道の学問と併せて山伏《やまぶし》の行者の法を五年間修業し、二十三歳で故国に帰る時、垂仁天皇から「ユダヤ人の王」の印可《いんか》を受けた。途次《とじ》多くの国を廻って様々な奇蹟を行いながらユダヤに帰り、日本で教わった神道を説いた。そのためローマ人の怒りを買って刑に処せられ、弟のイシキリが身代わりに立った。

キリスト三十六歳の時、再び四年間の旅行の間に欧州、アフリカ、中央アジア、中国、シベリア、アラスカを経て、南北アメリカ、またアラスカを廻り、垂仁天皇二十三年二月二十六日、世界各地の人々多数を従えて、八戸の松ヶ崎に上陸した。キリストの日本名を八戸太郎天空（天狗）という。彼はこの地で一一八歳で薨じた。

戦前の神道学者の間には、神道のみが世界宗教を再統一すると信じられていた。中でも藤沢親雄氏は一九六二年に亡くなる直前、米国やヨーロッパをまわって講演をした。その見解は著書「神道の再認識―日本的思惟の宇宙性」の中にまとめられてある。神道が自滅に瀕している人類を救う唯一の哲理であると見ている。

児玉氏はまたこう語った。竹内氏は他のすべての宗教は悉く神道の模倣であって神道は水源である。この事を証明する一例としてキリストが日本に居たことを示したのであると。また竹内氏は古文献を通じて、世界の大宗教はすべて日本で修業されたものであると見ており、その他の研究家たちも、モーゼ、モハメット、仏陀、そして孔子も神道を学んだと述べている。

モーゼも晩年日本に帰り、能登の宝達山で薨じたと信じられている。以下の話は更にから「磯原の人」の息子である皇祖皇太神宮の当主義宮氏（五十三歳、六十七代神主）から石楠茶《しゃくなげ》をすすりながら伺ったものである。その時竹内氏から神代文字を示された。神代文字にはこれを作る鍵があって、この鍵が神武以前に日本に高い文明が存在したことを語っているという。

武烈天皇の頃、帰化支那人や仏教徒が神代の精神文明の記録を破壊した。その時天皇の命令で竹内家の祖先は神代の記録や神宝を秘密に保管することとなった。文献を記した板は麻布で覆い、鉛の容器で包み、更に陶器の甕《かめ》に納め、その中に焼いた土を詰めた。その古文献には「天の巻」「地の巻」「人の巻」がある。今日までそのうちの「天の巻」だけが公開された。いずれ他の二巻も開かれる時が来る。

竹内氏は更に語った。私の家の祖先の幾人かが仏教徒の圧迫のために切腹させられた。現代においても右翼からの弾劾が激しい。彼らは伊勢神宮が最も古い社であると信じているが、この皇祖皇太神宮は伊勢よりも遥かに古代から存している。従来の仏教徒や神道家は自分たちの宗教の価値が減殺されることで竹内文献を恐れている。

竹内巨麿は一八七五年に庭田重胤と直子の間に生まれた。ところが母が富山で人に殺されたので、竹内家の養子となった。それから巨麿氏は親の仇を討つために、鞍馬山にはいって五年間剣道や神道を修業した後に、敵を索ねて諸国を遍歴し、東京に来て更に修業を続けたが、母の仇が既に死んだという知らせを得て、悲しみの余り切腹しようとしたが、神から叱られて思い止まり、神道の真実を説くために一九一〇年磯原に皇祖皇太神宮を再建して、そこに竹内文献と神宝を納めた。

ところが一九三〇年、竹内家が天皇家の古い記録を持っていることを或る人が憤慨して訴訟を起こした。そのために巨麿氏は不敬の疑で逮捕され拷問を受けた。三年の後水戸地裁で釈放された。山根氏もまた竹内文献に関する著書を出版したかどで一年間入獄した。当時は竹内の名を口にすることさえ禁じられていたと児玉氏は語った。

キリスト伝説のもとである竹内古文書と神宝は一九四五年の空襲で東京地裁が破壊された時、そこに保管されていた。マッカーサーの司令部がそれに就いて問い合わせて来た時、巨麿氏は次のように答えた。神宝は皆空襲で焼けた。だが少しは残っている。その中にモーゼの十戒の原点の石があり、今でもこの神社にある。

竹内古文献はいま学者たちによって研究されている。彼らは過去を明らかにすることが世界の未来を語るものであると信じている。その未来は神代日本の完全な精神文明と、ほとんど完成された現代の物質文明との間の新しい均衡として現れると見ている。この故にこの会を「第三文明会」と呼ぶ。運よく私がこの会を発見したことと、その会員が世界の未来に関する意見を活発に宣伝しようと決意した時期とが一致している。

東京銀座のレストラン八真茂登における会の研究会で、私はキリスト伝説の精しい経緯を教わった。現在国際情報サービスがもう存在しないことは残念である。そのため日本人が考えるキリストの再来説に関して、すくなくとも第三文明会でそれが間近いことと観ているという私の報告に対して、ニューヨークの編集部がどう反響して来るのか未だ知る由がない。(小笠原抄訳)

二二　第三文明会　ローランド・グールド氏

朝日新聞は日本において最も進歩的な新聞とされ、従来右翼や神道家から一敵国と目されて来た。ところが面白いことにその朝日が昨年から竹内文献と、それと緊密な関連を有する第三文明会に深い関心を持ちだした。そして更に意味深いことはその記事を担当している記者がニューヨーク・タイムズとロンドン・デイリー・メールの特派員のR・グールド氏であるということである。同氏は昨年秋朝日の「ディス・イズ・ジャパン」に「磯原の人」を書いて竹内文献と青森県のキリストの遺跡に就いて探訪記事を書いたが、今回は更に朝日の「ジャパン・クオタリー」の四―五月号に「第三文明会」（The Third Civilization Society）という題で四頁に亘って本会に関する刻銘な紹介文を発表した。

一昨年朝日からその雑誌をもらって来て一読したが、一流の随筆家であり世界的な記者である同氏が本会を説く世界歴史の真相と神道布斗麻邇《ロゴス》に就いて、疑惑と興味が交錯する熱っぽさをもって喰い下がっていこうとする努力が身近に感じられた。本会は前号にも書いたごとく俗流を裁断した純粋の研究団体であって、自己宣伝はやらない。ところがこの本会の活動とは今まで何の交渉もない思いもよらぬ世界の二大新聞との関連が結ばれようとしつつあることは、前述したプロメテの咒縛、マホメットの封印が解放される気運が世界に到来したことの証拠であること痛感せざるを得ない。グールド氏のリポートの梗概を紹介しよう。

東京で「第三文明会」の存在を発見した。それは日本の学者、作家、神道論者たちの集まりで、毎月一回銀座のレストラン八真茂登に集まって人類の過去と未来に関する魅惑的な研究を行っている。「第三文明会」という名は古代日本に存する優秀な（第一の）精神文明と現代の西欧の（第二の）物質文明を結合することによって第三の平和な綜合世界が実現するという観念に基づいている。そしてこの事を可能にする所以は過去数千年来世界に散逸しているユダヤ民族を日本の地に再統結することだという。

レストラン八真茂登は第三文明会を構成する敬虔な学者たちの集まる場所としては奇妙な道具立てである。一階の中国料理店は壁が画廊になっていて、ヌードの絵や写真が並んでいる。二階は畳の日本間である。ここで記者は初めて人類の歴史と未来を開明する開闢説《コスモゴニー》を聞いた。

記者がこの会を訪れたいきさつはまた奇異なものであった。そもそも記者が青森県の「キリスト」の墓と称される塚を調査しようと決心したことから始まる。英国のユダヤ教徒の中にもイエスがブリテンに来たという説があることを想い出すが、日本の信者はイエスが若年に日本へ来て神道を学んで、帰国してその哲学宗教を展開したと考えている。イエスは十字架で死なず、双生児の弟を身代りにして日本に逃れ、最後に戸来で薨《こう》じたと史伝は述べている。（この事は「ディス・イズ・ジャパン」の一九六九年号に書いた。）

戸来の墓がキリストのものであることを唱道したのは竹内巨麿氏で、息子義宮氏は当主であり、彼も「第三文明会」のメンバーである。竹内家は遠い昔から天皇に仕えている神主の家であると称する。「第三文明会」の所説の一部はその磯原の皇祖皇大神宮竹内家が保管所有している記録である。

竹内歴史は神代文字で書かれてあって、従来の歴史や神道では説いていない何千、何万年もの昔の記録を伝えている。ただしその頃のことを伝えた他の文献は支那人や仏教徒が朝廷に権力を得た頃から悉く破壊または改竄《かいざん》されてしまった。

日本の太古には高度の精神文明があった。それは世界文明の源泉であるところの、神代文字によって示された世界人類の母国語をなすものである。会の指導者の一人小笠原孝次氏はその興味深い著書「第三文明への通路 The passage to the Thrid Civilization」の中でこの古代の神名、天皇名の意味を解明することによって、初めてこの精神文明の内容が判明する。神代の第一代天皇が地上人類全体にこの人類の母国語（言霊）をもたらしたということは、バイブルに「初めに言葉あり・・・」と記されてあることと符合すると説いている。

この説は神道の神話を歴史的事実として（文明の原理として）解明しようと試みる非常に神秘的なもので、ここで解明することは無理であるが、人間が自然界の動物の境涯から脱却し得たことは言葉を自覚したことに始まると会では主張する。神が日本を精神文明の発祥点として選んで以来、その日本の天皇の使者たちは世界の他の民族に精神の光明をもたらし、その国の国家の基盤を固めることに従事した。

この故にイエスのみならず、すべての世界の大宗教と哲学の創造者たちはモーゼ、釈迦、モハメット、そして孔子もこの文明の源泉である日本を当然訪れなければならなかったと会は主張する。こうしたことの証拠として、例えば聖書の中のヤコブと相撲をとったという天使（神の人）は神代における日本からの使者であったという。皇祖皇太神宮にはモーゼが十戒を刻んで残した神代文字の小さな石が保存されている。

伊勢神宮の御鏡の裏にヘブライ文字が記されてあるといわれるが、第三文明会でもヘブライ文字は神代文字から出たものと主張する。戸来の諏訪富太氏（八十五歳、考古学者）の研究によるとヘブライ人はその頃大陸と地続きだった日本に渡来して、今日でも青森地方の発音、衣服、伝説、習慣等にヘブライの影響が存在しているという。

さて、第三文明会では次のごとく主張する。天皇がモーゼに対して与えた教訓は「物質文明を建設せよ。」という指令であった。それは既に日本において完成されている精神文明を（三千年の）将来物質の面から補足する目的のためであった。そしてこの時からユダヤ民族は「神の選民」となったと小笠原氏は言う。

バイブルと古事記を引用しながら人類の（バベル）混乱の原因の一つはユダヤ民族の漂泊であると小笠原氏は論ずる。「ユダヤ人は東と西に向かって民族移動を始めた」と彼は言う。「東に向かった者はシルク・ロードを経て中華を通り、遂に日本に到達した。同会が説く歴史では中華の周王朝は既に東漸のユダヤ民族であり、老子、孔子が日本に来たことは日本と周の交流の例である。竹内文献では秦の徐福の渡来が孝霊天皇七十二年と伝えている。中国、朝鮮を経たユダヤ民族の最後の移動と神武維新とは時を同じくしている。日本はユダヤ民族巡礼の終点である」という。

以上の説を通じて最も挑発的な主張として小笠原氏はこう言う。「帰化ユダヤ人はいわゆる蕃別の日本人で、秦、波多野、呉羽、服部等の姓氏がこれに属する。彼らは間もなく宗教的目的から伊勢太廟並に皇室の守護に任じた。またある天皇は帰化人に首都の造営を命じ、彼らは奈良と京都を建設した。その時彼らの好むように都を設計することを許されたので、奈良や京都の町は古代エルサレムの町並みにならって整えられた。また小笠原氏はこう付け足している。伊勢神宮の造営に従事した丈高く、鼻の長い赤ら顔の、猿田彦命といわれる外国人はイエス・キリストその人であるかもしれぬ。」と。

小笠原氏は更に説く。「以上の功績により帰化ユダヤ人は漸次皇室に地位を獲得して或る者は大臣となり、娘たちは皇后（女御）となったり、あるいは貴族と結婚した。彼らの工業すなわち建築、美術工芸、特に紡織は歴史を通じて日本を支持し、今日に至るまで日本経済界のバックボーンとなっている。」「西漸のユダヤ人はヨーロッパを彷徨して最後に米国に達している」。そこで小笠原氏は説く「物心のいずれでもなく、いずれでもある両者を総合する第三の文明を人類が整える時期が間近い。」このすさまじい預言を彼はこう結んでいる。

「西漸ユダヤ人の主力は今米国にある。日本は現在米国の植民地(属国)の観があるが、状勢は間もなく逆転し、米国のすべての企業家が日本に本社を移す。その昔東漸のユダヤ人の努力で発展した日本の実業界と、それと別な方向（西漸）に世界を回って来た彼らの古い兄弟とは間もなく日本で落ち合って一体となる。この時ソビエト共産主義はどうなるかというと、元々共産主義と資本主義は同一事物の表裏であるから、資本主義があるべき場所と状態に還る時、共産主義もそれに帰一して調和ある新しい全体として落ち着くこととなる。」

記者が今この魅力ある神道の解説をユダヤ民族の放浪史《オデッセイ》に結び付けて、例えばエデンの園の伝説の完全な原理的開明とか、モーゼが日本で結婚して生んだ子がローマ帝国の建設者であるロミュラスであるというような話を取り扱うには紙面が充分でない。

第三文明会の会員は真剣な信念の人で、特別な経歴を持った人もいるから、神道で歴史を説こうとする時今迄もよくあったことだが、有り得べからざる歴史の時日と事件を独断的に作り上げることが有ることは遺憾である。記者の同僚で日本語に堪能なある人は、竹内文献は江戸時代後期に作られたものであると論じている。

だかしかしレストラン八真茂登の二階で第三文明会の雰囲気にひたっている間、こうした反論は逃げ口上の観がある。それにしても第三文明会には日本天皇の紋章とそっくりの十六菊の石の彫刻のあるエルサレムの古い門の写真があるのである。（Japan Quarterly,vol.no.2 April-June 1969 朝日新聞社）（小笠原抄訳）

二三　人類の月面着陸

宇宙船アポロ十一号の成功に対して全世界から驚嘆と批判の両面の声が上がった。天津日嗣の世界経綸、皇運進展の歴史の経過の上からその意義を把握していこう。八兆円の費用、三十万人の人員、二万の工場、千台のコンピューターを動員して所期の成果を正確に収め得たこの挙は、科学の総動員による、その進歩の最先端の実力を人類が如実に証明したことである。

米国一国の努力であったかもしれないが、世界はこの事を人類全体の科学の進歩として受け取った。この事を最も驚嘆したのは競争相手であるソ連の科学者であろう。この成功は米ソ競争の所産である。ライバルである両陣営共同の成功である。この事業がここまで進展したからには、今後はそのために両国がなお対立競争を続けることに意味がなくなった。既に共同研究の時期であるという意見も起こっている。これから急速に両者連携の機運が進んでいくとしたら、人類のために慶賀この事と言わなければならない。

米ソの政治、軍事的冷戦の焦点は現在のミサイルの数と性能を競うことにある。ところが宇宙船はアポロもルナも大規模精巧なミサイルであって、そのミサイルに関して米ソ両国が共同研究を進めるとするならば、それは両国間のミサイル競争による冷戦の解消を招来することとなるだろう。両国の指導者がこの事を取り上げるかどうか、人類の死活に係わる岐路の一つになるだろう。

本会はいわゆるユダヤの両面政策に就いて説いて来た。米ソ両陣営、資本主義と共産主義の対立はその術策の現れである。この両面政策によって世界の国家と民族が二つに分割された将来において、米ソは各々の主義の仮面を脱いで、実質的には紙一重の差に過ぎない資本主義と共産主義とが、合同した唯一の権力として一丸となって人類の上に臨むことを預言して来た。

この預言が実現する時期は人類の思想の対立矛盾を根本的に解決する原理である言霊布斗麻邇、一切種智、三種の神器の学が日本から世界に発表されて、全人類が斉しくその意義と権威に眼覚める時であると説いた。しかるに我々が唱道する内面的な精神の上のエントウイックンルグからばかりでなく、外面的な科学の進歩の上からも、米ソ両勢力の対立が解消される気運が動こうとしている。これは我々が今まで期待していなかった事だけに、この科学の歴史に対する影響という新しい事態の出現に希望を抱くと共に、斯くのごとくに歴史が運転されていく天津日嗣の経綸の偉大さと微妙さに改めて敬畏の念を捧げる。

全世界は八千年来、岐美二神が、五千年来、天照大御神と須佐之男命が、そして三千年来、月読命と須佐之男命（東洋と西洋）が第一の精神文明と第二の科学文明を分担して人類歴史を経営して来ることを明らかにしたのが人類の生命歴史「第三文明への通路」

である。この両者を左右の手、両道の活きとして世界を経綸して来たのが天津日嗣の皇運の歩みである。「神路山ふかく辿らば二道《ふたみち》に千木の片そぎ行きあひなまし」。両面政策とはユダヤのシオニズム運動だけの特徴ではなくて、実は天津日嗣の経綸そのものが今日まで全世界の上にこの政策を採って来たのである。ユダヤの両面政策はこの事の応用に他ならぬ。

かくして五千年、三千年来の神選民族ユダヤすなわち須佐之男命、大国主命が第二の科学文明を完成する使命が終了する時がいよいよ間近くなって来た。しかしこの科学文明の完成だけが人類文明の終局であるわけではない。これからその科学文明を人間の生命の自己目的に役立たせるために、その科学文明を運用する主体能動体である人間の内面的な第一の精神文明原理を復古再現せねばならぬもう一つの大事業が人類の前に踵を接して待っている。この事を預言した教えが「生命の城《まち》」の降臨（黙示録）すなわち「天孫降臨」であり、救世主《キリスト》（仏陀）の再臨出涅槃である。天職としてこの第一の精神文明の復原の大事業を担当するの者が天孫民族日本人である。

米ソ両国が一体になって全世界の国家民族を統一しても、それは依然として権力による制覇である。ユダヤすなわち大国主命の「国曳き」の神業は、ここまでである。世界は唯一の権力の下に制圧されるが、それによって思想の矛盾対立と権力の制圧に対する人間の苦悩と反抗が解決されるわけではない。シオニズムの行方には人間思想の処置法がない。

人類の月世界到達を機として人間の内面的な思想生活の矛盾と相互不信の渾沌たる現状に対する真剣な反省が始まった。テレビでも人々の感想を聞いた。「アポロの成功と人種の問題、学生問題を同時に解決する方法が欲しい」（某氏）。「月へ行った事と、人間が人間らしい生活をする事とは関係がない。それぞれ脳髄の別々の部位の所属である。」（岡潔氏）。「今まではただ眺めるだけの月だった。人間の偉大さをしみじみ感じる。だが現実の世界は不信感に満ちている。偉大な科学的成功の他面にある人類の内面の醜さを除かねばならぬ。地上天国を生む信念を持つための絶好の機会だ。」（松下幸之助）。「科学の進歩と人間世界の混乱という不思議な対立の時代である。この技術を悪用すれば人類は滅亡する」（A・トインビー）。いずれもまだ暗中模索の状態だが、世界のこの心の動きを我々が助成して行かなければならない。

度々いうように人間社会の混乱は思想の混乱である。思想の混乱は思想を以って解決することはできない。思想を以って思想を片付けようとするのが蜂起する様々な主義主張であり、信仰としてのそれぞれの宗教である。だがこの時思想そのものが純粋の思想自体として活らいているのではなくして、必ず背後に何か特定の権力があって、その思想を支持強要している。本体はむしろその背後の権力に存して、思想や信仰は単にその背後の権力が操作している方便であるに過ぎない。思想は既に自由自主の人間のものではなくして、権力が人間を使役するための鞭であり、手枷足枷であり、釣り上げるための餌であり、馬車馬のブラインドである……「あらゆる思想を捏造する世界のすべての権力を否定する。」これが現代の心ある青年の奥底の叫びでなければならない。

本来自由無碍である人間の思惟（精神）を特殊の思想の型に当て嵌めて、権力を以って、意識するとせざるとに拘わらず、拘束し閉鎖し魔酔することは本来の人間性の滅却であって、無気力化した中年、老年ならばいざ知らず、ピチピチした青年の耐え得るところではない。更に思想をもって思想を解決しようとすることは、ある種の思想の型を他の型に置き換えるだけのことである。

しかしこの事を今日までの歴史の経過からいうならば、それぞれの型によって対立矛盾するいわゆる「無明」である人間の思想の晦迷混乱《かいめいこんらん》に乗じて、国家権力、民族権力、社会勢力等が更に次々にその根無し草である思想を捏造し、旗印として利用しながら、随所に割拠《かっきょ》して覇権を争い、個人も企業も民族も国家も執擁にこの生存競争を続けて来たのである。そしてこの生存競争を方便として三千年の歳月を要して今日の科学文明を創造育成して来たことが、その初め人類の言葉《ロゴス》の原理であるエデンの園を閉鎖し、思想を淆乱《こうらん》（バベル）せしめたことを方便手段として、その天職である第二の科学文明を地上に実現しようと努めて来たいわゆるヱホバの経営である。

しからば如何にしたならば人間が権力の拘束と魔酔から離れ、また権力自体が全世界に普遍妥当な人間の生命意志の自己目的に合致する政策を樹立し得るか、その方法は先ず思惟の実体であり本質である人間本具の精神の先天的先験的内容に還ることである。

その人間の先天の本質が顕われてすべての思想（信仰、観念、概念）となって生まれ出るところのその本源中枢の人類の精神原素である一切種智（布斗麻邇）に還り、その種智の様態に鑑みて世界のあらゆる第二次的な思想を整理し、有機的に綜合し、合法的に運用することによって、初めて世界の思惟、思想の混乱が救済される。

大規模な問題を解決する為には先ず微小な原理を開明しなければならない。人類がマクロ宇宙の入口である月に到達したことはミクロ宇宙の研究である理論物理学が進歩したからである。一切種智布斗麻邇は人間自我の中心中枢に位する精神的ミクロ世界の原理である。この精神のミクロ世界が開明されることによって、初めてマクロ世界である世界のすべての思想問題の解決が可能である。

この精神的なミクロ世界の原理を以って世界の思想を整理処置する方法を神道で「禊祓《みそぎはらい》」という。キリスト教では「最後の審判」という。人間自身の創造の所産である世界の文明を整理する方法は、人類がその生物学的な「種《スペシー》」を持続している限り、その人間性の淵源である「種智」の原則によって解決する以外に解決の方法はない。人間が人間である限りに於いて、その生物学的な種すなわち種智こそが人間の精神的なミクロの世界の極限である。

この文明の解決法は無始の太古から無終の未来に向かって恒常不変であるが故に天壌無窮、万世一系という。松下氏の言う如く「地上天国を生もうという信念」と希望を抱くならば、次いでそれを達成する方法は法華経で一切種智というところの布斗麻邇、三種の神器の原理すなわち人間の人間性の全局に立ち還って、そこから改めて再生《リバイバル》し再臨《レザレクション》し、出涅槃し、岩戸開きして来る以外にないことに気が付かなければならない。

この科学文明発達の頂点に於いて、世界の思想の対立混乱を解決するために、天津日嗣の経綸の予定に従って、人類の祖先からの精神的遺産である人間内面の人間性の全局の智慧の原理、科学的に言うなら物質の原素、陽子、電子に相当する原理を掲げて、全世界の覚醒のために起ち上がったのが第三文明会である。

そしてこの人間の種智を運営して無窮の文明を創造しつつあるところの天津日嗣《メシア》の経綸である皇運《すめらぎのめぐり》の過去現在未来の経緯、すなわち人類歴史の因縁果報の筋道の全局を述べたものが「第三文明への通路」であり、その救世主《メシア》が把持する一切種智である生命のロゴスを解説した書が「言霊百神」である。いずれも渺《びょう》たる小冊子ではあるが世界人類のために真に求めて止まぬ者ならば、科学者であろうと、哲学宗教者であろうと、企業政治家であろうと必ずこの書の中に文明を解決する方法をみずから発見することが出来る。こうした人々を多数糾合《きゅうごう》して第三の文明時代を建設する。

既に本会から世界の思想解決の鍵が発表されたのだから、これを用いてこの原理を世界に宣伝し、これを人類の総意の下に活用することがこれからの本会の仕事である。世界の思想の禊祓は片手間の趣味や道楽ではやれない。三千年間世界に隠没していた神道に根底の原理をみずから活用するためには、繰り返し説くことだが、何よりも先ず自己の従来の古い思想のこだわりを清掃しなければならない。

神道やほかの宗教の面だけで言うならば、従来こうしたものが神道であると誤られて来たところの、敗戦と共に反故《ほご》になった古い天皇中心思想、民族主義的帝国主義、感情的観念的な神観、自己の精神の内面以外の箇所に神や霊の存在をまさぐろうとする宙に浮いた神秘思想や、中途半端なニヒリズムや、従来の仏教、キリスト教あるいは宗派神道等の教養教理を無批判、無自証に鵜呑みした信仰等に対する依恋、執着、惰性の悉くを清算して、不羈自由《ふきじゆう》で無垢清浄な天与天然本来の人間性に帰らなければならない。理論物理学がすべて物質の化合物を破壊することによって究明されるごとく、精神的な理論物理学ともいうべき布斗麻邇を究めようとするには、先ず精神的化合物、合成物であるすべての思想の自己支配、自己領有、自己憑依を破析しなければならない。

思想という手綱で樹に縛られた馬の尻をたたいて自分に向かって、或いは人に対して走れと命じたとて無理な話だ。馬は悲鳴をあげて暴れるだけだ。要はその自縛の手綱、「脚下の紅糸線」を断つことにある。禅や念仏が神道に入る入門でなければならぬ所以である。

だが然らば自分を拘束している思想の羈絆を脱し得ず、本然の布斗麻邇の内容がいまだ親密に把握出来ない間においては、いかにして天津日嗣の経綸の大業に参与し、世界の禊祓に従事することが叶うか。その時は「神道が分かったなら」「布斗麻邇が分かってから」などと逃げず、先に延ばそうとせず、よく分からなくとも本会で聞いたこと、教わったことを、一言でも半句でも、そっくりそのまま受け売りして、縁に触れ、縁を求めて人に伝えていくことである。

「自未得度《じみとくど》、先度他《せんどた》」という。「人皆を渡し渡してみづからはついぞ渡らぬ渡し守かな」という。この時ともすればうっかり所謂憑依霊の所為である従来の自説を出してしまうことにくれぐれも注意しなければならない。すべての仏教典は「如是我聞《にょぜがもん》」から始まる声聞《しょうもん》者阿難の経文である。阿難が自主自律の菩薩としてどれだけの力があったかは知らぬが、釈尊の説法をそのまま忠実に受け売りして紹介した業は尊い。

我々は斯の如くして世界に神道を伝えて行く。ただしその話す相手がこれを聞いて、単に自己の教養や趣味のために聞いて、そのまま死蔵してしまうだけで、その人から他には伝わって行かないような人に説いても実は無駄である。また神道布斗麻邇は生きた人間の生命の原理であって、この世の中にだけ役立つ真理であるから、冥土の土産にはならない。生きた人間にだけ必要な学である。

布斗麻邇を説くには応しい相手は人類の生命と文明の完成に責任を持って、その人なりに多くの人を教え導いて行こうと努力している人たち、すなわち左翼右翼の差別を問わず、思想団体、宗教団体、政治団体等の指導責任者を求めて、その人が布斗麻邇によってみずからの思想をみずから禊祓い出来るように啓蒙していくことが大切である。既にこの目的のための本会の教科書が整ったのであるから、この秋からの会員諸君の大活動を期待する。

二四　釈迦、イエスと神道

釈迦が来朝したのは鵜草葺不合七十代神心伝物部建天皇の御宇、イエスの渡来は景行天皇の御宇、いずれも神道研究の留学生であった。これらの学生たちに対して神道の秘伝の百の原理のうち釈迦には三十、イエスには二十までが伝授されたと竹内文献は伝えている。釈迦はその百の3割の原理に基づいて般若、華厳、法華を展開し、イエスは神道の2割の真理によって山上の垂訓の不滅の教えを今日に遺している。法華は仏教の結論であり、山上の垂訓がキリスト教の精髄であるが、それが神道の3割、2割に過ぎぬものであるからには、それから更に生命の自覚の奥へ分け進んでいく神道布斗麻邇百神の原理がいかに幽遠なるものかが予想されるだろう。しかし竹内文献にそう述べられているからそれを受け売りして斯く言うのではない。布斗麻邇の立場に立って法華経と聖書を読んでいく時、なるほど法華に説くところは神道の３割までであり、新約聖書は２割に過ぎないことがよく判る。

仏教が３割、キリスト教が２割であるといっても二教が神道とはまるきり別個なものであるというのではない。神道の初歩の階程から３割登った所が仏教であり、２割分け入ったのがキリスト教であり、また仏教を究めたところが神道の３割であり、キリスト教を卒業したところが２割であるということである。この時仏教やキリスト教はその神道の初歩の段階を懇切丁寧に説いているのであって、仏教やキリスト教が神道に入る予備門であるというのはこの意味である。

二教の教えを体得して実行することによって、初めてその先の布斗麻邇三種の神器を活用する神道の世界に分け入ることが叶う。仏教、キリスト教を釈き得ずして神道と称するものは悉く偽物である。仏教、キリスト教を知らず、二教を貶《けな》しながら天皇を担いだり、民主主義を主張したり、あるいは神秘の神を拝んだりして来た従来のいわゆる神道は時代の進展と共に消滅してしまった。本当の神道ではないからである。

ところがこの三千年昔の釈迦も、二千年前のイエスも、それから同様に老子も孔子も乃至モーゼも皆日本に学んだ外国の留学生であるのだから、その留学生が故国の人々の為に説いた仏教、キリスト教等が時経て日本に逆輸入されたものを持て余しているようでは、神道の本家である本来の日本人としての面目が立たない。

その神道の3割だけの仏教や2割だけのキリスト教では世界を解決する方法が立たず、究極の完成した百の原理（百敷《ももしき》の大宮《おほみや》）全体が日本から出現することを全世界が期待し切望しているのである。日本人であるからには何事を措いてもこの日本の奥底の本当の日本の真理を明らかにして世界の要望に答えなければならない。

二五　千早城を造ろう

ユダヤ民族の日本帰還

三千年昔、東西に向かって故国を進発したユダヤの民族移動のうち西漸の一団は、その途次民族の念願である世界統一制覇の裏面工作を着々実現しながら、またも一つの天職である科学文明の完成と産業の発達に努力しながら、その根拠地を現在米国においている。これから太平洋を越えてもう一歩西漸の足を伸せば、その民族巡礼のゴールである心願の国日本に到着する。

その日本には三千年早く地球を東漸して日本に到着し、所謂蕃別の日本人となって、日本の産業経済を経営しながら今日に至っている彼等の旧い同胞が、両手を拡げて弟達妹達の到着を待っている。東漸西漸のユダヤがその預言者の言葉にある通り美しい神聖な山が聳えている島に於いて再会する時が間近い。

「山川悉に動《どよ》み、国土皆震《ゆ》りき」と記されてある須佐之男命の「舞ひ上がり」、すなわちユダヤが高天原へ帰還するということは生優しい事態ではない。太平洋戦争はその手始めであった。爾後二十余年、いよいよこれからが本格的な舞い上りの民族移動である。その移動の実質は侵略であり、攻撃である。しかし既に軍業攻略は終了して今後は経済と政治攻勢の段階である。既に彼等の政略の基盤であり権力政治の土台である民主主義が日本の国是として施行されて、日本の戦後経済がどうやら建直ったと見て、漸次保護経済の障壁が撤去されて大企業の米国化が開始された。

歴史的に見ればこの事態は古い三千年来の東漸の帰化ユダヤ人と、新たに入国する西漸のユダヤ人との握手であり、我等が説いて来た世界のユダヤの武力と金権資本がヨーロッパ大陸、英国、米国と次々にその基地を西に移して、最後にその魂の故国日本に安住するためのゴール入りである。事態は急速に進展していく。

日本の大企業の米国化と共に独立の中小企業は潰滅の途を辿る。資本主義と政略的民主主義に対して感情的、衝動的、観念的な反抗を続けてきた青年、学生たちの運動は却って逆用されて、たとえば学校制度の改革なども、いよいよ資本主義の従業員（奴隷）の養成機関の意義が強化されて行く。これに対して青年は更に新たな盲目的な反抗を繰返さなければならない。

共産主義は民衆を思想的、生活的に拘束してノルマを課する囚人の形で取扱う。自由主義を標榜する資本主義社会では、民衆は自己の意志で自由に生活し労働している如く思っていても、彼等の眼に届かぬ遠まわしの柵が周囲に厳重に廻らされていてその中に飼われている獣は、やがて毛と皮を剥がれ、肉は食われるところの放牧の牛や羊や豚や鶏であるに過ぎない。共産主義、資本主義、どちらにしても同じ事だ。

共産主義も資本（自由）主義も実はその目的は達成するために民衆を操縦する上の単

なる方便手段であって、ユダヤに取って他の民族はすべて彼等の犠牲となる豚《ゴイム》である。ヱホバすなわち須佐之男、大国主自体の目的はその手段方便の中には無く、それ以上のもっと独自の別個の使命の達成にあるのである。日本の民衆の生活の圧迫と思想の軟化、無力化はいよいよこれから熾烈《しれつ》さを加えて行き、社会の現実は憧憬《どうけい》される理想世界からは益々遠ざかって行く。しかもこの趨勢《すうせい》は従来の如何なる道徳、宗教、乃至民衆の抗争を以ってしても阻止する事が出来ない。

世界を知食している天津日嗣の経綸の一面は斯の如くであって、世界の民衆を駆使して物質的な科学産業の促進の一面を担当しているのがヱホバであり、神選民族ユダヤであり、人類の歴史が進んで行く必然の進路の一方向である。しかしこの一面だけが経綸のすべてではない。この時この科学産業の開発、世界の制覇再統一、民衆の奴隷化牧畜化という一連の歴史の歩みである神選民族の経営を最後の段階に於いて整理し、合理化し、生命化するために、ユダヤと日本とそして全人類の共通の魂の祖先から伝来している人間性の根本原理（布斗麻邇、三種の神器）を再現活用して、ユダヤ三千年の努力に有終の美をあらしめる事である人類歴史のいま一つの必然、経綸のいま一つの半面としての精神的な部門を担当する天職に任じているのが高天原の天孫民族である。

神選民族の巡礼が日本に到達すれば、彼等の今日までの世界経営の努力を最高の完成に仕上げてくれる彼等の古いシオンの神が、すなわちその神の原理がそこに存在することを、彼等は昔からその秘密の伝統、預言者の指導によって信仰し予期している筈である。かるが故に日本はユダヤ民族の巡礼と漂泊の最終の目的地であり、心願の国であるのである。我々はこうした民族の宿業果報の成行と歴史の必然の成行の趨勢を個々のユダヤの民衆に向かって説いているのではない。世界に僅々数名、数十名に過ぎないであろうユダヤの指導者に向って述べている。ユダヤの指導者は彼等の歴史的目的を達成する為には、例えば嘗ての日本軍閥の如く彼等の民衆をもそのための材料にする事を遠慮するものでないと聞かされている。

和光同塵の暗闇

日本はしかしながら三千年来自己の本来の面目を隠匿し、所持する精神文明の原理を厳秘して、和光同塵の国是を今日に持続している国である。この政策の施行者、責任者が神武天皇、崇神天皇、聖徳太子であったことは今まで詳しく説いて来た。その三千年昔、ユダヤの亡国に当り東漸のユダヤ民族である秦始皇帝の計画によって、ユダヤの第二王国として極東に出現したのが神倭磐余彦（神武）皇朝である。この時神代の鵜草葺不合朝七十三代彦五瀬《いせ》（伊勢《いせ》）命に代わって、皇弟の狭野《さの》（須佐之男《さの》）命が帰化人達に擁立されて新皇朝の紀元元年を宣した。この事が北朝系、須佐之男系、ユダヤ系日本の出発である。崇神天皇、聖徳太子の経営はすべてこの北朝日本の国是に則ったものである。古い封建的な、和光同塵時代の、北朝覇道時代の歴史観を揚棄して、歴史的事実の真相を明微しなければならない。本当の歴史観が確立されないと正しい未来を開くことが出来ない。

予定された三千年後の今日、ユダヤの科学産業の発達と、世界再統一の気運に相呼応して、日本に於いて和光同塵政策とその半面である神器の同床共殿廃止が撤去される。世界の経済と政治の運営に生命をあらしめる三種の神器の原理が、またそれと同時に人類歴史の真相が神倭皇朝の閉鎖封印を破って、再び上古神代の通りに出現する。この事が天の岩戸開きであり、宗教的には仏陀の出涅槃下生、キリストの再臨である。

三千年来世界に予定されたこの天の岩戸開きに、主観的な信仰、希望、模索としてではなく、国体の真理と歴史の真実に即して実際に従事している世界にたった一つの機関が第三文明会（皇学研究所）である。もとよりこの事は秘密運動などではない。しかし深奥な形而上の学であるから、一応は密教の形式を以って研究と修練が進められて着々と岩戸内部に存する言霊布斗麻邇の原理が開顕され、また同時に日本とユダヤ、天孫民族と神選民族、世界の南朝と北朝を左右両翼、両建ての動きとして同時に操作している天津日嗣天皇の悠久の経綸の歴史の真相が次々に開明されて来た。その都度我々はその開顕された結果をいささかも腹蔵するところなく世界に公開してきた。

仏教で斯の如き公開を称して「布施」と言う。この目的で三種の神器、アイウエオ五十音の哲学的解説書である「言霊百神」と、全人類の宿業の全面的歴史書である「第三文明への通路」が出版された。

しかし日本は三千年来の和光同塵という自己に対する精神的鎖国、自己閉鎖の国であって、この間に馴らされた日本国民の思惟の慣習と風汐は今日なお依然として思想界、政治経済界を通じて普ねく上下に根強くはびこっている。和光同塵は老子にある言葉だが、その日本的意味は神器神鏡の権威を隠して、その代わりに儒教仏教と、そしてやがてキリスト教と欧米哲学を輸入して国の指導原理とした事であって、この実際の現れ方を簡単に言えば、外国崇拝、自己卑下、自己放擲、自己忘却であって、日本は崇神天皇以来日本人不在の国である。

我等が従事している天の岩戸開きすなわち同床共殿の廃止の撤去と、和光同塵政策の廃止は第一にこの日本人の三千年に及ぶ宿業の相続を解除することを前提として取りかからなければならぬ極めて困難な事業である。その歴史的には三千年の彼方から急遽突然に出現して来るところの真理真実は、現在の世界のすべての思想から懸絶し、断絶し、不連続の高い次元に存在するところのものであるから、日本人の従来の和光同塵の思想の形態に閉塞されているままでは、その書物を読み話を聞けば、その場では成程そうだと一応はうなずくが、その自覚を本当に自分のものにして、叡智として行為として実践として蘇返らせるためには、従来の魂の宿業、行きがかりが前面に立ちはだかっていて、日本人本来の魂の住み家である高天原の世界の人となることが出来ない。

ヘブライ研究会以来本会に於いてこの布斗麻邇と経綸の歴史の啓蒙講義を毎月二、三回ずつ行って来て既に八年になる。直接出入した人数は五百名を越えただろう。だが会員の心境はまだまだ本会を遠捲きにして様子を覗っている程度である。神剣を眼の前に突きつけられて覚悟を要求されると尻込みをして逃げ腰になる。これは小笠原が勝手にやっている個人の学説に過ぎない。まさか日本に世界を救う真理などが有ろう筈がないと言う。有るとしてもそんな事は自分と自分の家族の生活の為にはどうでもよい事だと思っている。「豚に真珠」と聖書にある人々たちである。真珠とは玉、璽、言霊を喩えたものである。昔、ゲーテはこう言った。「来ることが待たれていながら、いよいよ出て来ると非道い目に遇はす」（ファウスト）。だがこれからは、こうはならない。

余談になるが、右翼の人と話した。国防再軍備が緊急事だと言う。自衛はもとより大事だが、そう言う事はニクソン氏と佐藤栄作氏に任せて置けばいい。悪いようには計らわない。米国は日本を見捨てはしない。日本は米国にとって朝鮮よりもベトナムよりも遙かに大切な、英国とカナダに次ぐ重要な国である。形の上の国防よりも魂の理想国家高天原の真姿を世界に開顕宣揚することだ。そうしたならば開け放しで無防備で居ても、全世界が挙って日本を護持する。太古神代は然りであった。戦争放棄の憲法は将来に向かって重大な意義がある。この一大事因縁が判らないのが、神道を口にし天皇を担いで帝国主義に狂いまわって、ユダヤにこっぴどく傷めつけられて、結局はその操縦に甘んじている明治以来の古い型の右翼である。歴史が大転換している事実をはっきり知ることだ。

「電掣の機」と言う言葉がある。神道を学ぶには稲妻のような鋭敏さと迅速さが無ければならない。「大凡当処を離れず」（道元）という。道の意義と所在を聞いたなら即今、即座、無前提、無条件に飛び込んで来なければならない。一々の理窟は分からなくとも人間には正しきを知る先天的な感性（言霊ア）の判断がある。ことに若い人において然りである。道を読んでも聞いても日和見《ひよりみ》と拱手傍観《きょうしゅぼうかん》を続ける徒は「当来を待って弥勒に問へ」と言われる人々だ。前期の西漸のユダヤ民族がやがて魂の故国日本へ帰って来て、言霊摩尼宝珠を得て成道した時を提婆達多の成仏、弥勒の下生という。その下生の弥勒から、日本帰来後のユダヤ人から改めて日本本来の道を教わったらよかろう。言霊の神剣を突きつけられて尻込みする連中には次の言葉をそっくりそのまま呈上しよう。「卑怯者、去らば去れ！」（赤旗の歌）。

だがしかし第三文明会八年の経営によって右の二冊の書その他を教材として一応まとめ上げることを得た。今後は不完全ながらこのテキストを土台にして、その中実をいよいよ詳細具体的に自証実証し実行していく第二の段階に入る。この事はすなわち前号で述べた天の岩戸前の神事を実地に行うことである。高天原の内面世界に於ける我々の形而上の岩戸神楽と、葦原中国の現実世界に於ける須佐之男命、ユダヤの世界制覇再統一、科学産業の開発、日本への帰還という一連の経営が、人類文明の物心表裏の両面、天津日嗣の経綸の両建てとして並行し、現在まだ両者無連絡の暗黙のうちに相呼応しながら、最後の綜合完成調和に向かって進んで行く。我々は世界のユダヤを操縦しているであろう彼らの王がどこの誰であるかを知らない。彼らもまた日本の社会のどん底に潜んで摩尼を操作している従地湧出の菩薩たちの存在に気が付かない。しかし両者の間には目に見えぬ、意識には直接現れない連絡がある。その連絡が表面に具体化して来る時が間近い。

覇道から皇道へ

ユダヤは世界の他の民族に対して魔王ルシファーの眷族として世界席巻制覇を目指している。ユダヤ人自体における内面的精神的生活は預言者の指揮の下に、民族の使命を深く信仰して、歴史を通じて撓まぬ根強い努力を続けている敬虔な神選民族である。訪ねて来る若いユダヤの求道者たちに接する時この感をいよいよ深くする。ユダヤ人は日本人のように和光同塵政策によって自己の面目を昧まされた経験がなく、民族の古い文献も日本ほどに破壊されていないから、上古神代のままの信仰信念をそのまま今日に生き生きと持続している。彼らの隠れた指導者は世界を経綸している天津日嗣（救世主）の皇運の歴史とその原理の意義と所在に関して現在の日本人が知っているよりは遥かに精しく承知しており、三千年昔、ユダヤの亡国と共に見失った彼らの神の本地が日本であること、シオン神殿の彼らの三種の神宝の実体が日本に存することの予想を把持しているはずだ。

第三文明会が今後為すべき重要な仕事の一つは、この日本に無限の期待を持っている世界の財力、武力に、彼らが渇仰《かつごう》している日本の形而上の宝を惜しむ所なく「布施」して、これを世界に活用せしめることである。三種の神器は一国家、一民族のみの内部でこれを使用することは不可能な真理である。神代の天津日嗣が然あった通り、全世界の政治経済を一つに掌握した暁、その権力者が覇道から皇道へ転換する道として初めてその活用の意義を発揮する。この故に嘗て神代の天津日嗣の権威が世界から影を薄めて行ったために神器の同床共殿を廃止しなければならなかったのである。その世界制覇再統一の大業が高天原日本の外に於いて着々成就しつつあるのである。

このために米国やヨーロッパに在る彼らに呼びかけることが今年から始められる本会の新しい仕事であって、既に海外にある会員たちがそのための活動を開始した。この呼びかけに応じて欧米人、ユダヤ人が今年は日本を眼がけ、本会を目指して殺到してくるだろうし、時に応じては直接我々が彼地に啓蒙遊説に行かなければならないこととなろう。三千年の漂泊と努力経営の成果を携えて魂の故国に帰って来る全世界のユダヤ、全世界の武力と金権を日本に迎え入れるために、我々はその形而上と形而下の準備を急いで整えなければならない。その魂の上の準備と実際の歓迎の行事が古事記に兇示され預言されている天照大御神と須佐之男命の「天の誓《うけ》ひ」の神事である。

生命の城

日本国体の秘宝を世界に開顕する「天の岩戸開き」と、全世界のユダヤを日本に迎える「天の誓ひ」を行うためには場所が必要である。現在第三文明会、皇学研究所は小笠原氏のアパートの六畳間を本拠として、研究会には多い時には二十名が集まってひしめき合っている。日本人だけならこれでもよかろうが、日本の三種の神器の原理を求めて遥々訪ねて来る世界の人士をこの部屋に迎えて、ここでモーゼのペンタ、トーチや、法華経寿量品、観普賢経等の真相を開示するということは、富裕国日本人として不可解なことに思われるだろう。そのために最小限の施設が是非とも必要となった。

その施設は高天原日本の神軍が神器を奉戴して初めて拠って起ち上がる最初の城である。下図は言霊布斗麻邇イの形而上の型である。黙示録では「生命の城」という。覚者が結集して世界を審議する古代神殿の形である。これがそのまま高天原の内容が天降って形而下の実際運動を展開する根拠地の構造でなければならない。これを「高千穂の奇振嶽《くしふるだけ》」という。すなわちピラミッドであり、ジグラードである。

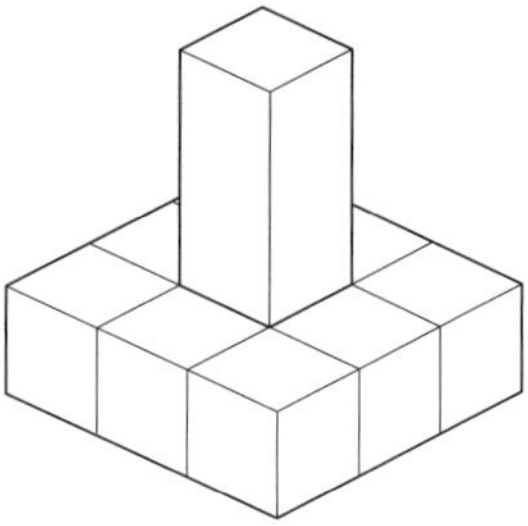

The holy city

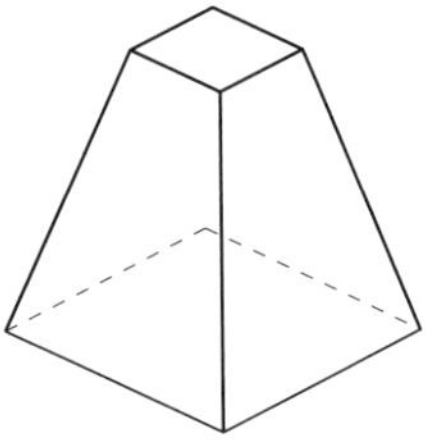

Pyramid
Gyggrat

図 16. 生命の城

その頃楠正成が後醍醐帝の勅を蒙《こうむ》って、僅か七百の手兵と共に旗を挙げた「千早城」は、ほんの小さな橋頭堡《きょうとうほ》だった。そこへ北条二万五千の大軍を迎えてこれを潰滅《かいめつ》した。我々はその千早城を、高天原の神軍の「生命の城」を今年は築かなければならない。

その城に我々が立籠って、全世界の武力と金権を、全ヨーロッパ民族を、すなわち「万軍のヱホバ」の軍隊を引き寄せて、アイウエオ五十音言霊の「千早や振り」をもって言向け和わす魂の戦の火蓋を切る。この時最初に造る千早城は小さな仮の堡《とりで》でよい。この千早城から最初の狼火《のろひ》が上がったのを見て、その時まで手を拱《こまね》いて見ていた諸国の勤皇、新田、足利、赤松、菊池、大弐、大伴らが風雲を望んで一斉に起ち上がったのである。

その後正成が改めて築いた赤坂城は大きな堅固な要塞だった。我々が営むその大きな本格的な城の予定地も決まっているのだが、これは古い東漸のユダヤ帰化人の裔である日本財閥が、西漸のユダヤである彼らの昔の同胞を歓迎するための豪華な殿堂としていずれその後に造営しなければならない。もし最初の小さな千早城さえもが和光同塵に昧まされ、戦後のユダヤ政策に盲目にされた日本人の手で建設することが出来なければ、人類の精神維新の到来は更に延び延びになって行くだろう。

いよいよ「千早城」を造ろう。そこに立籠もる高天原の神軍は最初は少数でも事足りる。そこで武御雷神の霊戦の火蓋を切ろう。「天の誓ひ」の祭典を開幕をしよう。言霊のロゴスの戦いは些の秘密も必要としない。原理も計画も方針もすべてあだかもユダヤのシオン議定書のごとくに、あらかじめ公開の上で実行する。公開の舞台において、公開の方法によって普遍の真理と真実を世間に開顕するのである。聞きたがらぬ者、知りたがらない者に無理強いの洗脳を行うのではない。中途の方便を設定して人心を保留するのではない。渇仰する者に究極の真理を生粋のまま呈上するのである。

世界の権力にその権力を捨てよというのではない。その権力を掌握したまま、より高次元の生命の真理を仰げというのである。三千年間裏の世界、夜の世界、月と星の世界の暗闇の中をさ迷って来た人類を、ユダヤを、表の世界、昼の世界の太陽の光明に導くのである。すべての古代宗教に計画され預言されて来た人類文明の歴史の必然を実現するのである。ユダヤ教、キリスト教、仏教、マホメット教とそして共産主義と資本主義の前にエデンの園（生命の城）、極楽浄土（弥陀の四十八願の正体）マルクスが希望した理想社会の門を開いて、近代の科学産業文明を携えたままに、悉くをその中に導き入れるのである。五千年、三千年来表裏に分かれて死闘を続けて来た世界の南朝と北朝が、その各々が分担、経営、把持して来た物心両面の財宝を披瀝して新しい第三の文明の和合の時代を実現するのである……。神の摂理と言われて来た世界の天津日嗣の経綸として、以上のことをいよいよ具体的に実行するために、今年は先ず最初の小さな「生命の城」を「千早城」を造ろう。

二六　月読の世界

「ヒマラヤ聖者の生活探求」The Life and teaching of Masters in the Far East. Baird T. Spalding　四冊を米井君が研究所へ持って来た。次いで野崎君が近刊の第五巻を見せてくれた。小沢協央君からも読めと進める信《たよ》りが来た。若い人たちがひどく感動している。米井君の質問に答えて皆で審議し、改めて書物を緒いて検討した。

一八九四年以来米国のＢ・Ｔスポールディング氏らの科学探検隊がチベットで瑜伽《ユガ》の聖者エミール氏を知って、その生活と霊能に驚嘆して、その教えを紹介した記事である。初版は一九三七年である。宇宙の愛なる神とその顕現としての人間を説き、人間の能力は宇宙と同じく無限なものであると主張し、その例証を示し、かつその境域に入る道を教えた一般に瑜伽といわれる世界の指導者であると共に、その全世界に存在する神秘の結社の活動を紹介した宣言書でもある。

本書では多くキリスト教に就いて説かれている。と言うよりは聖書の命題を用いて説いていいて、部分部分に非常に優れた解釈と体験が盛られてある。しかし一巻から五巻までの全体と通覧する時、これはキリスト教をも仏教をも、すなわちキリストのキリスト教をも釈迦の仏教をも超えたものではないことが分かった。というのは聖書を説いてもキリスト教の教義（ドグマ）には触れず。仏教を説いても菩薩の修業の彼方の世界、法華経が指示する摩尼、仏所護念の世界に未だ到達していないことで、これが本書を手にして第一に気付いたことである。

宗教と、芸術の世界の内部にみずからまだ充分な体験を持たぬ若い人たちが本書に接する時すばらしく驚嘆し思慕の念を生じるが、この世界はその初歩的な思慕の対象である主として言霊アの世界の消息であって、仏教のいわゆる辟支仏《びゃくしぶつ》 Pratika-Buddah の境涯に即したものである。かつて日蓮が「禅天魔」と称したようにこれは一見悪魔的にさえ見える自由無碍の世界であって、人間の能力が無限の可能性を持っている如くに一応は観念される歓喜と解放感に満ちた自由の世界である。社会的な制約や宿業《カルマ》の桎梏《しっこく》から解脱した世界であるから、その意味で実際に無限であるごとくに人間の能力を自由自在に行使することができる境涯であって、その宇宙、神、生命から引き出された個々の真理、行ぜられた個々の真実の一つ一つはそれぞれ人生に取って世界に取って、なかなかに深い意義のあるものである。そうした人間の霊性の自由自在な活用による素晴らしい創造に従事しているエミール師及びその世界的なグループに結束している聖者ヨギ達の努力を賞賛しなければならない。

第三文明会では嘗てそうした人間の霊性の自由を獲得する修証として親鸞の念仏を説き、禅の無門関、岩巌集を講じて、念仏も禅定も瑜伽も全く異なるところのない一つのものであることを説いて来た。今回改めて優れた瑜伽の聖者の生活を読んだ。若い人たちはこれでいきなり夢中になるようだが、念仏や禅を離れて別に改めて瑜伽に求めようとしても無意味である。三者は別個のものではない。それぞれの形式の上に求めようとして直接みずから宇宙に求めようとしないから別個に思われるのである。

我々が念仏を唱え、禅の公案やあるいは聖書の馬太《マタイ》伝を学びかつ行じて来たのはそれ自体が人生の究極境域であるからではない。その学行によって得られる宗教芸術の境涯であるア言霊の把握はひとえに文明創造の主体としての自己、すなわち自己の神性、すなわち神道のいう高御産巣日の境涯を確立することであって、先ずこの境涯に立脚することが、その無限のごとくに見える人間の霊性霊能の上に自ずから規定され制約されている神の愛子、菩薩、神の尊《みこと》としての人間の主体に於ける性能の先天的法則である布斗麻邇の原理に到達する上に於ける必須の前提であるからである。

布斗麻邇言霊イの世界には、ウ（産業）、オ（科学）、ア（芸術・宗教）、エ（道徳）の四つの世界、仏教でいう四天王（四護世）の境涯次元を超えて、これを綜合し、その淵源となり、原律である位置に存在する。ウは衆生、オは学者声聞、アは縁覚辟支仏、エは菩薩である。そしてイは仏陀無上正覚の境涯である。チベットの聖者たちが住んで居る境地はその中のアとエの世界であって、ウオアエの四つの次元までが今日三千年来の人類の哲学宗教の到達点であり、瑜伽者たちが具現している行道は現在におけるその最高峰であるということができよう。言霊イの世界はそのもう一つ先の次元に存在する。この究極の次元に就いて仏教は修業の上の基本要求《ポスチュラート》として掲げているが、キリスト教はこれに関してただ教理（ドグマ）を説くだけである。

聖者たちは素晴らしい霊性霊力を発揮し、世界中の会員同志と自由無碍な霊的通信《テレパシー》を交換し、仏経典、キリスト教をもその経験を通じて深くまで理解し説明している。更に本書の中で特に一般民衆が驚異と思うところは聖者たちが超自然力を駆使してなんら科学的操作を用いずに、居ながらに生活の必需品を霊力をもって作り出すと書いているところである。聖書のキリストのように魚やパンを産み出し、水に沈まずに波の上を行くと記されてある。だがこの超自然力の行使の記事は人間の霊的な自在性が現実の感覚の対象、自然界の物体の創造にまで及び得ると思うところの、衆生であり科学者である本書の著者スポールディング氏の観念の行き過ぎであって、瑜伽の聖者が自ら説きかつ行う事とは次元的な喰い違いがあるようだ。

聖書に書かれたキリストが魚やパンを無限に頒ったという奇蹟は、実は奇蹟でも何でもなく、魚《な》（名《な》＝言霊）と穀物（五穀・アイウエオ）を無限に分かち与えたということの比喩的な表現であり、ガリラヤの海を渡ったということは、海原と神道で言われる五濁煩悩《ごじょくぼんのう》の世界に沈没することなく越えて行ったこの比喩である。その頃のペテロやシモンはまだその世界に泥んでいたために海に溺れかけたわけであった。

霊的な事柄を感覚的な事と取り違えたのは、それを紹介した著者の心境が未到のための故である。例えば衆生位の人が普門品にある観世音の功徳を読んだ時、これをいきなり現実感覚的な事と信じてしまう誤りに陥る。「刀刃段々壊」を実際に刀が折れることと考える。アの次元の事をウの次元で受け取るからである。そこでこれを霊的な操作と考えるならば我々自身もまた日常の実際の上に行じている業に他ならないのである。

この書の如くもし人間が宇宙のプラーナ（宇宙線・γ線、無碍光・無量寿光）から食物その他をその場でいきなり無限に生産できるものなら、何も五千年来須佐之男命が、すなわちユダヤ民族が世界の科学の究理と産業の発達のために営々努力しなければならない必要は毛頭ないのである。そうした人間の生産の可能性を実現するものは綿密精細な科学的操作であることが人間文明の宿命である。三十万の人員、二万の工場、千台のコンピューターを動員してアポロ船を運転した大規模な計算と工程を以ってしても、なおかつ一個の鶏卵一粒の大豆を掌上に得ることは不可能である。心（霊）と肉体（物）の両儀に分かれている人間の知能の法則と制約を知らなければならない。

「白色聖同胞団」と名付けられるこの瑜伽的な結社は世界に二二六グループを持ち、それぞれに卓越した人物が一人ずつ居て指導に当たっている。そのうち合衆国には六〇名居り、印度のグループが世界の結社の活動を調整しているという。その聖者たちは各人が修業を積むと共に、世界の政治、経済、学問、宗教等のあらゆる文明の分野の背後に立って、見えない霊的な操作により、あるいは露わな教示によって指導を行っているという。まことに喜ぶべく好ましい活動と双手を挙げて賛成し同意する。

しからばこの世界の結社白色聖同胞団が今日以後どうなって行くか、その無限の自由のごとくに見える活動をいかに整理し組織して行かなければならないか、その行き方に対して仏陀の本質である第五の知恵を開示することがこのグループに対する我々第三文明会の「布施」でなければならぬこととなる。

世界の現実を席巻しつつあるユダヤの武力と財力という権力に対して、我々はその権力を否定し、放棄せよと言っているのではない。その権力を把持したまま、より高次元の知性を用いてその権力を人間の生命に即した合理的な方法による運営の道に還れと説いているのである。そのごとくこの一団の聖者たちの素晴らしい霊力、精神力を我々は否定しているのではない。その霊力をより高次元の指導原理によって更に合理化し活用する法を提示しようというのである。

我々の仕事は聖者たちが行き過ぎようとしているところを削り、足りないところ、見落としているところを補って、その素晴らしい霊能でありながら、全体が断片的でまとまらないものを整理して、人類文明の完全な内容たる相応しい体系と組織と調和ある運営をあらしめることで、そのために生命の言葉の鏡を呈示して、これに則ることを勧める。斯くの如き操作を神道で「禊祓」という。科学的たると霊的たるとを問わずこの文明の究極の整理である禊祓は人間が人間自体の立場に立つ道である布斗麻邇の法を以ってしなければ能わぬところである。

こうした意味からこの「白色聖同胞団」が把持しているものや、行じているところに対して一応取りあえず簡略した批判を試みることとする。第一にそれは前記のごとく個々の内容は実に素晴らしいものであるが、全体として綜合され纏まったものではないことである。何故そうなるかというとそれは五大（地水風火空・イオアエウ）がまだ次元的に充分整理されておらず、混同されているからであり、また創造の主体と客体、自と他が截然《さいぜん》と区別されていないところに起因している。しからばそれを如何なる方法によってまとめたらよいかというところが、実は仏教、キリスト教の最奥の真理であって、嘗てモーゼや釈迦やイエスはこの文明の最奥の綜合運用原理を学ぶために遥々日本を訪ねて留学し、神代上古の皇室の指導教伝を受けた。その原理がすなわち三種の神器であり、シオン神殿の三種の神宝であり、阿耨多羅三藐三菩提そのものである。

聖者たちはみずからの現状をそれだけで絶対無比無等のものと考える為の故に、また宇宙なる神と自己との間の直接の取引きのみによって智慧を引き出す方法だけしか心得ていない為の故に、未だこの無上最奥の法の存在に気が付いていない様子であることが、書物を通読する上に判明する。

釈尊は彼が説いた三菩提を直接「無等」とは言わず、慎ましくこれを「無等等」（等しきものなきものに等し）と呼んで、彼だけが絶対であるとは考えなかった。その無等のものと同じきもう一つの無等の法とは何であるか、これが世界に新しい生命の時代を創造開幕するために、物質文明の支配者ユダヤはもとより、霊的精神的文明の指導研究修練者であるキリスト教、仏教、瑜伽と言わず、すべての世界の聖者たちがこれから改めて当面しなければならない最後の宿題である。

第二にこの聖者たちの方法によっては世界人類の文明史が正当には明らかにされ得ないことがその欠陥として認められる。彼らは歴史のアカシック・レコード aquasic record（閼伽宮記録）の管理と作成に任じているという。「水」である言霊オの遺伝的記憶であるこのアカ（水）の霊域における歴史の経緯、宿業《カルマ》の消長の跡を明らかにしようという意気込みはまことに尊いことではある。しかしこれを説こうとして人類文明の歴史が宇宙自身である神（宇宙意志）と人類の間の偶発的な、無系列、無企画な直接交渉の上にその運行がなされていると考えたならば正しい文明史の編纂は成り立たない。この時彼らはもう一歩退いて、神と人類の間に立って神の意志を人間の智慧とした原理の鏡（曼荼羅）を掲げて、これに鑑みて天壌無窮、万世一系、恒久不変に文明を創造指導経綸しつつある者の存在に想倒しなければならない。その指導者の名を天津日嗣と言い、仏教的には転輪聖王といい、キリスト教では救世主という。この名が彼らのアカシック・レコードの首《はじめ》に載せられて居なければならないのである。

この転輪聖王の存在と名が不明である時、今日までの世界のそれぞれの部面の指導者であったアブラハム、モーゼ、釈迦、老子、孔子、イエス、マホメット達とこの最高の転輪者との交渉と、及びその転輪者からの文明経営に関する指令の内容が明らかにされ得ない。禅では「無量劫事即如今」という。オ言霊であるこの知的直観によるアカシック・レコードを、同時に日本に保存されて来た古代歴史文献に照合して編纂したものが「第三文明への通路」である。天の岩戸から新しく出現した世界の歴史体系である。

もし今後聖者たちが今のままアカシックな立場からだけで文明史を編むとしたら、それの歴史は例えば戦後韓国から日本へ来て、若い人たちを集めて、超越した神の経綸の歴史として黙示録を説いている「統一教会」の「原理」と同様に、人間の歴史の半面が神秘の雲の中から現れて来ているような、具体性を欠く観念的な歴史に終わることだろう。

神道の世界には言霊オの内観としての歴史の呼び覚ましであるアカシックの方法と同時に、実際の文字を以って太古の事実を記録した世界の天津日嗣の数百代にわたった皇統譜が現実に存在している。すなわち竹内文献その他の神代の古記録で、更に我々の手許へそうした既に知られた古文献の他に南米のシェラマドレ山中に保存されている大伴、物部家の文献が近く齎されようとしている。更に日本の記録によると、こうした歴史文献が日本や南米のみならず、西蔵、エジプト、メソポタミア等と推測される数カ所の地に埋蔵されていることが伝えられている。瑜伽の聖者たちがこうした現実の古代歴史文献に目の当たりに接しなければならぬ時が来る。

そこで特にチベット聖者たちにお願いしたいことがある。それは諸君の鋭い霊的直観によってお膝元の「シャンバラ」(地下宝庫)の中に存するであろう古代歴史の神宝巻を探し出して下さることである。

さて第四に気が付くことは、聖書の中にあるキリストの言行に対する把握解釈は体験的にはよくうがったものであるのだが、しかしその聖書の中にあるキリスト教の教義(ドグマ)と、そして仏教の上から言うならその秘儀であり、言葉そのままで、伝うべきものとされて解釈を禁じられて来た「真言」(陀羅尼)が釈かれていないことである。例えばイエスがなぜ聖処女マリアから生まれたか、三世の諸仏がなぜに皆仏母摩耶夫人の腹から生じたか、イエスが馬槽に生み落とされたということは何の謂か、モーゼが民族の宝として斎《いつ》き祀った黄金のマナ壺の中に何があったか、エデンの園を閉鎖している「ケルビムと自ら回る焔の剣」とは何であるか等々のドグマに関して触れていないし、これらの根本的な大事に関心を持っていないことである。

聖者たちは行としてはまことに素晴らしいものを発揮しながら、法としては多分に未到の部分を残している。ドグマに触れずして聖書を説いても、本当にモーゼとイエスの宗教を説いたことにはならない。行としてのキリスト教や仏教は法（真理）に至る道程であって、その法が眼目である、その法はドグマと真言の中に存する。そのドグマを解く鍵はどこに在る何であるか、世界の瑜伽たちが早晩にこの事に気が付かなければならない。以上凡そ四つの批判は瑜伽の聖者たちに対してばかりでなく、日本を初め世界中の宗教家たち、宗教団体、哲学者の上にもこのままそっくり当てはまる。

我々は長年の間、古事記布斗麻邇の修練を行い、天津日嗣の世界経綸を説いてその歴史と未来に就いての啓蒙に努めて来た。そして我々が開発啓蒙する相手は特に須佐之男命である神選民族ユダヤであり、広く科学と産業を創造し発達させて来たヨーロッパ民族であることを唱道して、それのみに終始して来た観があった。しかし今回図らずも「ヒマラヤ聖者の生活探求」を読んで、我々の相手はユダヤだけではなくして、それとはまるきり別な世界で活躍しているもう一つの存在があることに改めて留意しなければならなくなった。それは全世界に神秘の結社を持って働いているという聖者たち、ヨギたちである。こうした世界と境涯とグループの名を神道で月読命という。すなわち月の国（大月氏国、大宣都姫《おほげつひめ》）、印度の道法である。その印度の世界はユダヤのごとき科学（言霊オ）と産業（言霊ウ）、武力と財力の世界ではなく、純粋な霊（ア）と菩薩行（言霊エ）に生きる自由の世界である。

天津日嗣の経綸は世界を形而上の原理からばかりでなく、地理的にも三分して文明の発展を図って来た。「天照大御神は高天原を知らせ、月読命は夜之食国《よのおすくに》を知らせ、建速須佐之男命は海原を知らせ」と神勅に規定された。

図 17.
天津日嗣の世界経綸

高天原は日《ひ》（霊《ひ》）の国日本である。夜之食国は月の国印度であり、広くアラビア、エジプトそして、中華である。そして海原《うなばら》を物を産霊《うむ》ウ言霊の世界すなわち星の国ヨーロッパであり米大陸である。日の国は神である生命の完成された原理を把持保存継承し、月の国は霊魂（宗教）の世界の行的研究修証に任ぜられ、星の国は物質科学の世界の開発に任ぜられて、三千年の歴史を通じて各々その天職の遂行に努力して来た。

かくて三千年の経営の後に各々の文明が充実した時に、全世界における三権分治の時代が終了し、両脇立である月の世界の宗教、哲学と、星の世界の科学が、日の世界の生命の原理によって整理綜合摂取されてここに完全な三位一体の形である世界文明の統一が成立する。これが天津日嗣の経綸の過去現在未来である。

我々は今までそのうち星の国須佐之男命の世界だけを対象として取り扱って来たようだ。その故はもう一つの月の国の文明は千年以前に仏教、儒教として輸入されて、爾後、弘法、伝教、日蓮らの努力によって既に日本への摂取が完了していると思われたからでもある。けれどもせっかくの、この神道的な三聖僧の経営の跡も今日では全く影が薄れてしまった。しかしその月の国の霊魂の行法とそして哲理がその地域を根拠として、今日なおその始めのままの純粋な独自の活動を世界を舞台に続けていることを明瞭に知り得たことは大きな喜びである。

須佐之男命の高天原への舞い上がりとして世界のユダヤが発達した科学産業文明を携えて魂の祖国である日本に帰還してその歴史的な巡礼の旅を終了するごとく、この「白色聖同胞団」を現在の最高峰とする月読命もまた広い霊的世界の内容であるキリスト教と回教と、そして行法と哲理としての仏教と印度教と、更に形而上の数理である儒教(易)の全部を提げて、その始めの出発点であり「本地」である生命の国に帰る機運が熟したために、その活動の世界的な組織がその姿を我々の前に顕わして来たわけである。

かくのごときが天津日嗣の経綸の現状であり成り行きであり、人類歴史の必然である。我々は我々個人の主観的見解からかく説いているのではない。人間生命の中枢として活動している実体である法、布斗麻邇に立脚し、一万年に及ぶ経綸の過現(未)を通覧する歴史観に則るが故に、文明の将来をかく指向し、世界の将来の「べし」Sollen をかく軌範することが可能であるのである。

しからばこの新しく世界の表面に現れて来た月読の世界に対して、我々は何を為すべきか、といっても特に改まったことはない。天津日嗣の生命の原理を仰がなければならぬものはユダヤの科学文明であると共に、それを最も必要とする者はこの印度を本拠とする宗教界の先端であるいわゆる瑜伽の霊的文明である。今はまだ彼らは神の意志を直接継承すると考える、いわば自負の世界にいるだろうから、急には高天原日本の存在に気が付かないだろうが、僅々五年、十年の間には必ずもう一つの脇立ちのユダヤと手を携えて大乗の種成国日本に舞い上がって来る。第三文明会はその高天原の言霊布斗麻邇である「生命の樹」「生命の城」の原理、天津日嗣の高御座の神器、神宝を護持し、間なく訪ねてくる賓客たちを饗応するための限りなく豪華な、しかし目に見えぬ形而上の準備を整えながら、この歴史の必然の時の到来することを、徐《おもむ》ろにしかし着実に促進しつつ在るのである。

二七　シオン議定書に就いて

世界の大転換の時が間近い。この世界はニクソン氏が、日本は佐藤栄作氏等が動かしているわけではない。人類意志の原理であるイ言霊布斗麻邇を根底に置いて、文明創始以来今日に至るまでの歴史を、竹内文献等を参考にして綴ったのが、「第三文明への通路」であるのだが、オ言霊の活用としてのこの歴史観を以ってする時、人類文明の過去現在未来の真相が今までの歴史とはまるきり異なった姿で現れて来る。

世界の現在を実際に経営している実体は区々たる政治家や思想家や宗教家ではない。それは何者かというとそれはユダヤ民族であるといえる。この両者以外のものは総てその支配の下に使われている手下であり端役であり追縦者であり、もしくはやがてその犠牲に供せられるべき者達である如くに見える。第三文明会が活動の対象とすべき者はキリスト教とか仏教とか何々宗とか、あるいは何々党とかいうような個々の社会的集団ではなくして、その一つは祖先ダビデ王の指導の下に三千年来世界の制覇再統一を民族の使命として、世界の背後に居て活動して来て、今日漸くその目的達成に近付きつつあるところの神の選民たるヘブライ民族である。

今その民族の首領はダビデの裔の世界王と宣言しながらニューヨーク?に隠れているフリーメーソンの統領であることが想像される。このユダヤの世界的な動きに対して我々は現在熱心に呼びかけを行っている。高天原の日本ではもう既に天の岩戸が開かれて、二千年間同床共殿廃止という神秘の中に隠れていた天照大御神が覆面を脱ぎ封印を破ってお出ましになって、岩屋の中に隠没していた人類の歴史の真相と、天壌無窮、万世一系の文明の指導原理である三種の神器が現れて来たのであるから、その天照大御神の弟須佐之男命であるところのユダヤのヱホバ神の事業の実行者であるシオニズム運動のフリーメーソンもまた同様に覆面を脱いで、世界に姿を現さなければならぬ時である。ここで姉弟の神が力を協わせて文明の最後の最高の完成のために提携しなければならぬ時である。我らは盛んに呼びかけている。会の書物は出来れば直ぐに米国に居る会員同士の手を経てユダヤ人に通達されるようにしている。その反響がこちらに届く日を待っている。

今まで度々紹介したが、ニューヨークのユダヤ教会のS君という若い人が、京都に居て時々訪ねて来て、ユダヤ教と神道の歴史と原理の比較研究を続けている。もうやがて一年になるが、日本のアイウエオ五十音言霊学が、その昔祖先のモーゼが日本から教わっていったユダヤ教教義、旧約聖書の律法《トーラ》の原典であることを承知してくれた。ユダヤの建国はモーゼの創始による。モーゼは日本に再度渡来して日本で薨じている。その時、鵜草葺不合朝の神足別豊鋤天皇とモーゼとの間に契約が行われて、三千年間ユダヤ民族がヨーロッパから始めて全世界を経営して、科学と産業の発達と全世界の国家民族の再組織再統一を図れという、天津日嗣の命令を授かっていった。この間ユダヤが世界を運営していく方法は天津金木という原理で、神道言霊学を特殊の部面に応用するいわゆる八門遁甲《はちもんとんこう》の法であり、これをモーゼに伝えられてユダヤの王すなわち預言者はこの法を代々受け継いで、今日では世界の背後に隠れてこれを用いて、地上世界をユダヤの主権の下に制覇する大事業を現在の世界の状態にまで進展させて来たわけである。

現在世界の最後の懸案として残されているのは中共の問題であるが、いずれ中共が自ら進んで国を全世界に向かって開放するか、それとも頑なにして自ら国を開くことが出来なくて、ソ連と米国の双方から挟み撃ちにされて潰されてしまうかのいずれかである。この戦は一週間で終わることだろう。これが第三次世界大戦である。今はその分岐点であり、本当に戦争が起これば人類は相当数死亡することだろうが、中共が自己の四千年来の民族意識、中華思想を墨守し、これを以って世界に詢《とな》えようとする自負と、一方はモーゼ以来の伝統を以って世界を掌握しようとする民族の歴史的動きとが、いま正面衝突寸前の対峙の状態にある。これが世界の現実である。

ユダヤの世界制覇の動きもウ言霊に基づく天津金木であり、中共もまたその昔、伏義神農氏以来老子孔子たちが日本から教伝された天津金木の数の原理すなわち易の法である。両者が同じものを持っていて、実は同じ法であることを知らぬ間は対立を続けるだろう。その歴史の真相と拠って立つ原理が互いに明らかになって同じものだと判った時は笑って手を握り合うことだろう。

世界を今日動かしているのはユダヤである須佐之男命のウ言霊に即した現実的な金力武力の動きと、それから仏教、キリスト教、或いは儒教道教の形で世界を霊的に掌握しようとしている月読命のア言霊の動きである。月読命の動きは今日印度と米国に居るヨガとアラブの回教徒の手によって進められている。

世界の解決のためには他の微細な部分部分を突いてみても始まらない。世界の現実的制覇に奔走しているユダヤを解決することと、世界を霊的に操縦しつつあるヨガと回教とそして中共を救済する事と、この二つの事を果たす以外に方法は絶無である。区々たる政治、産業、軍備あるいは思想、宗教の問題はそれぞれその専門家、担当者に委せておけば時宜《じぎ》に応じて処理がなされ、或いは彼ら自身の問題が煮え詰まっていくのであって、高天原日本としては本筋の問題ではない。この時この人類の二つの最大の問題と取り組んでその最高の解決を与え、大祓祝詞のいわゆる天津金木すなわち言霊ウと天津菅麻すなわち言霊アを処理できる機関は、現在は世界にこのまことに少たる我々の第三文明会より他にない。現在我々を措いて日本には大学にも神社にも宗派神道にも仏教にも政党にも言霊を以ってこの問題を処理できる所は無い。またこの人類文明の究極の問題の最高の解決法は識らずして自惚れている以外には、もしくはいずれそれが世界に出て来る事を信じ期待し預言すること以外には、ユダヤにもヨガにもまた中共にも実は何も持ち合わせていないのである。

先日「シオン・プロトコール」を近所の図書館へ行って通読した。昔ユダヤ研究家の大塚惟重（宇都宮希洋）氏のところでこれを読んだことがあったが、今日神道布斗麻邇に基づいて須佐之男命、月読命の歴史的な意義が明らかになった所に立脚して改めて緒いてみると、ヘブライ民族というものの真相と真実とが手に取るようにはっきりと理解納得される。まことにユダヤのシオニズム運動こそ天津日嗣（神足別豊鋤天皇）の命令を蒙って世界の背後に秘密活動を続けている天照大御神の弟の荒振る神すなわち魔神魔王である所の須佐之男命の本格的な活動であることがよく判る。

その須佐之男命の後継者である大国主命は出雲風土記に伝えられる「国曳き」の神である。国曳きとは金力と武力を以って世界の国家民族、既成の主権支配権の悉くを自己の権力の下に統一する動きである。しかもその方法は言霊ウである物（現実）に即して、物の力を動かして人類世界を掌握しようとする覇道権力者すなわち魔神の動きである。この魔神の活動の前には道徳も宗教もない。慈悲も憐憫《れんびん》もない。善をも悪をもあらゆるものをすべてひっくるめて材料とし手段としてたたき込んで犠牲に供してただ世界制覇の一事のみを民族の最高の目標使命として、その目的の下に歴史的世界的に結束しているのが神の選民ユダヤであり、そのシオニズム運動である。その頑強熱烈《がんきょうねつれつ》な選民意識を以って三千年にわたる全世界からのあらゆる圧迫に耐えながら、その神と祖先の遺詔《いしょう》のまにまに本当に血みどろな活動を続けているのがユダヤ人である。しかも彼らの指導者、王は三千年昔のユダヤ亡国の時以来世界の地下に没繰って表面には決して姿を現すことがない。

日本人は天孫民族を自称して威張っていたが、何を天孫民族というのか、その民族が何をなすべきであるのか、その実体を我々以外には誰も正確に説き得る者が居ない。ただ本会を訪れた時初めて釈然とするのであるが、ユダヤ民族はシオン・プロトコールに示されているように全ユダヤ人が結束して世界制覇のための全世界にわたっての統一した活動を続けている。筆者の所へ来る若いユダヤ人の意気と決意が盛んであることに驚嘆する。

シオン・プロトコールは明らかに神道における須佐之男命、大国主命が世界に向かって発表した大魔王の宣言である。ある者はこれを称してユダヤを陥《おとしい》れるための謀略の偽書であると言うが、そんな生優しいものではない。これは旧約聖書と並ぶところのユダヤ民族のもう一つの律法《トーラ》であり、魔王の聖書であり、魔界の憲法である。しかもこの憲法を堂々と公開しながら着々と世界に事を進めつつある民族の確信と力量には心底から驚嘆せざるを得ない。

魔王は方法手段を選ばぬ道によって、全世界の国家、民族、王朝、宗教団体、思想団体等である既成の権力勢力の全てを徹底的に破壊する。自己の民族以外の人類をすべてゴイ（ゴイム、豚）と呼んで、そのゴイを叩き潰して全てを奴隷にする。これが須佐之男命、大国主命である。古事記でこの神の由来を読んで行こう。

「その汝が持ちたる生太刀生弓矢をもちて、汝が庶兄弟《あにおとども》をば、坂の御尾に追ひ伏せて、河の瀬に追い撥ひて、おのれ大国主神となり、また宇都志国玉《うつしくにたま》（現実界）神となりて、その我が女須世理毘売を嫡妻《むかひめ》として、宇《う》迦能山（ウ言霊）の山本に底津石根に宮柱太知り、高天原に千木高知りて居れ、是奴《こやつ》よ」とあるその指導者が須佐之男命であり、実行者が大国主命である。

葺不合朝の神足別豊鋤天皇がイスラエル王モーゼに託した命令は実に素晴らしく偉大であり、またこの上なく恐ろしい。天津日嗣の経綸の限りなき偉大さは従来の芸術や哲学宗教を以ってしては理解し得ない。世界の大魔王としてのこの須佐之男命を使ってその魔力によって世界を掌握し統一し給うのである。葺不合朝末期に於いて或いは天災等の為に混乱分裂して世界の再統一を図って、その実行を魔王の三千年の努力経営に委嘱されたのであった。その魔王として汝モーゼとその子孫よ起て、三千年間この天津金木の法を以って世界を経営せよと命じられたのであった。その経営が今日もう八、九分通り成就されつつある。

世界は随所に小悪魔どもが割拠《かっきょ》し跳梁《ちょうりょう》し、対立抗争を繰り返して止まない。これが世界混乱の原因であり真相である。この小悪魔どもを平定するのでなければ世界に平和は到来しない。しかし悪魔を退治することは神聖にして慈悲なる神の直接の仕事ではない。その慈悲なる神が自ら大魔王と変身して現れて小悪魔どもを平定することが叶う。聖書はこの大魔王の名を大天使ルシファーが天界から地上に降った悪魔メフィストフェレス（サタン）と言う。いよいよユダヤの攻勢、米国資本主義の帝国主義とそれに相槌を打つソ連の武力攻勢が深刻になって行く。全世界のあらゆる金力武力、思想、宗教の悉くがここで壊されてしまう。その時期が間近に迫っている。

天津日嗣の経綸はかくの如く大規模で素晴らしく、かつ畏るべく恐るべきものである。ユダヤ民族は神の選民という自覚の下に経綸の一端を担当して、世界を掌握統一する業にいそしんでいる。その信念と努力は限りなく讃《ほ》むべきであろう。しかしこのユダヤ民族による世界の再統一だけが人類文明の結論ではない。それが歴史の終点であるわけではない。その暁《あかつき》に於いて人類には更にもう一つの緊要な仕事が待っている。ユダヤはその徹底的な非常手段を以って世界を席巻《せっけん》しつつあるのであるが、然らばそうする事の目的は何か。ユダヤはただユダヤ自身のために世界を掌握しようというのであるか、その制覇の暁に於いて如何なる道を以って世界を経営しようというのかと質ねる時、それはダビデの裔の隠れたる王が世界の王として人類の上に君臨して、専制政治、独断《ドグマ》政治を行うのであるとプロトコールは明瞭に宣言している。しからばその教義《ドグマ》とは何事であるかというと、それはモーゼが説いた律法《トーラ》を以って世界を律していくのであると更にプロトコールは明言している。この事はまことに「善い哉」である。

ところがここでそのモーゼの道が何であるかということに関してはプロトコールの中には説明がされていない。これは書かなかったのではなく、識らないのであることが推測される。若いユダヤ人からカバラの一部を示された。易に似た数理である。その数を五十音言霊を以って説明すると、ユダヤの秘儀が何故に日本人に分かるのかと驚く。日本から教えたものであるから日本人に分かるのである。モーゼは丁度貴君のように日本へ来た留学生だった。モーゼとユダヤ民族の世界的活動は日本の天皇との契約であり、その命令による所であることを説く時、彼はもはや素直にこの事を承認せざるを得ない。その承認を裏付けるために彼は今まず神武朝以来日本に渡米した帰化ユダヤ人と神道の歴史を調べている。

日本にいるユダヤ人達は熱心である。S君の友人のL君が先日奥さんと一緒に能登の宝達山にモーゼの墓を訪ねて行った。S君は帰化ユダヤ人が或いは崇神天皇、景行天皇、聖徳太子に協力して如何に活動したか、その歴史と遺跡についての研究を大本教の三浦一郎氏の許《もと》で続けている。これに関して歴史を調べることも大事だが、歴史だけでは過去は判っても、未来を開く道は出て来ない。早く言霊学の門をくぐるようにと催促している。

これからダビデ王が世界を征服した時、その掌握した全世界を指導する法がモーゼの道であるというが、そのモーゼの道は即ちエルサレムのシオン神殿に嘗て存していたユダヤの三種の神宝の道であり、その三種の神宝はすなわち彼が日本から授かって行った高天原の三種の神器の道である。その器物としての神宝はソロモンの時に日本に返還されたことが四国剣山や熊野の玉置神社の遺跡や伝説によって推測される。世界の制覇を完了した時ダビデ王はその時改めて高天原からその元の三種の神宝を受け取らなければならない。アロンの杖（草薙剣）、黄金の壺の中からマナ（八尺の勾玉）、十戒石（八咫鏡）をもう一度高天原の天津日嗣から授受されなければならない。この三宝は救世主の天璽《あまつみしるし》である。これを持たず、これを用いずして王と称すとしてもそれは自ら潜称する覇王に過ぎない。この神宝の教伝を高天原の代表として第三文明会が行わなければならない。この教伝がなければユダヤ王が権力を以って全世界を制圧しても、世界の聖王、転輪王として全人類の承認に値する資格を得られない。この資格を附与された時が、覆面、仮面の魔王が元の神聖なる神に還元し、メフィストフェレスが元の大天使ルシファーの座に帰る時である。

武力と金力によってユダヤがやがて世界の制覇を終える時、聖書の道によって専制政治を行うとプロトコールはうたっているが、モーゼの道は実は専制の道ではない。モーゼの道すなわち高天原の天津日嗣の道であり、すなわち天照大御神の道を以ってユダヤ民族をして世界の実際を経営せしめるのが高天原の指導である。この神宝神理を天の岩屋の扉を開いて取り出すことが第三文明会の仕事である。神道は区々たる日本一国の道ではない。日蓮は「日の本とは正界なり」と言ったが、この意味とこの立地に於いて初めて神道が本来の意義を発揮する。全世界を一丸にまとめた時、ダビデすなわちモーゼが改めてこの道を以って世界に臨まなければならない。もし高天原からの指導授与を待たずしてこの道がユダヤ、ヘブライにあるものならば聖書にそしてカバラに言霊布斗麻邇が示されているはずである。

モーゼは夙《つと》にユダヤ民族すなわちダビデ王が三千年の将来に於いて、モーゼ自身の本当の道に帰る方法を懇切に黙示している。それは創世記冒頭の天地創造の順序として示されてある天津磐境の原理であり、エデンの園として絵画的比喩的に示されてある言霊五十音図であり、イスラエルの民を養う魂の糧としての言霊マナの教えであり、或いはまたノアの方舟の構造として示されている言霊の配列でもある。更にはまたヨブ記にも天空の星空の姿を指して言霊の様相が教えられてある。こうした聖書の中の幾多の黙示をモーゼの魂の祖国である高天原日本の言霊に還元する時、初めてそのモーゼ自身の本当の道が現れて来るように用意が整えられてある。聖書の中の教義《ドクマ》は決していわゆる独断《ドクマ》ではなくて、すべて神の言葉言霊を指示している黙示であることに気付かなければならない。このモーゼの教義を純真にしかし形式的に把持継承しているのがユダヤ教である。

ユダヤ民族が神選民族としての天職は、ウ言霊である天津金木の法、金力と武力を以って世界を掌握する所までであって、それ以上それ以後の事は彼らは知らない。まことにウ言霊の神須佐之男命である。そのウ言霊によって一つに纏められた世界を天照大御神、天孫仁仁杵命に奉献し国譲りして、その高天原の原理の指導を仰ぐことがユダヤが為すべき第二段階の仕事である。

この時高天原から武甕槌神《たけみかづちのかみ》として降って来て、ユダヤが掌握した全世界を受け取ると同時に、これにシオン神殿の道そのものを伝えて、その道に遵って世界を経営して貰うことがこれからの高天原日本の仕事である。本会に取ってはこの事以外の問題は直接には携わることがない。ユダヤの操縦によって動かされている各国の元首、政治家、ユダヤの世界清掃の犠牲となって消滅する宗教や思想の区々たる部分部分の動きがどうであろうと本会の問題にならない。ユダヤが今何処まで進出したか、ユダヤといかに連絡を付けるか、そして時期が至った時ユダヤの幹部と協議し伝達すべき高天原の真理の内容を速やかに整えて置くことが刻下の我々の仕事である。全世界はモーゼに帰るのだというとユダヤ青年は涙を流して聞いている。そのためには神道三種の神器、布斗麻邇の活用を以ってしなければならない。全世界のユダヤ人が日本へ来て本当のモーゼの道を受け取らなければならない。人類三千年の歴史に於いて最も偉大なる人物はモーゼである。釈迦がこれに亜《つ》ぐ。

昭和四十五年のうちに我々の仕事はここまで進んで来た。第三文明会は高天原の天津日嗣の経綸の正系の活動であり、本筋の流れである。この為に今日まで全く他の何者の援助も借りることなくして会の独力で経営を続けて、着々と実を結んで来た。世界を動かしている現実と霊魂という二つの中心は須佐之男命と月読命、すなわちユダヤとヨガ、アラブと中共である。この二つの文明の完成すなわち救済を目的として人類の生命意志の根本原理である伊邪那岐大神、天照大御神の道、布斗麻邇の開顕に従事しているのが本会である。日本の真態を求め探して日本を訪ねても、本会の門を敲かぬ限りその日本の真姿に遇うことは出来ない。

本会の今日までの経営は、黄泉国から高天原へ帰って来る時の伊邪那岐命のように所在に追いかけからみ付いて来る蛆虫である黄泉醜女どもの無関心、反抗、妨害を払いながら成就しなければならなかったところの極めて困難な孤立孤独の仕事であったが、どうしてもやり遂げなければならない日本人の使命である。もしこの仕事を我々が成就しなかったならば、世界にはもはや解決の道はなく、人類はその霊魂と肉体もろ共に生命を失う。四十六年はいよいよ益々多忙である。人類文明が到達すべき前途を信じ過来現を通じて全世界の上に普く経綸を垂れ給うている天津日嗣の限りない偉業に感激したならば、日本人刻下の天職使命の重大さに気が付いて貰いたい。

二八　イスラエルとユダヤ

ヘブライ民族が旧約聖書を信じ、大祖先モーゼに忠実である限り、最後には嫌でも応でもその五書の淵源であり、彼の魂の故郷である日本の真態を求めて、高天原神道の教示と指導を受けなければならない。

キリスト教はモーゼの流れを汲んで神の愛の上に立つ世界の宗教であるが、これと同じ聖書を経典とするユダヤ教はヘブライ民族の民族宗教に過ぎない。そのユダヤ教が限局された民族宗教の域を脱して、人類に共通普遍の世界宗教となることがモーゼの究極の念願であり、ユダヤ教に対する彼の予定である。そのためにはヘブライ人がすなわちユダヤ教がみずからその信仰の対象であり、最高の教義（ドグマ）であるエデンの園を開いて、その生命の樹の葉の道を以って構成されている殿堂（黙示録の「生命の城《まち》」に全人類を迎え入れなければならない。そのエデンの園は「おのずから旋転《まわ》る焔の劔」によって凡そ五千年以来人類に閉鎖されている。焔の劔は生命を操作する法であってそれは神の言葉の原理であり、生命が燃え上がる火焔（スパーク）言霊布斗麻邇である。

ユダヤ教は人類に向って改めてモーゼの教義の真態を釈くために、嘗てモーゼがそこからエデンの園の原理を教伝され、ソロモンの時に一旦日本に返還された元の高天原日本から改めて再びその原理を授受されなければならない。エデンの園を開くことは日本の浄土真宗の構造に似ている末法宗教であり、個人の魂の救われの為の小乗的新興宗教に他ならぬキリスト教の仕事ではなくて、民族宗教の形式でモーゼの教義を昔のままに純粋正直に伝承して来たユダヤ教の任務である。そのキリスト教にしてからがイエスの約束である「掟と預言者を成就する」ためには単なる愛のみの宗教に終始することなく、遠く八千年の昔、人類の祖先の聖者たちによって発見創造され、イスラエルの世界においてはモーゼ、ソロモン、ヨブ、イザヤ等の先輩の預言者たちによって伝承された愛（ア）と知（ウ・オ・エ）とそして意（イ）を具足兼備した全人類に共通不易、永遠不滅の生命の掟を明らかにしなければならないのである。

三千年昔、ヘブライはイスラエルとユダヤの二つに分裂した。これは歴史的のみならず原理的にも深い意味のある事でなければならない。モーゼとそしてダビデはシオン・プロトコールに示されたごとき世界統一の計画を裏面における「ユダヤ」の仕事として、その制覇の完結を世界の将来に予定すると同時に、その時期が到来した時、エデンの園の開扉を高天原日本の指導によって実行することを「イスラエル」の仕事、すなわちユダヤ教の事業として予定している。

シオン・プロトコールは「ユダヤ」の憲法である。ユダヤ人は、特にユダヤ教徒はこれを恐れ嫌って偽書として無視しようとするが、これこそ世界の覇王たるべき者の素晴らしい、堂々たる、賞讃すべき大宣言である。盲目のウ言霊の蠢動による末法世界の渾沌矛盾対立抗争は、強力なウ言霊自体による清掃修祓を以ってしなければ統一の端緒を得ることが不可能である。これに対してプロトコールとはまるきり相反するごとくに見える旧約聖書は「イスラエル」の聖書であると同時に全人類の聖書である。その中に詳細に咒示象徴されている生命の不易《ふえき》の法則の黙示がイスラエルの預言者たちの努力によって伝承されていなければ、人類は、特にヨーロッパ人はみずからの生命の道に帰る方法を見出しがたい。世界はバベルの混乱の時以来五千年間、或は三千年間この表裏の二つの法（神道ではこれを悠紀田《ゆきでん》と主基田《すきでん》という）を同時に執行することによって経営されてきた。その経営の責任者がモーゼであり、その当事者がダビデであり、また仏教的には釈迦と提婆達多である。この表面的には矛盾している二つの道を揚棄し、その間に橋を渡して、同時に意義あらしめる道が高天原の「生命の言の葉の道」すなわちエデンの園の「生命の樹の葉の道」である。

イスラエルとユダヤを救い、彼等が最後に予定している神を明らかにし人類の賞讃を得る法を我等は既に用意した。いまその生命の言の葉の道の理論体系である「言霊百神」の英語訳が進められている。その中にはエデンの園の構造とその人類文明への活用方法（仏教的に云えば弥陀の四十八願と観音の三十三応身の正体）が詳細に述べられている。この年の秋までには翻訳を完成したい。この言霊百神（Kototama,the principle of hundred dieties of Kojiki）をユダヤ民族の権威者の責任に於いて発行し世界に頒布してもらうことにしたい。この書を例えばフリーメーソンまたはユダヤ教、或はローマ法皇庁の名において発行するとき、これが人類文明解決の第一階梯である。斯の如く極めて簡単であり容易である方法を以って、この渾沌の世界の現実を一挙にして解決への軌道に載せることが出来る。我々の手許でその用意は既に九分通り整っている。ヘブライ民族はこの事を既に霊的潜在意識に気が付いて、高天原に向って（須佐之男命の）「舞い上がり」の姿勢を示し始めた。

世界の歴史、天津日嗣の経綸がここまで進んでいる時に及んでもなお依然として腑抜けのようにぼんやりしているのは灯台本の日本人である。高天原日本の天孫民族の先鋒が伝来の三種の神器布斗麻邇を執って、歴史的霊的な同胞（天照大御神の弟須佐之男命と月読命）であるヘブライ（そしてヨガ、中共）を救い、全世界の人類をその緒に安んぜしめ、人類文明に最高の解決を与える天孫民族日本の生粋の歴史的運動に対して、何時までも虚脱状態で拱手傍観を続けてばかり居られず、御経綸の進展のためにせめて一挙手一投足の協力をしたらどうか。それも嫌ならせめて運動資金の一灯の寄与をしたらどうだ。エデンの開扉、岩戸開き、本尊戒壇建立は同一事。三千年の歴史を通じて準備を整えたこの人類最大の盛儀に奮って参加、協力、寄与したらどうだ。

二九　ユダヤ研究の行方

銀座でダビデ章を掲げて「第三文明会」の前身「ヘブライ研究会」を始めた昭和三十八年からもう九年になるが、昨今日本でユダヤ研究の動きが抬頭《たいとう》して来た。昨日もユダヤ経済研究家山崎三郎氏が電話で中央公論五月号の「日本の中のユダヤ人」(加瀬英明)に就いて知らせてくれたので、早速買って読んだ。その中に先月八真茂登で行った慰霊祭に招き祀《お》った安江仙弘、大塚惟重、四王田延孝、赤池濃、白鳥敏夫氏等や、東北地方の民謡の囃子言葉が古代ヘブライ語であることを研究した川守田英二氏の話があった。興味深く読んだが、しかしこの中では日本とユダヤが歴史的、宗教的に如何なる関係があって、それが将来どうなり、どうすべきかという未来の内面的な問題には触れて居らず、外面からの記録と紹介であった。執筆者の加瀬氏は恐らくは大塚氏の日猶懇話会関係の人と推測される。山崎氏は筆者の友人で、戦前戦時四王田、赤池氏等の反猶運動の仲間で、今もなおユダヤの動きについての警告を事としている。我々の研究にとって良い参考である。

けれども反猶運動というものは究極的には成立しない。反猶運動そのものが既にユダヤの手中のものであって、やれば必ず敲《たた》かれる。「ヱホバに刃向かう者は滅びる」と聖書に記された通りになっていく。聖書の記述は真理であって、真理の書だから聖書である。ヱホバに反抗する者はヒットラーもムッソリーニも近衛、東条も徹底的にたたき潰される。これが天津日嗣の世界経綸の一面であり、須佐之男命、大国主命の世界経営の権能である。この事が判らないと第三文明会が何をしているのか理解されない。日本国体の本質と、そのユダヤとの神代に於ける歴史的関係について本気に研究せず、天津日嗣の経綸の真相が判らぬから、世界のユダヤの動きが判らないのである。

そうかといって何もユダヤを恐れたり、これに阿諛《あゆ》したりする必要は毛頭無い。上古民族移動をして日本に帰化したユダヤ人の根拠地の一つである綾（漢《あや》）部に発祥した大本教は、そのみたまの因縁から特にユダヤに好意と関心を持っている。日本の研究家運動家の中には反猶派と親猶派とがある。反猶は前記の四王田、白鳥氏等の一派であり、親猶は後の犬塚氏、大本教の三浦一郎氏等である。反猶は潰され、親猶は利用される。両者の動きはいずれも第三文明会に取って有意義な参考ではあるが、直接の思想的つながりは無い。我々の動きは反猶親猶を揚棄《ようき》したもう一つ先のものである。

第三文明会は親猶でも反猶でもない。これは人類の為に世界のユダヤを救う会である。ユダヤの歴史的な活動の意義を承認し、その民族の魂のコンプレックスを解消し、民族の使命に有終の美をあらしめ、彼らに人類からの名誉と称讃を齎らす会である。その為にはユダヤ民族の魂の根拠であり、且つそのシオニズム運動の出発点である聖書の中の各種の教理《ドグマ》の秘儀を明かにしなければならない。それはその眼目であるエデンの園、ノアの方舟、或はヨブ記の謎を人間の生命の基本原理として開明することである。その方法を我々が持っている。しかしユダヤ人自身の哲学を以ってしてはこの謎を釈くことは出来ない。これを釈いてユダヤの名に於いて開顕すれば、神選民族である所以が人類に承認され、今日迄の歴史的な憎悪が称讃に変わる。同時に人類文明の経営法が明かになる。

エデンの園は神道の八咫鏡の象徴である。神道の本体である布斗麻邇言霊学の百神の原理がエデンの園である、この言霊の原理を明らかにすることが即ちエデンの園を開くことであり、神道でいうなら天の岩戸開きであり、両者は全く同一事である。それは天壌無窮、万世一系といわれる、人類共通普遍、不滅不変の生命の典範である八咫鏡を掲げて示し、全世界がこれに準拠する事である。既にこの時期が来て我々の手によってその文明を創造する生命意志の原理の範疇を人類の前に掲げる事が出来た。この鏡はキリスト教でいえば「最後の審判」を行うための憲法であり、仏教でいえば地獄の閻魔庁で罪を裁く浄玻璃の鏡である。その鏡が現われたからには既に世界に最後の審判は始まっている。

黙示録の譬えでは最後の審判の時罪人が硫黄が煮えたぎる池に投入れられると書いて

あるが、これは非常に科学的な表現であって、硫黄の原子量三十二は言霊の子音の数（生命の樹の葉の数、観世音菩薩《かんぜおんぼさつ》の三十二応身）に相当する。古代の中華の錬丹還金術やアラビアのアルケミーは既に硫黄が三十二であることを知っていた様だ。

八咫鏡が岩戸から現れたのだから世界は着々とこれによって裁かれて行く。人間性と文明の奥底にあるものが言霊であることを未だ識からなくとも、何かもっと確実なものが世界の底に存在するという意識が人類に湧き上がって来て、その模索が始まった。エデンの園を開顕する事を自己の責任としなければならないのはユダヤ教とキリスト教とマホメット教である。

読売新聞では井上靖氏が「四角い船（ノアの方舟）」という小説を書いている。方舟の実体はアイエオウ、タチテトツ、カキケコクと並べた四角い五十音言霊図のことである。神道ではこれを「御舟代」といい、「葉子《はこ》（箱）国野尊《くにぬ》」「浮経野《うきふぬ》（浮船）尊」という。イザヤ・ベンダサンの「日本人とユダヤ人」では双方の民族性が客観的に比較研究された。昨年の春頃から何処からか聞き伝えてユダヤの青年が次々と第三文明会に訪ねて来る。これ等の青年たちにＡＩＥＯＵ　ＴＫＭＨＲＮＹＳと並べて、生命の樹、生命の樹の葉、生命の河であるエデンの園の構造を示すと、眼を見張って聞いて、途方もなく感激して、親愛の態度を示してくれる。三千年来の「長き世の遠の眠り」に今だに眠り呆《ほう》けている日本人よりも、世界の実際を動かしているユダヤ人の方がはるかに敏感である。

東京の日本ユダヤ教団のラバイ・トケイヤー氏が三月に訪ねて来て話を聞いて、また来るという約束だったが、まだ見えないので早く来るように催促した。民族的に強い誇りを持ったユダヤ教の事だから、日本人にも理解しがたいこの原理をおいそれとは急に納得承認しないだろうが、ユダヤ民族が旧約聖書と預言者モーゼに忠実である限り、どうしても最後にはこの原理に到達しなければならない。

ニューヨーク・タイムズとデイリー・メールの特派員ローランド・グールド氏が朝日新聞の雑誌 This is Japan(1968) で青森県のキリスト遺跡と竹内歴史文献を紹介した。更に同新聞の Japan Quarterly(1969) で第三文明会の活動を紹介してくれた。更に最近のニューヨーク・タイムズに日本に於けるキリストの記事が載っている。こうした問題について世界的な関心が高まりつつある。

四月十五日のＮＨＫの教育放送で「砂漠の宗教」という題で五人の学者と新聞記者が集って、ユダヤ教、キリスト教、回教について歴史や地理の上から三者の関係を語ろうとする座談があった。アブラハム、モーゼから起こり、イスラエルの預言者達によって肉付けされた砂漠の宗教としてのユダヤ教が根本であって、ここからキリスト教、回教が分かれた歴史が精しく説かれた。経験知を操作する学説意見としては面白く聞かれたが、この中では神とは一体何であるかという究極の問題の解明がなされず、同じ一神教であってもモーゼとイエスとマホメットではどこに宗教上の相違と歴史上の変化があるかという様な問題には触れていない。こうした事は人間自我の内部の問題で、歴史、民族学、ジャーナリズムからの外面的探索からそれを取り扱うことは無理である。

しかしこの座談で明らかに感じられた事は、この三つの宗教が今日まで歴史を通じ、今日もなお入り乱れて闘わなければならぬ様な根本的な理由は見出し得ないという事だ。我々はこの三つを称してエデンの宗教と喚んで来たが、その歴史を通じて岐れて来た末端の信仰観念が対立するから争いになるのであって、いずれもがその淵源のモーゼに帰れば、自ずから唯一のものに帰結する。そのモーゼが何を根底として教理と道徳上の律法を編んだかを明かにする時、この三つの宗教は全ヨーロッパ人とアジア人の半分を引き連れてその初めのエデンの園に帰る。

竹内家の歴史文献によればモーゼもキリストもマホメットも、更には釈迦も老子も孔子もいずれも日本へ来て、神代上古の天皇について布斗麻邇三種の神器の道を修得して行ったいわゆる留学生であった。彼らは天皇の命令によって、その三種の神器の原理をそれぞれその時代と民族に適応するような宗教としてアジアとヨーロッパに展開した。この事は比喩、象徴の形式を以って述べられている聖書や仏教典、四書五経の教義教理を、我々が言霊布斗麻邇に立脚して検討して行く時、これ等のすべてが神道の言霊原理の黙示咒示であることが判明することによって、彼等が神道を修めて行ったという竹内歴史の記録が真実である事の理論上の証明が得られる。この事はエデンの三教のみならず仏教、儒教に就いても全く同じであって、すべて古代の宗教、神話の悉くは神道の言霊三種の神器という唯一の根底から展開した枝であり、葉であり、花実である。

初めモーゼは言霊の黙示を律法として護持遵守《ごじじゅんしゅ》すべきことを、その民族に厳しく教えた。この律法の純粋の正系の継承がユダヤ教である、しかしやがて外面的形式的に固定した律法の伝統を、内面的な自覚に把握返照する端緒として「掟と預言者を成就する為に」、形而上の律法としての神を愛なる生きた神に転じて説いたのがキリスト教である。しかし更に世界の歴史が降って、やがて仏教の所謂末法時代の過程に入る準備として、その純粋の愛なる宗教をも否定して、そのかみの「掟と預言」の上に封印を施して、「アラビアン・ナイト」の物語の中に出て来る人物の生活に見るような仏教の一派の融通念仏のような自由自然な宗教世界を展開したのがマホメットであった。この故にマホメット以後には世界に大宗教は出現しない。彼が預言の最後の封印者であるからである。預言と律法を封印しなければならぬ事は、時が来ればそれを再び開かなければならぬ事である。そのマホメットの最後の封印が三つの宗教の淵源の国であり三聖者の魂の祖国である日本の第三文明会において解かれたのである。

マホメットに就いて更に一言付け加えよう。彼は推古天皇の時に来朝したと記されてあるが、その時の摂政が聖徳太子であった。その聖徳太子とマホメットとは或は同一人物であるという説がある。神代における高天原の天照大御神の原理による文明の指導から弟の須佐之男命（ユダヤ）への国是の転換を計画した事が神武維新の意義であるが、その神武維新の計画を実行に移した事がそれより六百年後における崇神天皇の三種の神器の同床共殿廃止（天の岩戸閉め）、和光同塵政策であった。更にその和光同塵の発展として神道を徹底的に隠没して、代って法隆寺、四天王寺を営み、法華を説いて仏教の興隆を図ったのが聖徳太子であった。彼は徹底的な神道の封印者であった。この事はやがて歴史が平安朝を経て鎌倉時代に及んで、予定された末法時代に入るための経綸の上の基礎工作であった。

聖徳太子のこの事業の意義は、広くヨーロッパとアジアにおいて、古くはギリシャのテイタン神族が活躍していた頃からの、そしてユダヤにおいてアブラハム、モーゼ以来の古い預言の上に厳重な封印を施したマホメットの事蹟と全く同一である。太子が若くして薨じられた事を装って彼地に渡って、マホメットとなって活動されたという説が生まれる根拠がこうした所から首肯し得られる。

今日まで全ての日本人が神武維新、崇神維新、聖徳太子の活動の真相を全く知らない。神武維新は天照大御神の本質である三種の神器、言霊布斗麻邇によって指導されて来た神代の生命政治、道義政治が廃止されて、代わって須佐之男命の本質である天津金木（唯物論）の政策が、その当時既に多数入国していた帰化ユダヤ人たちの勢力に採択されてユダヤ的な覇道政治を国是とする新たな皇朝が擁立され、爾後今日まで三千年間この方針でこの国が経営されて来た出発であった事がその神武維新の意義である。彦五瀬（伊勢《いせ》）命に代わって狭野《さの》（須佐之男《さの》）命が起ち上ったのである。この神武維新の宏謨を忠実に実施したのが崇神朝の神器の神威閉鎖であり、聖徳太子の仏教奨励である。

この皇朝の方針に従って飛鳥、奈良、平安朝の仏教のいう像法時代を経過し、鎌倉時代に及んで最後の末法時代に入った。この末法の始まりに当って、一面には三種の神器への指導書であり解説書としての法華経を執って改めて起ち上った日蓮によって漸く今日の正法時代への転換のための準備が開始されたのである。今日まで百二十四代を経た神武神倭磐余彦《かんやまといわれひこ》皇朝は三千年に亘る像法末法時代の方便としての仮の世を経営するための須佐之男命の皇朝であった。それは本来の高天原日本の天照大御神の正系の皇朝ではない。この三千年の歴史の上で長く表裏に分離対立して来たこの二系列の皇統を広い意味での南北朝という。

斯くして正像末の三千年の後に、神武維新が更に維新されて、天照大御神と須佐之男（月読命）、広く世界の舞台の上では日本とユダヤ、日本と東洋の歴史的、原理的関係が統一揚棄され、内面的な人間性の基本原理である八咫鏡すなわちエデンの園の精神文明と、須佐之男命であるジュピターとアブラハム、モーゼから出発して建設された欧米の物理学、生物学の科学文明とが綜合されて、いよいよ第三の文明時代に入る時が今日である。この為に古い方便の時代の皇朝は神器と神勅を内容とする天津日嗣としての神性を放棄して人間宣言を行った。新たな世界的な紀元の樹立である世界維新、人類革命の最初の段階である。

こんな事をいうと、古い日本の観念的な右翼民族主義者、帝国主義者や封建的、信仰的な天皇中心思想者達は、禅の所謂「野干脳裂《やかんのうれつ》」の状態に陥るか、もしくは歯を剥いて反抗して来るが、歴史的にも原理的にも不徹底なそうした観念論、感情論に一々拘泥《こうでい》している余裕はもはや世界には無い。真実を真実とし、真理を真理とした上に立脚しなければ新しい合理的な第三の文明時代の実現は日本の上にも世界の上にも望み得ない。

今日、日本に於いてユダヤ研究が抬頭し出したということは世界的にその機運が起って来て、ユダヤ民族をその重要な担当者とする世界維新、人類革命が開始された端緒であって、まことに慶賀すべき事である。この有史以来最大の革命維新のイニシャティブを執っているのが第三文明会である。静寂で何の活動もしていない様だが台風の眼のようなものである。昨今週刊雑誌などから記事を欲しがって、時折り何かいって来るが、事態が重大且つ深遠であるので、生じっかなマスコミの頭では真相が正しく伝えられない事を恐れて、未だ黙って逃げている。

崇神朝以来二千年、隠されていた三種の神器八咫鏡は既に天の岩屋から出現し、言霊の秘宝である「おのずから施転《めぐ》る焔の劔」によって封鎖されていたエデンの園の扉はその剣自体を操作することによって既に開かれている。焔は火であり、霊であり、言葉であり、言霊である。八咫鏡は創造する生命意志の法則であって、最後の審判に用いられる憲法である。この鏡が出現したと同時に最後の審判は既に世界の上に開始されている。この審判は生命の審判、生命意志の動かし方、霊魂の状況の審判であるから言と霊（言葉と心）と二つながら体系と展相を整えて開示される以前に、既に先づ霊魂だけの境域において、無意識、潜在意識の間に着々と実施されつつある。

最近の米国と中共の動きなど、まことに意義深く感ぜられる。全東洋人の活動としての月読命と全ヨーロッパ人の活動としての須佐之男命とが、長い歴史的な葛藤の後にこの辺で和解しようとしているのであろうか。その当面の担当者が周恩来氏とニクソン氏であるが、須佐之男命と月読命とは天照大御神の両脇立として三位一体の形で、例えば阿弥陀如来、観世音菩薩、勢至菩薩のいわゆる弥陀三尊の姿で立っている。これを「三貴子の分治」と言う。天照大御神は生命の実存としての言霊（ロゴス）の世界である高天原を、須佐之男命は人間の感覚に即した学問である科学の世界、すなわち地理的には欧米を、そして月読命は天照大御神に附属《つき》して生命の意義を読み取って理解する哲理の世界、すなわち東洋を統治する。

言霊布斗麻邇に格《いた》る道程として人間の魂の目覚めのために、宗教の形で全東洋を率いているのが月読命である。現在その月読命の仕事をしている代表が印度のヨガであり、それから中共の毛、林、周の指導原理は仏教ではないが、伝統の老子、孔子の儒教、すなわち地水風火空（五大）と印度哲学で説くところを土水木火金（五行）して現す易の哲学の正系の流れとして、これに共産主義を糾《あざ》なったものである。アジアの西端に起こったユダヤ教、キリスト教、回教もまた月読命の東洋の宗教である。これに対して第二の物質科学文明の創造のために全ヨーロッパを引き連れているのが須佐之男命であり、その代表が現在は米国のユダヤ資本主義である。

米国が何故ベトナムから手を引いて、中共と改めて交流しようとするのか、米国の国内事情もあるだろう。対中共のバトンをソ連に引き継ぐためかもしれないが、地球の西と東に対立している須佐之男命と月読命をこのまま放っておいては、最後のどん詰まりの第三次世界大戦にならざるを得ない。その最後の大破壊に突入しなければならぬ程人類は愚かではなく、神の摂理といわれて来た世界文明経綸の方策はその最後の潰滅を事前に解決する方法を用意している。

月読命と須佐之男命が改めて会合して、表面的には経済と政治の問題を協議する時、或程度の妥協と折衷と感情の融和を期待されるだろうが、しかしそれだけでは究極の解決は出て来ない。この米中会議にそのうちに印度もアラブも出てきて参加して、これが予定されている世界人類全体の文明に関する大会議となる事が望ましい。

予定されていずれ開催されるこの大会議は東洋と西洋の魂の対立の揚棄、人類の思想の有り方の最後の根本的な検討と審判と解決に到達しなければならない。その為には「正反」の弁証法的に対立する相対的なもの同志が話し合っても、それだけでは最高の「合」としての結論は得られない。この時は必ず思想や感情の差異、経済上の得失のもう一つ奥に存在する人類に共通普遍の生命意志の原理、文明の創造者としてのその意志活動の原理である八咫鏡すなわちエデンの園の全体系を、これに鑑みてその世界の文明会議を完璧に運営する典範として、忘れかけた歴史の彼方から、閉ざされた人間性の奥底から改めて掘り起こして来て、議場の正面に掲げ示さなければならない。

古代中華ではこの原理を「結縄《けつじょう》の制」と呼んだ。仏教では法華経の結論として観普賢経の中に三種の神器の運用を説いている。モーゼは右の如く旧約五書の中にエデンの園として或はノアの方舟としてこれを説き、更にヨブ記にもエデンの園が存在する領域を決定し結界する法が説かれている（第三十八章）。更にまたイエスの黙示録には「生命の城」の構造としてその意義が咒示されている（第二十二章）。これ等すべての古代宗教の黙示、教義や、ギリシャ神話、北欧エッダ神話、中華の神仙説等のすべての謎の悉くを釈いて、これを言霊の組織運用である元の完全な道の姿に還えしてそれぞれ部分部分を固執して個別に割拠対立している人類の思惟即行動の上に掲げ示すことが我等の仕事である。

従来の思惟方法である弁証法では、ヘーゲルにせよマルクスにせよ、正反合の三角形が事物把握の最後の形態であるが、今日までの学問のやり方である過去の経験知の推進のみに拠る時、その結論としての合を得るためには、歴史の進展を待って、自然の成り行きに任せる以外に方法が無い。しかしその合は実は始めからあらかじめ存している。それは「神の予定調和」などといって、不可知な神の許にあると考えられて来たが、人間は神の愛子であり、人すなわち神であり、人すなわち仏である。その神の許に有ると懸絶して考えられて来た「合」の典範が八咫鏡であり、エデンの園である。八咫鏡をまたみあらか（舎、殿）ともいう。実は始めからみあらかに示《しめ》されてある未来であるからあらかじめ（舎示、予）というのである。

この典範が掲げられなければ、正反合の合は観念的予想と希望であり永遠の未来の理想であって、極楽浄土は十万億土の遥かな彼方のものである。文明の創造者、造物主である人間の生命意志は常に現在にのみ活動する。その日本書紀の謂う「中今」の内容の一切を法華経の謂う「種智（摩尼）」すなわち言霊としての把握する時、過去も未来もすべてその中に始めから掌握されている。この種智の典範が八咫鏡である。

こうして最後には中共と米国、アラブとイスラエル、広く東洋と西洋、宗教と科学の真っ只中に突き立て、斎《いつ》き立てて（衝立《つきたつ》船戸神という）、ここで改めてじっくり考え直してくれ給え。諸君の哲学、宗教、そして科学、すなわち文明のすべては元々この創造する生命意志の実体から、その原理に従って現われて来ているのであると、諸君自身の魂の淵源であるエデンの園、普賢菩薩《ふげんぼさつ》の妙色身《みょうしきしん》を呈示する責任者が第三文明会である。

ここでユダヤ問題に関するもう一つの理解を進めよう。それは目下着々と実現されつつある米国ユダヤ資本の日本企業への進出の意義である。ここに大きな歴史の必然天津日嗣の経綸の進展を我等は観取《かんしゅ》する。その初めノアの方舟の構図によって建設されたシナルの地の国家が、ヱホバの方針に背叛《はいはん》する故に崩壊され、言語（ロゴス）が乱されて、セム、ハムの民族が世界に散逸した。所謂バベルの淆乱《こうらん》である。ソロモンの後にイスラエル、ユダヤの両国家が滅亡して、アブラハム、モーゼ、ダビデの民族はまた東に西に民族移動の漂泊の旅を開始した、「さ迷えるユダヤ人」の名はこの時から始まる。その西漸のヘブライ民族はヨーロッパに向かい、中世期の暗黒時代を経過する間に、社会の背後に在ってヨーロッパの経済の実権を掌握し、他面には科学と産業を興隆した。近世に於いてその資本主義の根拠地はフランスから英国に移り、更に英国から移って現在は米国に在る。

東漸のヘブライ民族は中央アジアのシルク・ロードを経て中国に進出した。満州の古代歴史を述べた「契丹古伝」に由ると、殷を滅した周王朝（武王）が既に本来の極東種族ではなく、西域から侵入した異種族であると記されてある。その後中国国土は秦、漢、後漢等と続々と移住民族を迎えた。その民族移動の先鋒は朝鮮を経て、神武維新の頃早くも日本に到達している。秦徐福などがその指揮者であった。従来の日本歴史は「蕃別」と言われるこれ等の帰化人を単に中国人、朝鮮人と目しているが、その淵源は更に遠い。

降って前述の和光同塵の実施者である聖徳太子はこれ等の帰化人達を遇して、太秦《うずまさ》（タージー、東ローマ帝国の中国名）に興隆寺を建て、境内に伊浚井（いさらゐ＝イスラエル）の名の十二の井戸を掘り、太辟（ダビデ）を祭った大酒《おおさけ》（太避《さけ》）神社を営んだ。弘法大師が彼地で学んだ密教はユダヤ教とキリスト教が混合している景教（ネストリアン）である。帰化人達は漸次日本の経済産業の実権を握った。彼等の娘は天皇の妃となり、彼等は大臣となった（蘇我入鹿、倭の漢《あや》の値駒《あたいこま》、秦河勝）。以上が「日本にいるユダヤ人」の古い歴史である。産業人である彼等は日本人の間に旺盛に繁殖し、その血液は今日の日本人の半分もしくは2／3を占めているだろう。鎌倉以後彼等は武家政治の背後にあって是を左右し、堺衆といわれ、今日の関西財閥として発展した。以上が東漸と西漸のユダヤの民族移動の歴史と荒筋である。

　さて、地球を西漸して米国まで来ているユダヤと、東漸して日本人となっているユダヤとが三千年の歴史と遍歴の後に、彼等の心願の国、祖先モーゼ、ヨブ達の魂の故郷であり、生命の樹の葉の言霊の幸倍《さきは》う国である日本に於いて、久々に同胞相会する時が来た。この為の前提準備が太平洋戦争であり、その実現の端緒の一つが米国資本勢力の日本進出である。フランスから英国を経て米国へ、そして太平洋を越えて生命原理の国日本に到着する時、さ迷えるユダヤ人の長い歴史的な巡礼漂泊の旅は終わる。すべて天津日嗣の予定で経綸である。斯くて三千年の歴史の後に東漸西漸のユダヤが日本に於いて合流した時、世界の経済は如何に組織され運営されるか、この事を決定することがエデンの園、八咫鏡の原理を鏡とする世界大会議の目的の一つである。

第三文明会は現在の日本の社会の政府、議会、大学、神社、政治宗教思想団体のいずれとも、また現在の皇室とさえ関連も交渉もない。世の権力、金力、武力から超絶した、世の中に知らされていない少数者の微々たる集りであるが、文明のα《アルファ》とω《オメガ》を、その最初を開き最後を結ぶ真理の鍵を掌握している。だから何をさて置いてもこの会は何処までも存続し経営されて行かなければならない。会を経営するということは差当って毎月二、三回の研究会を開き、Ｂ４の謄写版一枚でも月々の会報を発行し、更には資金を得た時は原稿や謄写版刷りにして用意してある書物を出版して行くことである。今まで八年間、更にそれ以前からもずっとこの程度の線で経営を続けて来ている。

この会は何としても続けて行かなければならない。それでなければ人類はその目標と帰趨《きすう》を見出し得ない。もし我々が口火を切って推進しているこの大事を遂行成就することが出来なければ、それは我々の失敗ではなくして、過去一万年以来営々として文明を建設経営して来た人類全体の失敗である。何としてもこの会を持続して盛り立てて人類の行く先を明らかにし、文明の拠り所を世界に示さなければならない。

第三文明会の運動は実際には我々が従事しているのではあるが、それは悠久の歴史を経て来た人類文明の歴史の歩み、世界を経綸している天津日嗣の経綸が刻下の我々の活動として凝結しているのであるのだから、如何に難渋であろうとも、必ず最後までやり通さなければならないのである。各個人の祖先から受け継いだ因縁を成就するために本会に集まって来た以上、誰もが本気になって、真剣になって活動して頂きたい。世の政治宗教思想団体のように、民衆を多く集めたり、殿堂を建てたり、議会に進出したりするような動きは我々はやらない。現代の哲学、宗教、芸術、政治、経済から超絶した、唯一絶対不可換の真理を執って、世界の眼目として起っている事の責任感と矜持《きょうじ》を以ってめいめいが働いて頂きたい。皇祖皇宗天津日嗣の悠遠な世界経綸の現代に於ける正系の本筋の活動を我々が奉行していることを、皆がよく理解して、それぞれの魂の因縁、個性能力とその社会的事情に応じて、どんな形でもよいので協力して頂きたい。

この仕事は天津日嗣の御事業であると共に、釈迦の仕事であり、モーゼ、イエス、マホメットの仕事であり、老子、孔子の仕事であり、その最後の仕上げである。もし我々がこれを成就しないならば、モーゼも釈迦もイエスもマホメットも、すべての過去の預言者達が説いた事は、悉く虚言だったという事になる。彼等を偽言《うそ》つきに終わらせるわけには行かない。

第三文明会が説く所は、繰り返して言うが筆者個人の説ではない。一粒の大豆が発揮する性能は全世界に存在する大豆全体の性能である。これを種（スペシー）の性能という。一人の人間が把持し発揮する人間（ホモ・サピエンス）の種の性能の自覚を種智という。言霊布斗麻邇、八咫鏡であるその種智の運用を以ってする時、一個人の思惟がそのまま全人類の思惟である。

三十　不昧因果（日米の宿業）

禅の命題を掲げても今回は禅を説くわけではない。「事の成るは成るの日に成るに非ず、由って来る所あり。」その由って来る所を因縁《カルマ》という。人類のカルマの筋道を明かにする事が歴史である。日米の経済的、政治的関係が紛糾《ふんきゅう》して来た。日米関係は日本とユダヤ（米国資本主義）との関係である。その由って来る所は極めて遠い。それには長く三千五百年の歴史がある。これに就いて今まで「第三文明への通路」以来ことごとに詳しく説いて来た。言霊布斗麻邇三種の神器を全人類の上に転輪する天津日嗣の経綸が予定している時期に、その因縁がいよいよ眼に見える事実となって現われて来た。

日本とユダヤの関係はその昔イスラエル国王モーゼが鵜草葺不合朝の日本に留学して、天皇から神道原理を授けられ、その時爾後今日に及ぶ三千余年間に亘るユダヤ民族の世界経営に関する命令と委托を受けた事から始まる。神代上古にかけて日本を訪れて天津日嗣から神道を学び、その民族の将来に就いての指令を受けた世界の多くの国王、王子、預言者の中で今日にその業績が継続発展しているのは右のモーゼの他に伏義、釈迦、老子、孔子、イエス、マホメット等である。エジプトの古代ファラオ達、南北米の古代民族と日本天皇との関係は中途で消えて向うには記録が伝わっていない。

天津日嗣は彼等をしてその後三千年間の世界を経営せしめるに当って世に謂う「両面

政策」を用いている。その一面は天津金木であって権力を基調とする覇道思想である。神道の一端であるこの金木の原理を用いて早く活動を開始したのは伏義とモーゼであった。いま一つの面は天津菅麻であって、すなわち今日の世界宗教の原理である。これに則って人類の指導の任に当ったのは釈迦、老子、孔子、イエス、マホメット等であった。天津金木を操作する者を神道の上で須佐之男命という。天津菅麻を操作する者を月読命という。この両者を両脇立として三位一体の三貴子の分治として世界を経綸している天津日嗣自体の原理を天津太祝詞すなわち天照大御神の八咫鏡という。その天津日嗣は三千年来その八咫鏡（三種の神器）の光を隠して、世界を両脇立である須佐之男、月読命二神の経営に委ねて今日に至っている。

須佐之男命、月読命の両面の分治は天津日嗣の政策であって、その後ユダヤ民族は自己の天津金木の法の運営に於いて更にまたこの両面政策を踏襲《とうしゅう》している。天津金木の運営は覇道権道を以ってする世界の統一と、生存競争の促進と、そしてその生存競争を方便としてその間に第二の文明である科学産業を発達させる事を目的とするものである。

しかしそうした覇道のみでは世界は忽ち収拾し難い混乱に陥るから、その混乱を今日の時期まで、或程度まで喰止めて置かなければならない為に、天津菅麻である宗教を天津金木と並行して人類の魂に培《つちか》って来た。これが三千年に亘る天の岩戸閉鎖、仏陀入涅槃の時期に於ける世界の両建て経営の真相であり、その間の世界歴史の大綱である。刻下の日米間の政治経済的紛糾は人類の古い歴史、すなわち因縁（果報）すなわち宿業《カルマ》を根底として処置して行かなければ正しい結果を得られない。

三千年昔、イスラエル、ユダヤ国家が滅亡して、その民族が地球上を北（東）と南（西）に移動を開始した。民族の半分は東に向って、その後アジア大陸に歴史上の足跡を没した。所謂失われた民族《ロスト・トライブ》であって、その先鋒は十二種族のうち「獅子の如し」と祝福されたガド族であるといわれる。西に向ったヘブルーはその後ドイツ、フランス、英国を経て現在アメリカを根拠地としているユダヤ人である。ロスト・トライブの実際の足跡は周、秦時代の中国を経て極東の日本に到達した。ここで彼等は皇族狭野命を擁立して第二のヘブライ国家を建設した。いわゆる神武維新である。従来の日本の親猶的ユダヤ研究家はこの神武維新の経緯を根拠として日猶同祖論を唱えている。一面の真実であるがそれだけでは原理と歴史の遡上り方が浅い一面的な考え方である。神武維新はもとより天津日嗣の宏謨に従う所であるが、それは神代の天照大御神の天津太祝詞に拠る所の政治を廃して、代って覇道者である須佐之男命が天津金木（八咫烏《やたからす》）に拠って起ち上った所のもので、高天原本来の天照大御神の道ではない。いわば仮初めの皇朝の出発である。金木政治の方針はその後崇神天皇の同床共殿廃止、聖徳太子の仏教奨励等によっていよいよ強調されて今日に到っている。三千年来の現在の日本の姿は須佐之男命の国の様態であって、本来の天照大御神の高天原の国家の姿ではない。

しかしその須佐之男命の皇朝は太平洋戦争の敗北を機として、裕仁《ひろひと》天皇の神性放棄の宣言によって三種の神器の継承を放棄し、神勅《しんちょく》の祝福を否定し、高御座《たかみくら》を皇祖神に奉還《ほうかん》した。現在天皇は憲法の規定通り「国民統合の象徴」であって、既に天津日嗣ではない。大政を奉還した徳川慶喜が既に征夷大将軍ではない如きものである。大義は名分によって定まるのである。以上の事はこれまで繰返し説いて来た所の復誦である。あたかもこの天皇の大権奉還の時期に当って日本と米国すなわち其のユダヤ金権との激しい政治経済上の折衝《せっしょう》が始まった。幕末維新に於ける黒船渡来の事情と実によく似ている。

東廻りのユダヤ民族はこの如く神武皇朝を創立した。この古きユダヤ系の所謂帰化蕃別の日本人はやがて日本の政治、経済、芸術、技術、産業、武力等あらゆる部門の実権を掌握し、これを経営発達させて三千年後の今日に到っている。その今日の日本人すなわちユダヤ人の姿を世界は呼んで「株式会社日本」と言い、エコノミック・アニマルという。特に終戦後の日本は全くユダヤ化されてしまったが、それは外国のユダヤの謀略によって日本を然らしめたというよりは、日本自体のうちに連綿と伝わった古き帰化ユダヤが自分自身を然らしめたのであって、太平洋戦争の敗戦後二十六年にして経済戦争の上に於いて日本は米国と比肩《ひけん》する形となった。この事は色々に評価されるであろうが、正に第二のユダヤ王国とし出発した神武皇朝すなわちユダヤ維新の目的が、獅子であるガド族の事業が完遂された事実である。

しかしその目的が成就した時は、即ちその皇朝が終了する時である。神倭磐余彦《かんやまといわれひこ》皇朝としての天津日嗣の高御座は放置されて、今日まで二十六年間空位のままに無関心に放置されている。その高御座を神代ながらの本然の状態に復辟《ふくへき》する事が実は世界の根本問題である。だが自己や自己のグループに取って差障りなく、都合さえよければ天皇の意義や有り方などは、すなわちその大義名分などはどうでもよい人間には天津日嗣の意義を論ずる資格はない。ただしこの事は当面の現実の日米問題には未だ直接の関連のない形而上の世界の問題である。

さて、一方地球を西漸して三千年の巡礼を続けて来た南方ユダヤ民族は近世のヨーロッパ諸国を興すと同時にその実権を金力の下に掌握し、進んで米国を経営支配し、思想的、精神的にはこれを白蟻の如くに喰い尽し荒廃させた後、その歴史的巡礼漂泊の最後の目的地に到達しようとしている。その国は彼等の大祖先であり肇国者であるモーゼの魂の祖国であり、彼等の宗教であるユダヤ教、旧約聖書の淵源の国である高天原（形而上の）日本である。

ユダヤが掌握した世界の権力財宝を携えて最後に日本に集らなければならぬ事は大祖先モーゼの予定であり、そのモーゼと葺不合朝天皇の間に交わされた契約であり、またイスラエルの代々の預言者達が伝えて来た民族の宿業因縁《しゅくごういんねん》であって、すなわち天津日嗣悠久の世界経綸の計画が然らしむる所である。この如くに過去現在未来を通じて誤りなく流れて行く人類の歩みの筋道を宗教的には神の摂理といい、因縁果報と称する。宿業はこれを自覚意識するとせざるとに拘らず必然的にそう成って行く所のものであって、宿業を指導運転する者が預言者である。ユダヤ人はこの事に薄々気付き初めた様だが、単純低級なお目出度い日本の政治家、学者、宗教家達は今なお夢にも知らない。

ユダヤ民族の世界遍歴の最後のゴールである日本には、三千年昔に袂《たもと》を別《わか》った彼等の古い同胞が、彼等が到着する日を鶴首して待っている。その同胞とは敗戦後の日本から世界に急速に躍り上って素晴らしい経済力を示しつつある日本の金権、財閥、産業人でなければならない。旧い東廻りのユダヤと新しい西廻りのユダヤとが、心願の国日本に於いて再会して、十二支族が昔ながらに旗を並べて勢揃いする日が近付いている。太平洋戦争はその為の最初の交渉であり、目下の日米間の紛糾する諸問題は政治経済的折衝の形をとっている、三千年来の歴史的宿業成就の過程である。この折衝が如何なる形で進展して行くかは、暫らくの間は当事者の手腕と操作と虚実のやり取りに任せて置けばよい事だが、すべては宿業が必然を指導してくれる。ユダヤ民族が魂の祖国高天原日本へ帰還する事を神道では、須佐之男命の高天原への「舞《まい》上り」という。その舞上りは前後二回に行われる。一度は三千年昔の事であり、一度は今回である。

米国のユダヤ金権はやがて日本に全面的に移動する為に、既に片足を米国から離しかけている様だ。最後には米国の企業は本店を日本に移して、米国は農園と工場の国となるだろう。円の平価切上げが性急に要求されている事は米国金権が既に何かの形で円貨を多量に保有しているからであるかもしれない。

ここで存在するもう一つの問題は中共である。ベトナム戦争をきっかけとして本会が繰返し説いた如く、また先般周恩来氏の談話にあった如く、米国とソ連は七億の人口を有する中共を席巻分割しようとする気構えであったようだ。しかるに何故米国がベトナムから急に徹兵するようになったか、国内事情も色々あるだろうし、今後も他の方法で交渉が続くことだろうが、とにかく米国は武力的方法では直接中共と対抗すべからざる事に気が付いたからである。こうした事の変化は一体何を意味する事だろう。

前述の如くその初め世界は須佐之男命、月読命、天照大御神の三つの統治区域に分けられて、それぞれ天津金木、天津菅麻、天津太祝詞の原理によって経営が開始された。

古事記に述べられた三貴子の分治は天津日嗣の宏謨の計画と出発であり、その将来への予定である。爾後三千年、或は五千年の今日、その計画の結果がいよいよ具体的事実としてはっきり世界に現われてきた。

須佐之男命	**米国** **ソ連** **ユダヤ**	**モーゼ・ダビデ** **（マルクス）**	**天津金木** **（言霊オウ）**
月　読　命	**中共** **印度** **アラブ共和国** **ヴァチカン（法王庁）**	**伏義・老子・孔子** **釈迦** **マホメッド（モーゼ）** **イエス（モーゼ）**	**天津菅麻** **（言霊アオ）**
天照大御神	**高天原（日本）**		**天津太祝詞** **（言霊イエ）**

図 18. 三貴子の分治

個人であろうと国家民族であろうと、すべて人類は言霊の法則通りに動く。決してこれを逸脱する事がない。歴史も文明も必ずこの枠《わく》の制約内の事実である。物体が物理の法則通りに動いてこれを逸脱する事がないと同様である。そのかみの三貴子の分治の企画がこの様に現実の世界の全局の上に顕出具体化したという事は、その天津日嗣の計画成就の時期が来た事を意味する。

また世界がこの如く古事記に計画予定されている通りに成ったという事は、それが天津日嗣によって経綸されている事の証拠であり、人類文明のモティヴとして言霊布斗麻邇、三種の神器が天壌無窮、万世一系に運行している事の証明である。原理が直ちに現実に現われる事以上に明白な真理の証拠は無い。この他の証明として歴史的文献や遺跡等が言霊オの上の証拠として存するならば多々益々便であるが、そうしたものがなくとも差支えない。各人の限られた自己の知識経験に妥当適合するような証拠を真理の上に要求し、それがなければ承知出来ないという事は、特に欧米人の知的習慣であるが、実は極めて迂遠な業である。このためにマホメットは世界のすべての預言を封印し破壊した。蘇我入鹿は歴史と原理書である天皇紀、国記を焼却した。

須佐之男命の天津金木（言霊ウオ）と月読命の天津菅麻（言霊アオ）とはそれぞれ独立した次元として存する世界であるから、この二つが土俵の上の両横綱の如く正と反の形でガッチリ組合っても、しかしお互に他を侵すことが出来ない。一般社会にあっても産業ウと芸術アとが同時に存在して、互に侵すことが無い如くである。米国のベトナム徹兵は人類の宿業が成就する道程の一面であり、その人類の人間性の自己指導である所の天津日嗣の経綸が然らしむる必然である。

そして歴史がここまで到達した時、この対立する両者は、更により高次元、より根本の世界に存する文明の指導原理である天津太祝詞（言霊イエ）によってやがて円満調和の現実の三位一体の形に摂取不捨に整理統合される。その天津太祝詞を全人類の上に操作転輪する所が高天原である。そしてそのイ、エの原理の体系を象徴を以って咒示してあるのが創世紀のエデンの園である。今日のこの世界の事態のために、天津金木と天津菅麻の二つを言霊布斗麻邇である天津太祝詞によって解決する道を説いてあるのが「大祓祝詞」である。

米国を根拠地とする世界のユダヤ須佐之男命が高天原日本に向って第二回目の「舞《まい》上り」を開始した。ユダヤは典型的な祭政一致の民族であって、一般にユダヤ人の生活はモーゼが定めた戒律を今に守って謹厳な日常を送っている。その金権の現実的活動とモーゼを始めとする預言者と旧約聖書並にタルムード、カバラに対する信仰とは常に不可分である。やがて高天原の国に最後の民族移動を行うに当って、必ずその信仰を彼等自身の絶対者として奉戴して来る。

この堅固な民族信仰がユダヤ人が世界の他民族と相容れず、嫌悪される理由の一つであり、ユダヤ人が伝統と形式を守るパリサイ人、サドカイ人である事は、キリスト教からいうならば神の愛を忘れている欠陥とされているが、しかしこの事が同時にユダヤ民族の長所、美点であって、その信仰と伝統と形式を純粋に把持してきたが故に三千年の忍辱《にんにく》の後漸くに到達する魂の祖国、信仰の淵源の国、心願のエデンの園の国、高天原に於いて、最後にその信仰の全的解決を得て、魂の円満な救われを獲られるのである。その解決の道は既に高天原に於いて用意されて、彼等の到来を待っている。

若いユダヤ人達が何処からか話を聞いて第三文明会を訪ねてくる。彼等は故小谷部全一郎氏や現在大本教の三浦一郎氏が説いている「日猶同祖論」を興味深く研究している。

前述の如くこれも一面の真実であって、三千年来の歴史に於ける東遷のユダヤ民族の行方に関する真相としては妥当な話である。日本の神社の由来や建築様式や行事の中には神武以前の神代の神道と、その後輸入されたユダヤ教（景教《ネストリアン》）が入り混っている事が随所に発見され識別される。しかし日猶同祖論は矢張り依然として一面の真実であって、日猶関係の淵源はその三千年昔の時期を更に遡上り、原理の上でより高い次元に登り詰めた所に存するモーゼの時代と、モーゼが修めた神道原理の上に有る。

本会を訪ねるユダヤ人は同祖論の所までは納得が出来て、磯原の竹内家を訪ねて古代史を質問したり、能登の宝達山にあるモーゼの墳墓を探しに出かけたりする。しかしこの範囲を更にもう一歩越えて、モーゼが神道を学んで、神代の天皇から三種の神器を授けられた事、世界経営の命令委嘱を受けてその方針を指示された事に関して、これを真実真理として首肯する事が困難である。従来の彼等の「神の選民」としての民族的なプライドがこれを承知し難いためである。しかしその選民の意義は高天原の神道と不可分に結び付いているものである。彼等が如何にこの事を無視し否定しようとしても真実は厳として真実である。モーゼに授けられた所謂イスラエルの三種の神宝の原体は天津日嗣の布斗麻邇三種の神器として昔のままに高天原に把持されている。モーゼの魂すなわちその人格と旧約聖書とは明瞭に古神道から生まれている。

ユダヤ詩人ラフカディオ・ハーン（小泉八雲）は阿部正人から家伝の阿倍古文献にあるモーゼ来朝の歴史を示されて、即座に日本に帰化する決心をした。詩人であった彼は素直にこの真実を受取った。今後ユダヤ人がこの真実と真理を納得することにやぶさかで、或はこれを否定しようとしても、それはユダヤ民族本来の歴史的な意志からではなく、単にその人個人の限られた知識と経験を以ってする狭小な判断が真実真理の理解を阻害しているための行動に過ぎない。

もしこれを強いて否定しなければならない為にはモーゼ来朝に関する歴史文献とその墳墓と、そして神道と旧約聖書との間の原理的関係の悉くを抹殺しなければならぬ事となろう。モーゼと聖書の淵源を抹殺する事は、モーゼと聖書自体の生命を抹殺する事である。モーゼと聖書の本来の生命を否定して、これに反逆する事である。しかしモーゼと聖書に反逆するならばユダヤ民族はその存在意義を喪失する。ユダヤ民族が救われその天職使命を完遂する道はユダヤ民族自身の道であり、モーゼと聖書の道であり、それは歴史的、原理的に神道三種の神器の道そのものである事を銘記しなければならぬ。須佐之男命の高天原への第二回目の舞上りとして、米国ユダヤが、その金権が日本に民族移動しようとする大きな歴史的必然の前夜に当って、高天原の我々は予《あらかじ》めこの事を彼等に向って秘かに、しかし厳しく忠告して置こう。

一般のユダヤ人は裏の聖書ともいうべきシオン・プロトコールを偽書であるとして極力否定しようとする。しかし我々はこれを否定せず、肯定する。これこそ天津金木である権道覇道の行き方を世界に向って堂々と公開した真実の書である事を承認し、且つ称賛する。これこそ天津日嗣の経綸がユダヤ民族の上に契約した天職遂行の道である事を全面的に是認する。我々は聖書の友である事と同じ意味、同じ程度に於いてシオン・プロトコールの友である。

ユダヤ民族の最後の救われはその初めのモーゼと天津日嗣の関係に立ち帰って、シオン・プロトコールがその最後に予定している理想世界を高天原の日本人との協力によって成就する事にある。これがモーゼの予定であり計画であり意志である。この事を神道で予定しているのが須佐之男命と天照大御神の「天の誓《うけ》ひ」（七夕《たなばた》祭り）である。ユダヤ人は奇蹟を信じる民族であるという。不完全な経験知オからみる時、高天原は奇蹟の世界である。それは言霊イの操作によって世の中の人にはそう見える奇蹟を創造する世界である。日本に渡来するユダヤ人は今後いよいよその奇蹟に遭遇する事だろう。

「事の成るは成るの日に非ず」。三千年の人類の宿業《カルマ》は更に歴史と原理の淵源に遡上って、其処から明らかにする事によって初めて解決する。禅ではこれを「不昧因果」(因果を昧《くら》まさず)(無門関第二則)という。現実の上では今後益々紛糾を重ねて行く事であろう日米関係、そして日・米・中の関係の根底には以上の如き深遠悠久の因果が存在する事の要点を掻《か》いつまんで述べた。ユダヤ民族のシオニズム運動を指導している最高幹部は、その昔からの預言者の伝統を通じて、実はこの事を初めから承知している事と推測される。

だが現在斯うした因縁果報の道理が世界に存する事に就いて、全く何も知らずに右往左往しているのが日本の政治家と財閥とそして思想家宗教家達である。天皇が神性を放棄した事に連れて、日本人全部が自己の神性の内容である歴史的伝統とその神性即人間性の原理を放棄して、因果流転のどん底の現識(言霊ウ)の世界だけの存在になってしまったからである。しかし時は既に来ている。いずれ第一のユダヤである日本の財閥と高天原の第三文明会が提携して、この大きな歴史的問題を形而下、形而上共に円満に処置する機運が熟して来ることだろう。このための会員諸君の活動を切望する。

三一　ユダヤを漁《すなど》る

米国ユダヤ資本主義を向こうにまわして中共が勇敢に立ち上りはしたが、所詮その敵ではなかろう。米国を敵とする事は同時にソ連を敵とする事である。表面は反対の国であるが、ソ連は米国と表裏であってその蔭である。資本主義社会に不満を抱く者はすべて共産主義の網の中に収容され、その圏外に出られない。結局はソ連を通じて米国の蔭の存在となる。ソ連は米国資本主義と同じくマルクス、レーニン、トロッキー等のユダヤ人が創った国である。こうした表裏協力の方法をユダヤの両面政策といわれている。ナチス独逸《ドイツ》も軍閥日本もこの両面の罠《わな》にかかって見事に潰滅《かいめつ》した。いま中共がその第三の目標である。

古事記日本書紀に説かれた須佐之男命、大国主命の出雲神話は言霊天津金木の活用を以ってする世界統一（国曳《ひ》き）の方法の理論的、現実的な指導原理である。布斗麻邇五十音の応用の一面としてこれを釈く時、出雲神話の真相が理解される。その昔葺不合朝の天皇が国王モーゼに三種の神器（ユダヤの三種の神宝）を授け、三千年に亘るヘブライ民族の世界経営の命令が発布された時、この歴史的企画術策が編まれてモーゼに授けられたものと考えられる。このヨーロッパとアジアの一部に関する三千年間の施政方針が黄泉《よもつ》（四方津《よもつ》）国の出雲神話として、後年記紀が編纂《へんさん》された時、布斗麻邇の原理を説いてある高天原神話の後に加えられたものであろうことが推測される。

その後ユダヤ民族は国を失い、捕虜と奴隷の生活を続け、全世界を漂泊して今日に至っているのであるから、その間、天皇とモーゼとの間の蔭の秘密の契約が初めのままに伝承されて居るものであるかどうかは不明だろうが、その信念は預言者の伝統を通じて失われた事がない。その民族的信念がシオニズムである。

記紀の出雲神話は歴史書である竹内文献や富士文献やウエツフミには載っていない。それは史実ではなくして、特にモーゼに対して、或は伏義や釈迦（提婆達多《だいばだった》）に対して授けられた四方津国経営の指導書、預言書、設計図であるからである。こうした世界経営方針の真相と真理に関しては「第三文明への通路」で予告した如く、いずれ高天原の言霊布斗麻邇の責任者と、ユダヤ民族の幹部であるカバラ、タルムードを操作する者と、同時に印度の哲学と中国の易を研究運営する者達が結集を行って、改めて審議しなければならぬ文明解決のための最後の為事である。

ウ言霊天津金木の操縦者はスペードのエース・オールマイティであって、他のどんな切り札も、ハートもクラブもダイヤもこれに対抗し得ない。だがスペードの切り札が全部揃った時は反対にプラスの最高点となる。荒振る神であるウ言霊が大祓祝詞の所謂「畦放《あはなち》ち溝埋《みぞうめ》め」して独断横行する時、アもオもエも力がない。天照大御神の岩戸隠れはこの事の為である。今日世界の芸術宗教（ア）と学問科学（オ）と政治道徳（エ）はすべて唯物権力（ウ）の制圧支配下にある。「山幸も我が幸、海幸も我が幸」と山幸彦が嘯《うそぶ》いた所である。地理的にはヨーロッパもアフリカもアジアも米洲も悉く、もとより現実の日本も朝野上下を挙げて思想的にも経済的にも米ソ両陣営の支配圏に属し、僅に中共だけが今日までその支配を肯《がえ》んぜず、今後もこれを拒否しようと息捲《いきま》いている。だがこの中共の念願と自負とはこのままでは究極的には成立しない。

その中共が外からの経済的攻勢や思想攪乱《かくらん》や最後的には武力攻撃によって、米ソの勢力圏に包含された時が、全世界にスペードの切り札が悉く出揃って、ユダヤ四千年のシオニズム運動が終了する時である。この時、人類の生命に取って全部マイナスとなった得点をどうしたならばそのままプラスに転換することが出来るか。その方法はウ言霊(須佐之男、大国主)であるユダヤが三千年間に亘った仮初の方便であった仮面を脱いで、その大祖先モーゼの生命の道に帰ることである。もしこの時ユダヤが祖先の道に帰れなければ人類は何時までも資本主義の家畜であり、共産主義の囚人としての、嘗てのヒットラーの政府や日本の軍閥政府のようにゲペウや特高警察憲兵による拘束弾圧下の社会にあるより他はなかろう。ユダヤ民族がモーゼに帰ることは神道からの推理のみではない。シオン・プロトコールの最後の結論として明かに約束されている事である。

この時、世界の米ソの表裏両陣営はモーゼがその五書に秘めて置いた人間の生命の原理を、即ち生命の典範《てんぱん》であるエデンの原理を如何にして開顕し世界に実行するか。ユダヤ民族の幹部が早急にこの事の探索研究に着手しなければならぬ時である。ユダヤには原理書としてのカバラもタルムードも存しているが、数理と概念を以ってするこれ等の指導書によってエデンの園の内景を確実に復原し得るものであるかどうかは、日本に伝えられているそのエデンの原型である言霊布斗麻邇の観点からする時不可能と断言し得る。

エデンの扉を開いてモーゼの真理に帰る道は、モーゼを教えてイスラエル民族を指導せしめ、モーゼに命じて世界を経営せしめた者が知っている。その道に帰る道筋を説いたものが前記の出雲神話であって、それは須佐之男命の天叢雲《むらくも》剣の発見、大国主命の経営、武甕槌神の言向け和わせ、海幸彦山幸彦の葛藤とその解決等の一連の神話的咒文咒示を以って伝えられている。この出雲神話の鍵を開いて、元の高天原の布斗麻邇の言霊原理を以ってする経緯に還元する時、そこからモーゼ自身の生命の楽園エデンに帰る道すなわち天津日継の経綸の本道に帰る道が現われて来る。

だが民族の先駆としてモーゼの師の国、主の国日本に来たユダヤ人達は、古くからの民族の自負心のためか、かくの如き自己民族の重大事に未だ気付こうとしない。ここ今しばらくの間はシオニズムの最後の完成のために忙殺されているから、聖書に注意されている如く、モーゼの事、イスラエルの三種の神宝の事を思い出す余裕が無いだろう。「ヱホバの火はシオンにあり、ヱホバの炉はエルサレムにあり」といわれている。ヱホバの火、言霊は、シオンである三十二子音であり、それは伊勢五十鈴宮にある。この火を人類のために燃やす炉のある所が世界の都となるのであるが、彼等はシオンの国に来ながら未だシオンを見ることを得ない。その火を得て祖先の約束通りその都をエルサレムに開くことを努力しなければならぬ。もし努力しなければその約束は単なる希望に止まり、その時はエルサレムに代って他の場所が世界の都になるだろう。

ユダヤ人が祖先モーゼの生命の道に帰ることがユダヤ人の魂の救われである。この事が成就した時これに次でやがてキリスト教、回教、そして仏教（印度）、儒教（中共）が救われることとなる。同時にこの事が全世界の政治経済すなわち文明の解決である。しかし逆にユダヤの魂が救われない限り、すなわちウ言霊の専断横行である資本主義、共産主義が唯物論から解脱して生命の道に還元されない限りは世界のすべての宗教にも哲学、芸術にも、すなわち人類の文明に救われは有り得ない。今日のこの文明の大転換期に当って、ユダヤ民族が卒先自己の魂の本拠であるエデンに還ることが、名誉ある神の選民としての最後の為事である。

我々は今ユダヤ人のみならず世界のすべての心ある人士に向って惜む所なくこの原理を公開し、これを筆に言葉に講義してその理解を進めつつある。ユダヤ民族が祖先モーゼに帰る道を指導する唯一の存在が第三文明会である。これと共にキリスト教、仏教、回教、儒教西洋哲学を最高の結論に導く者が本会である。言霊の他にこの事を成し得る道は世界に絶無である。ただしここで改めてお断わりして置くが第三文明会は懸絶孤立した会であって、世界の如何なる政治、宗教、学術、思想団体とも全く無関係没交渉である。

その昔アブラムはアブラハムと、ヤコブはイスラエルと改名した。この二つの名はいずれも古代日本語である。その頃から既に高天原とヘブライの間には緊密な往来があった。今日に於いてもその頃と同じく、また特にモーゼ以来高天原の日本はユダヤ人にあらざるユダヤ人の唯一の友であり、その師である。第三文明会はモーゼとそして釈迦等に道を教えた天津日嗣の原理の正系の伝統の奉持者である。

三二　神霊密書

昭和七年、矢野祐太郎著、小笠原孝次編「宇宙剖判より神政成就に到る神界霊界現界の推移変遷の経緯、云々」と云う名の謄写版の五百頁の書物を作った。竹内家歴史と天理、大本教等のお筆先を糾《あざな》った太古歴史と世界の未来記で、矢野氏の口授を筆記して、筆者が文章に綴り原紙を切った。夜毎に机を取囲む数人の白衣の神官の霊に指導されながら筆を進めた極めて神秘的な書である。この書は竹田宮大妃殿下の手を経てその秋、天皇皇后、各皇族に献上され、華族と右翼に配布され、秘密結社「神政竜人会」が結成された。

昭和十一年矢野氏が不敬罪で検挙されると共にこの書は没収され、十三年に矢野氏は未決のまま獄死した。降て昭和四十年この書を矢野未亡人真子さんが再発行したのが「神霊聖典（密書）」である。未だ言霊が究明されなかった時代のこととてこの書には根本的な思惟の幼稚さと未解決な部分が多々存する。これを解明是正するためにその後筆者は四十年の努力を要した。神秘の神霊心霊が言霊によって開明是正され、言霊によって天津日嗣世界経綸の真相が明徴された。斯くて「言霊百神」、「第三文明への通路」が発行され、第三文明会が創立された。

ところで六月中旬、霞ヶ関書房から奥所一男著「救世主の出現と地上天国」という新刊書の案内が来た。目次を見てまことに奇異な感に打たれた。この書は「神霊聖典」を読んで感激した著者が同書と併せて竹内文献を紹介したものである。筆者自身の亡霊に突然出会った様な奇妙な思いである。それで早速霞ヶ関書房に手紙を書いて「神霊聖典」作成のいきさつを述べ、同書に関しては功罪共に第三文明会が責任を負うている事を通告した。社長岡本正一氏は筆者の意を了承し、奥所氏（淡路の僧侶）にも通報され、出版されたら改めて三者で会談しようという所まで話が進んでいる。今日依然大本教の亜流として四十年昔の「神霊聖典」の境涯を低迷している神道者が多い。

三十三　水と火の審判

最後の審判には第一と第二、水と火の審判があるとクリスチャンの山本久子さんがいう。キリスト教の洗礼にはヨハネの水の洗礼とイエスの火の洗礼とがある。教会の洗礼は形式的な猿芝居だが、霊魂の上に実際に行われる洗礼は即ちそのまま審判、禊祓である。みそぎは水注《みそ》ぎ、霊《み》（火）注《そ》ぎである。ヨハネの洗礼審判は水である言霊オウの上に施される月読命のアの次元への進出のための陰の禊祓であり、イエスの火の洗礼は言霊アオウの上に施される天照大御神のイエの次元への陽の禊祓である。

第一の水の審判を通過した者は宿業の輪廻から離脱して、アである純粋我、禅でいう天真仏、イエスのいう「汝改まりて幼児の如くならざれば天国に入るを得ず」の境涯を獲得する。「天地初めの時高天原に成りませる神の名は天之御中主神（ウ）、次に高御産巣日神（ア）、次に神産巣日神（ワ）」と云う古事記の造化三神の区別がみずから明白となる。この陰の洗礼が天国高天原に入る無門の門である。今日迄宗教、哲学、芸術の世界に活動した劫河沙《ごうがしゃ》の聖《ひじり》はすべてこの第一の関門を通過した者達である。

第二の火の審判はキリストであるイエスが自ら行う言霊、火の禊祓である。天の火、布斗麻邇に則って人間自我の全内容アオウエの四智の全局を整理合理化する。世界にこの整理が完了した時、生身《しょうしん》の天照大御神即ち天津日嗣である奇霊《くしい》なる霊性を成就した人間が生まれる。一人や二人でなく世界中に十四万四千人生まれて来る。過去三千年間は世界各宗教の活動によって、第一の水の審判のみが緩慢に行われていた。第二の審判は今日開始された。

最後の審判は全人類に取って限りなき喜びである無上の盛事盛儀である。この盛儀の執行を却って無限の恐怖を以って迎えなければならぬ者はすべて偏った不浄の霊魂であって、審判の結果その霊魂はこの世界に於ける存在を失う。不浄の霊は今日まで三千年間、餓鬼、畜生、修羅の地獄の境域を構成してその中に呻吟《しんぎん》しながら存在する事を許されていた。和光同塵時代であったからである。第二の審判の後はその地獄の境域そのものが消法するから、不浄の霊は存在場所を失って同時に消滅する。この時霊の憑依状態が深刻で、反省懺悔によってこれを生命から分離出来ない人間は霊肉共に死滅する。黙示録がいう如く黄泉が消え去るのである。

こうした意味で今後審判が進行すると共に、或いは地球上の人口が急激に減少するかも知れない。斯くいうことは第三文明会の勝手な憶測からではない。天皇から預言を命ぜられたイエスの黙示録が説くところであり、即ち天津日継の知食す皇運の趨勢であり、人類歴史の必然である。

本会の「最後の審判の集り」は今の所予審とも云うべき第一の審判の過程にあって、憑依宿業霊がむき出しに顕われて来る。偏った不浄霊の自己主張を何時までも続けて居ることなく、速かに反省懺悔すべき時である。霊魂が裁かれる事は生命が救われることである事を銘記しなければならない。

三四　悪人正機《しょうき》

ユダヤをユダヤたらしめた者は天津日継の経綸である。モーゼやイエスその他の預言者の活動とその預言と教義はすべて高天原から教伝指導されたものである。この事は現在のユダヤ民族やキリスト教の従来の伝統や信仰如何に拘らず真実である。大本教の出口王仁三郎氏も先師武智時三郎氏もユダヤから、聖書から日本を見ようとしていた。この様な本地垂迹の関係が逆転している考え方を本然の状態に転換して言霊布斗麻邇に立脚した天津日継の見地から聖書とユダヤの動きを見て行く時、未然の預言としてではなく、将来の成行の指導の上にその推移のすべてが明白に判断される。

この時人類に卒先してその天津日継の本体である言霊《ことたま》の幸倍《さきはい》（福音）を学び、これに順応調和しなければならない者はユダヤ民族である。長い歴史的な苦難を通じて全世界から嫌悪排斥され迫害されて来た。神から最も遠い存在であると見做《みな》されて来た者が実は神の恩寵を最も濃厚に蒙っている神の最大の愛子である。という事はユダヤ民族は神の選民である事を約束されていることである。ただしこの事は約束であって、まだ現実ではない。時が来て彼等が自覚してその福音を受取った時、初めてこの事が事実となって現われる。

「善人なほもて往生す、いわんや悪人をや」と親鸞は説いた。仏教信仰の極地であるこの悪人正機の逆説が始めて世界の歴史的事実となって大規模に現われて来た。親鸞は七百年前、個人の魂の救済の上でこの悪人正機《あくにんしょうき》を説いたのだが、全人類の生命の救いの主体である天津日嗣の経綸の上で、人間から見れば神に一番遠い故に、神から見れば神の一番手近に存在している者はすなわちユダヤ民族である。

彼等の中に言霊布斗麻邇への関心が急速に高まろうとしている。ユダヤ民族が今日までユダヤ自身の限られた独自の見解の下に人類を目し、世界を操縦しようとする長年の宿業《カルマ》を脱却して、祖先アブラハム、モーゼの魂の祖国であり、教への師である神代高天原の日本からユダヤ自身と全人類を改めて見直す段階に人類の歴史が到達した。ユダヤ民族の上に世界破壊と世界制覇の特殊の使命が授けられたのは天津日継の宏謨による所であるから、時が来てその目的が完了したならば根源の天津日継の道に還って行く。ユダヤ自体からこの事を見るならば長年の地上遍歴を終えてアブラハム、モーゼ自身の道に還えることである。その為にはユダヤ民族が歴史を通じて懸命に守り抜いて来た形式的な律法を、パリサイとサドカイ人としてキリスト教から排斥されて来た律法の形式的な実践踏襲をそのまま生きた生命の道《ロゴス》に遡源《さくげん》還元して、彼等の責任に於いてその原理を学び、その扉を開いて、これを全世界全人類の上に実現すればよい。

今まで哲学者が「神の予定調和」とだけ言ったのはその調和の原理が掴めなかったからである。その実態の黙示（形而上を道と謂い、形而下を器と謂う＝中庸）である日本並びにユダヤの三種の神器神宝、すなわちユダヤ民族が死守して来た律法の謎が釈けて、布斗麻邇言霊イとして開顕されて、世界の調和は神秘の神の経営によるものではなく、人間自身が操作する文明として明白な言葉と数を以って現実に指導される時となった。

ユダヤ民族は今日まで北斗の小星の一つとして形式的な律法を遵守して来た事の半面に於いて、現実的には独自の勝手な軌道を歩んで今日に到った。今日その歴史的な使命が完了した時、言霊の上ではオウ（意宇の国）の子星であるその「エホバの産業」といわれる民族の天職をそのまま持続しながら、進んで他のアオエの子星達と調和を保ち、更に根源の母音父韻の運行に順応して廻転することとなる。

この事が「悪人正機」「神の選民」であることの約束が現実に果される事である。自覚された文明の神である天津日継の経綸の中に直接に還元し、モーゼ自身の究極の道が完成実現する事である。正機である神の選民は神の最大の愛子であって、世界のすべての民族に先んじてロゴス《ロゴス》に摂取される。神の小羊イエス、キリストを殺した最大の悪人として描かれているイスカリオテのユダの魂が救われた時が宗教的表象信仰としてではない、本当の救世主が実際に再臨する時である。

言霊三種の神器を質《たず》ねて第三文明会を訪ねて来るユダヤのお使いに対して、葺不合朝の神足別豊鋤天皇がモーゼに対して行われた例を再び新たにして、今日私達が究明し得た限りの布斗麻邇の神法すなわち彼等の所謂シオン神殿の三種の神宝の原理のすべてを伝授することを約束する。干天《かんてん》の大地が慈雨法雨《じうほうう》を吸収する如くに受取って貰える事だろう。

　ユダヤ人が生命の言霊を掌握した時、その後から慌《あ》わてて高天原に人類の道を求めて殺倒するのは中共の指導者達であり、ローマ法王であり、続いて印度であり、アラブとソ連である。言霊三種の神器の宗家である筈の日本の現在の政治家、宗教家、学者、財閥そして最後にマスコミ、民衆が世界の後から大慞わてにあわてて追いかけて来る。

　三種の神器すなわちシオン神殿の契約の櫃《はこ》の中の神の言葉の原理三種の神宝が世界を救うのである。三種の神器は天津日継の天璽《あまつみしるし》であってこの原理Principle,Lawを世界に齎《もた》らし実施する者がすなわち救世主《メシア》である。その神器を嘗てモーゼが天皇から受取った時の如く改めて現代のユダヤ人が受取って世界に宣布活用する時、その時が、この事が民族の預言の如くメシヤがユダヤ人の間から起ち上る時である。

　廻転する独楽である世界の心棒を構成しているのが言霊五十音である。御貴台に於いては武智時三郎、岡本天明氏の門下として既にメシヤの数理は五十（五十連《イスラエル》・五十鈴《いすず》）、イエスは八十《やそ》（耶蘇《やそ》）とまで学んで居られるからには、生命の無い数だけを弄ぶことと、架空に神を描いてそれを背負い、それに恃《たの》む心から飛躍して、即、今エデンの園、言霊の殿堂の門をくぐって頂きたい。聖書等の預言を預言のまま持ち廻わって得意になっているべき時代ではない。三千年来の全世界のすべての宗教、神話の預言が現実に実施される時である。既に仏陀は涅槃の眠りから醒め、エデンの扉は開かれ、キリストは死から蘇返えり、天の岩戸から光りが輝き初めた。

三五　ヨブ記と言霊

モーゼやイエスの日本渡来の歴史が昨今漸く世界の問題になり始めてテレビで放送されたりしたが、その実状は今の所マスコミ、ジャーナリズムの気紛れな興味の対象となっているだけで、日本の学者、宗教家が進んで研究しようという段階にはなっていない。この事に関する記録は現在竹内、阿倍両古文献以外には無い。その無い理由は崇神天皇の和光同塵の宏謨に基いた聖徳太子、蘇我入鹿等の経営で煙滅《えんめつ》されたからであるが、その烟滅の事実もまた烟滅されているから、表面の研究だけではまるきり判らなくなっている。

そうした遺蹟や文献の真偽の検討は一応さて置くとしても、しからば彼等は一体何の為に日本へ来たか、その結果が彼等が残した文献に如何に現われているか、またそれがその後の彼等の民族や教団の動きと現在の文明の上に如何に現われているか等の事柄を明かにすることによって、その三千年、二千年昔の神道と彼等の関係を開明する事が出来る。またこの開明によって神道と彼等の現在の後継者が改めて相携えて文明解決の為に何を為すべきかが決定される。そしてこの事は彼等と時を同じくして来朝留学した釈迦の仏教や老子、孔子の儒教との関係に於いても同様である。すなわち聖書と神道、法華経と神道、四書五経と神道の関係が人類の運命を解決するのである。これ等の概要に就いては既に「第三文明への通路」と「言霊百神」の中で一通り紹介してある。

ここで太古の日本と外国の交渉の一端である神道と聖書の関係を開明するもう一つの重要な記録としてヨブ記がある。「言霊百神」や、また前章でも触れて置いた所を更に詳述する事とする。ヨブはモーゼとイエスの歴史的には中間に活動した預言者で、その数奇な生涯はゲーテの戯曲「ファウスト」のモデルとされ、イエス以前のキリストとも云われている。そのヨブ記の特に三十八章の記述が言霊の呪示的象徴的紹介であって、この記述は言霊そのものを以ってしなければ、他の如何なる哲学や数理を以ってしても釈き得ない事が明瞭である時、あるいはヨブもまたモーゼやイエスと同じくその生涯の或時期を日本で送り、神代天皇に就いて言霊布斗麻邇を学んだ人であるかも知れない事が考えられる。しかしその事の記録は聖書にも日本の神代史の中にも見当らないから今はまだ推測に止めて置く。

「茲にヱホバ大風の中よりヨブに答へて宣はく……地の基を我が置ゑたりし時なんぢは何処にありしや……誰が度量を定めたりしや、誰が準縄《はかりなは》を地の上に張たりしや、その基は何の上に置かれたりしや、その隅石は誰が置《す》ゑたりしや」。

この記述は地球の北極、南極や経緯度などの現実の現象が如何にして定まったかを問うているものではなく、人間内部の生命意志発現の純形而上の原理、すなわち神の言葉である言霊が置き並べ置き足らわされている先天的先験的な範疇が問われているのであって、この意味でこれは古事記の「島生み、国生み」と同じ意味のものである。ヱホバの問に対して我々は言霊を以って明白に答える事が出来る。大祓祝詞に「下津磐根に宮柱太敷き立て」とあるが、これは形而下の神宮や皇居の建築法ではなくして、人類文明の形而上の基礎の作り方である。ヨブ記の神はこの事を問うている。地《ち》の基は智《ち》（道《ち》）の基であって、下津磐根すなわち五十葉音《いはね》（五十音言霊）がそれである。誰がその道《ロゴス》の基を据えたかというと、それは皇祖であり文明の創始者である伊邪那岐神（天皇）という自覚した聖者《ひじり》（霊知り《ひし》）であって、これが聖書ではヱホバという観念的信仰的な存在として説かれている。

度量 measure は度と量に分れる。度（物指し）に三種類がある。十を以って全体数とするものを十拳剣《とつか》といい、九進法を九拳剣《ここのつか》、八進法を八拳剣《やつか》という。十拳剣を用いるものは神道布斗麻邇であり、九拳剣は仏教及び儒教（易）であり、八拳剣は科学である。量（価値・形而上の質量）を現わすものは三十二の子音であって、物理学に於いては陽子と陰電子の組合わせである原素に原子量（価）がある。言霊にあっては母音（アイウエオ）と父韻（ヒチシキミリイニ）の組合せによって子音を生じ、これに価値が現われる。価値とは時処位である。時置師《ときおかし》（父韻）と位置師《くらい》（母音）の結合によって処置師《ところ》（子音）が現われる。

準縄《はかり》lineとは縄（名和《なわ》）の張り方、すなわち言霊母、父、子音、特に父韻の並べ方である。父韻は易の八卦であって、世界観人世観によって父韻の順序が相違する。易ではその基本的なものを先天八卦といい、変化し整理されたものを後天八卦という「カサタナハマヤラ（天津金木）とタカサハヤマラナ（天津菅麻）を八針に取裂きて天津太祝詞言を宣れ」と大祓祝詞は指示している。タカマハラナヤサを天津太祝詞という。

しからばこれ等の変化動揺して定まりなきが如く見えるこれ等の母、父、子音を如何にして正しく継ぎ止めるfastenか。この事が「最後の審判」であり「禊祓」であって、その隅石corner stoneとなるものはアワイキの四音である。四つの隅石に囲まれたスフエヤを粟飯《あわいい》（阿波岐）原という。

「海の水ながれ出て、胎内より湧きいでし時、誰が戸をもて之を閉じこめたりしや、かの時われ雲をもて衣服《ころも》となし、黒暗《くらやみ》をもて之が襁褓《むつぎ》となし、之に我が法度《のり》を定め、関および門を設けて、曰く此《ここ》までは来るべし、此を越ゆべからず、汝の高波ここに止まれ」。

下津磐根

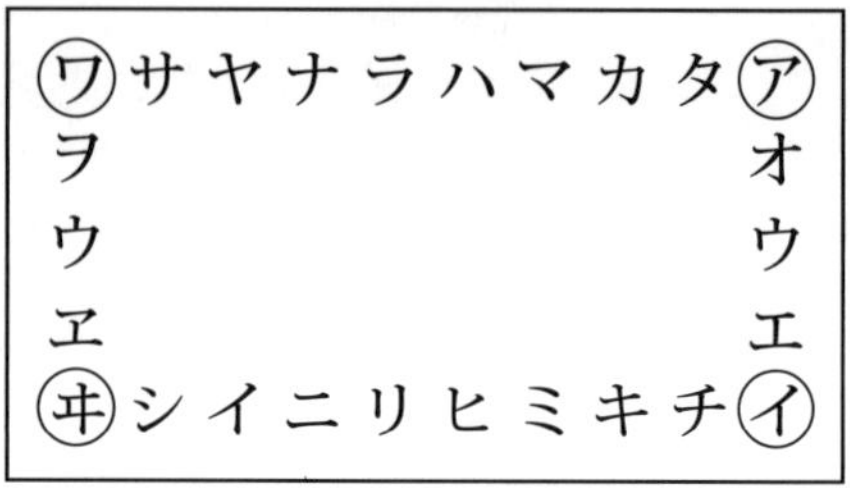

図 19-1. 下津磐根

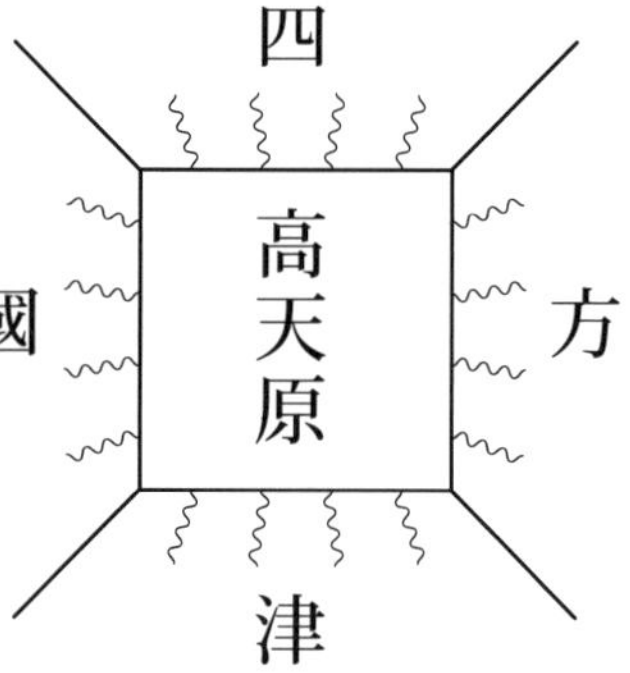

図 19-2. 高天原

この節は「言霊百神」の中で略説したが、古事記の伊邪那岐、美二神の「絶妻の誓《ことどわたし》」を述べている。すなわち伊邪那岐神が高天原と黄泉（四方津）国との間に境を設けて、清浄無垢な生命世界である高天原を言霊を以って結界した消息である。海《うみ》の水は産霊《うみ》出された思念のことである。それは胎内からOut of the womeから湧き出て来る。胎内を仏教では胎蔵界という。創造の根源であって、しかし創造されたものが未だ整理されていない在りのままの自然の段階であって、これが完全に整理調和された文明世界を金剛界という。

その無軌道奔放に湧き出る水すなわち思念を閉すということは、それが胎内から出ないように閉鎖する事ではなくして、むしろその渾沌として流れ出たものがそのままの状態では再び胎内に逆流して来ない様に戸を立てることである。創造者である伊邪那岐大神のいらっしゃる日《ひ》の少宮《わかみや》（霊の湧く宮）といわれる大自然の高天原からは絶えず様々な思念が湧き出て流れて行く。その流れて出て行く先が黄泉（四方津）国である。その四方津国で様々な思想となって現われる。その未整理未完成な思想を黄泉醜女《しこめ》といい雷神という。醜女が元の高天原に帰って来ぬように戸を閉すのである。

古事記に於いて伊邪那岐命が妻神伊邪那美命と協同して子生み（言霊子音の創造）を終えた時、妻神は黄泉国へ神避《さ》り給うた。夫神はその後を追うて陰府《よみ》に到り、具《つぶ》さにその国の混乱の状況を視察し、その醜状に恐れをなして高天原に逃げ帰った。妻神（黄泉大神）は逆に夫神を追うて醜女や雷神と共に高天原に迫った。仍《それ》で伊邪那岐神は自己の住む高天原の境域を確保する為に黄泉国との境界（黄泉平坂《ひらさか》）に言霊の注連縄《しめなわ》（千引石《ちびきのいわ》）を敷いて黄泉軍の侵入を防ぎ、絶妻《ことど》の誓《わたし》（離婚の宣言）を行った。伊邪那岐神はこの後更に禊祓によって高天原生命界の整理を行わなければならないからである。すなわち胎蔵界を基にして金剛界に組立てなければならないのである。

高天原の実体は前掲の五十音図で示した聖書のエデンの園である。ここではその自然発生的な未完成組織である。この時如何にしてその高天原を結界して境域を定め、その内容を確保したか。雲を以って衣服となすとある雲とは天の八重雲、叢雲剣という如くすべて父、母、子音の言霊の事であり、衣となすとは心《こころ》の上に百《も》（百神）である言霊を以って装《よそ》おいとする事である。黒暗《くらやみ》はいまだ現象に顕われない以前の実在実体《サブスタンス》であって、これを隠《かく》り神と云う。すなわちアオウエイ五母音である。単にこの五母音（地水風火空・木火土金水）だけを衣とするものは仏教にせよ儒教にせよ幼稚な思想であるから、それは幼児の衣すなわち襁褓《むつぎ》である。これを少名彦《すくなひこ》神という。少は幼・稚・若である。こうしてアオウエイ五母音（生命の樹）を基とする五十音言霊の原理法則を制定して、またこの法度《のり》を注連縄に張り廻らせて結界して関及び門として高天原を閉鎖した。「ケルビム（アオウエの四音）と自《おのず》から廻転《まわ》る焔の剣（八父韻）を以ってエデンの園を守る」と創世紀は述べている。

伊邪那岐神は千引石（言霊）を防壁にして妻神に対して事度《ことど》を渡す（言霊の戸を設置する）時に妻神の軍勢に向って「雷よ来《く》な」と叫んだ。故に伊邪那岐神を岐《くなと》神という。くなの本体は九十《く》七《な》言霊である。高天原エデンの園の四方から襲いかかる波浪はすなわちノアの洪水でもある。その高波は注連縄の関門の戸までは来てよいが、ここを越えてはならない。そこに止まれということと「雷よ来な」と止めた事とはその意義は全く同じである。

「なんぢ昴《ぼう》宿 Pleiades の鏈索《くさり》を結びうるや、参宿 Orion の繋縄《つなぎ》を釈きうるや、なんぢ十二宮 Mazzaroh をその時にしたがいて引出し得るや、また北斗 Arctures とその子星を導き得るや」

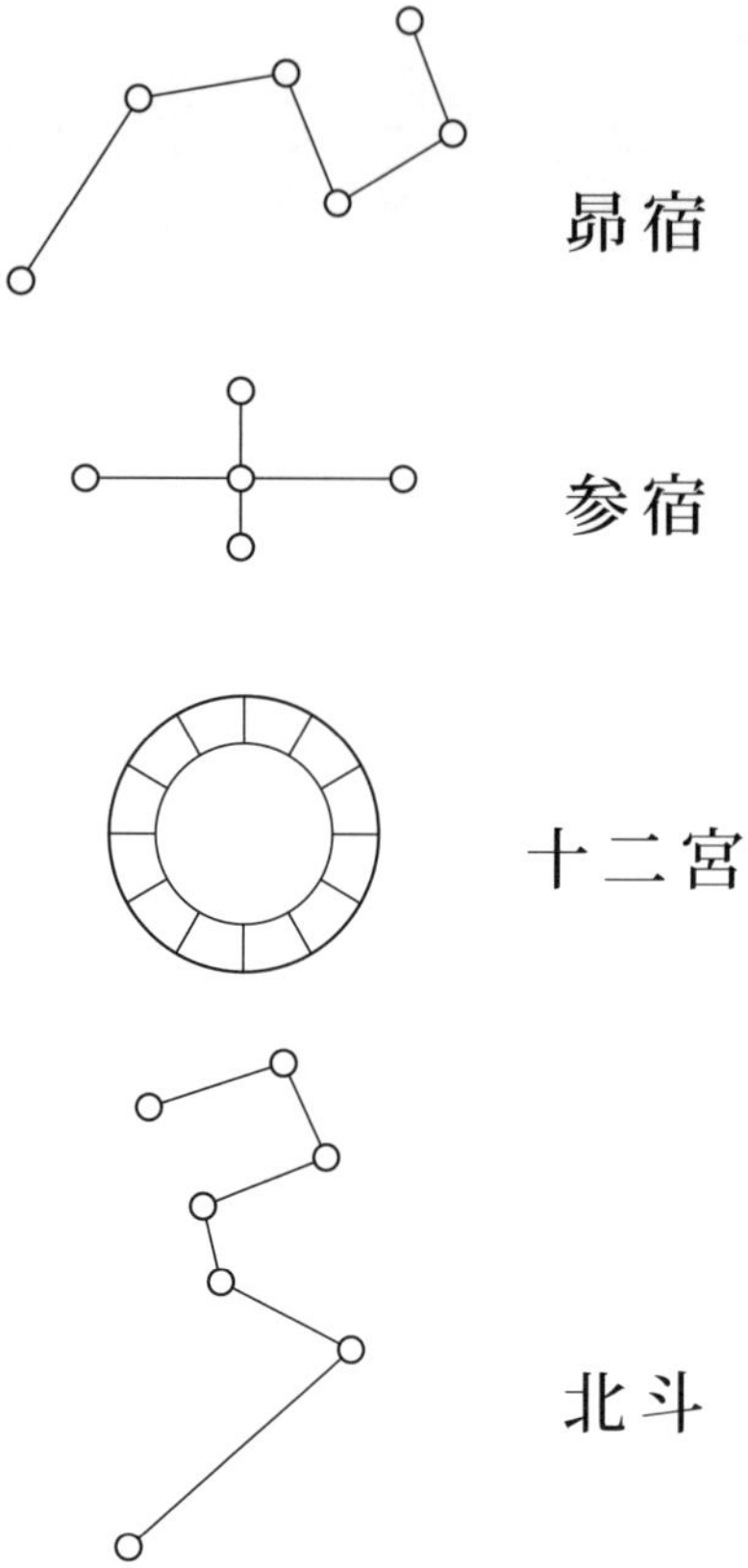

図 20. 昴宿、参宿、十二宮、北斗

この節は天空の星辰そのものを言っているのではなく、その星を象徴に用いて言霊を説いているのである。昴宿は数個の大きな星を取巻く無数の子星の集まりのスター・クラスターである。古代日本語でこの星座を統（すばる）という。言霊の綜合体の義である。大きな星は母音および父韻であり、衆星は子音に擬せられている。その鎖を結ぶことは父母子音の言霊の順序を連結し得るやという質問である。参宿は縦に並ぶ三つの星と横に並ぶ二つを以って構成されていて、アイウとエオの五母音に擬《なぞ》らえてある。その繋縛《けいばく》を釈くとは漢法医学の五行相生相剋の順序を明かにする事、或いは古事記序文の「五行の序を整ふ」という事の謎である。

十二宮は母音をアイウ（天地人）の三個に取り、父韻のタカサハの陽音のみを取った相乗積の十二数であって、これは四十八言霊を十二に縮めた要約数でもあり、三十二子音の簡約された操作法でもある。子丑寅の十二環獣《マザロス》の原理は古来東洋にも西欧にも用いられている。この十二個に要約された言霊（子音）を時に従って引出すということは四十八（三十二、十二）言霊を適用して現実の事物の動きを正確に把握操作指導し得るやという事である。次に前述した如く北斗の七星はウアワオヲエヱ七母半母音であり、子星は子音である。この北斗星座を導くこととはまた同じく母音半母音子音を以ってする文明の操作指導を為し得るやという問いかけである。

以上でヨブ記三十八章の咒文を言霊を以って明白に釈き得た。大風の中から呼びかけたヱホバのこの問に対してヨブが以上の如くに答え得たかどうか判らない。聖書にはただ問だけが記されてある。モーゼとイエスの中間に於けるヨブ記はこの様な神道の生粋の原理が聖書の記録に残されている事は何を意味するか。

それにしても「大祓祝詞解義」で詳述した如くその大祓の中の特に国津罪の各項目が殆どそのままそっくりより詳細に布衍《ふえん》されて聖書の上にモーゼの十戒として記されている。更にユダヤの画期的な預言者であるイエス（彼は預言者であって救世主ではない。釈迦が阿弥陀仏を描き出したと同じ手法を以ってイエスの姿を救世主に仕立てて信仰の対象に祭り上げたのはローマ法王ペテロの仕事である）の黙示録二十三章には前記の要約された十二数を以って「生命の城《まち》」としての言霊の組織が示されている。モーゼとヨブとそしてイエスの説いた所は斯の如く神道と密接な関係があり、布斗麻邇を以ってしなければ釈くことが出来ない、神道そのものであることが明白である。

もし以上のヨブ記の咒文が五十音言霊を用いずしてユダヤ人やキリスト教徒に釈くことが出来るならば、例えば先師武智時三郎氏や大本教のM氏が説く如くにユダヤが神道の本地《ほんじ》であって日本がその垂迹《すいじゃく》である事となる。歴史を三千年以上の昔に遡上ることを得ず、直接言霊を操作しない限り、そうした見解も成り立たないわけではない。しかしその見地を以ってヨブ記が釈けない限り我等が唱道する如く、モーゼとイエスと或いはヨブが日本に渡来留学した事、彼等が神代上古の天皇より将来の世界経営分担の命令を授かった事が真実である事を道理の上で卒直に承認しなければならぬ。不承認は単なる感情論に、反対は屁理屈に終る。

ユダヤ教徒とそしてキリスト教徒が何を措いても先ず言霊を学び、その原理を自己と世界の上に卒先実行しなければならぬ時代が到来した。この事は日本の神道の教えに従うという事よりも先ず彼等の祖先の聖者であるモーゼとヨブそして純真な青年預言者イエスを連繋する一貫した共通の道そのものに遵うことである。

だがこの様にヨブ記の事などを論《あげつら》ったとてエコノミック・アニマルに過ぎない自己喪失の現在の日本人には何の感想も感興も湧かぬ事だろうが、彼等は当分放って置けばよい。いずれ欧米の黒船がもう一度やって来て、改めて日本の精神的な開国を迫る。その時にならなければ日本人は眼を醒まさない。米国とそしてヨーロッパで活動している本会の会員諸君に本号のこの記事をこのまま、ユダヤ人とそしてキリスト教徒に神道の歴史的、原理的意義を啓発する資料として活用して頂く。

第三文明会は神代ながらの天壌無窮、万世一系の高天原日《ひ》の本《もと》の精神的本拠であって、言霊布斗麻邇を以って人類の霊魂の活動すなわち文明の組織と経営を整理する最後の審判、禊祓の執行実施に任じている。言葉の統一総持である言霊布斗麻邇は全世界人類の転輪聖《メシア》皇である天津日継の天璽《あまつみしるし》であって、この事は従来の日本一国一民族の憲法上や慣習上の存在としての所謂「天皇」とは次元を異にする没交渉な別個の事柄である。

三六　ユダヤの自己開顕

旧約聖書の数的解釈であるズハール（カバラ）の形式的信仰とその形態的実践を懸命に墨守して来たのがユダヤ民族である。その中に固く閉ざされて、他の世界、他の次元を見る事なく、閉鎖され眼かくしされたセクショナリズムの中に馬車馬の様なひたすらな歩みを続けて来た。その閉鎖された次元が彼等が歴史を生きて来た聖書のいわゆるユホバの産業の世界である。それ以外の次元は神の選民という約束と自負《プライド》を満足させる方便手段である。ユダヤ民族にはそうした閉鎖された自己目的以外に目的がない。

その目的達成の為に彼等以外の人類はすべて人間として認めないゴイ（豚）であり、彼等の為の材料と手段である。シオン・プロトコールはこの様に堂々と宣言している。彼等の民族的結束と信念と勇敢さには敬服するが、もしこのプロトコールがユダヤ人を中傷する為の偽書であるなら、彼等は世界からその様に見られているのである。この為にキリスト教から迫害され、ナチス政府の大量虐殺を蒙った。

ユダヤ民族が自己存在の根拠として立籠《たてこも》っている次元は言霊の上ではウ（感覚）とオ（経験智）であって、そのユダヤ的活動の発展である出雲神話（風土記）の主権者大国生命が住む境域を意宇《おう》の国という。神道書の記録は世界の縮図であり指導である。オウの次元に閉鎖されて、しかし一方その次元を民族を挙げて血みどろに守り通して来た。オウだけの次元はそれ丈けでは限局閉鎖された世界であって、それは広々と自由な純粋なア次元（芸術）の世界ではなく、またもとよりアオウエイ五つの生命の次元の全体を遊歩する自由普遍の世界ではない。こうした民族と歴史を通じての自己閉鎖拘束の為にユダヤ民族の間にはオウの学問である科学者は多く出るが、哲人と宗教家が現われる事が尠《すくな》い。

ユダヤの自己閉鎖は彼に取って自由の拘束であり、他の迷惑である。そのユダヤの宗教的戒律の形式的実践の打破と愛である自由なアの世界への人間開放を唱道して彼等の中から起ち上ったのがイエスであるが、これは彼等に取って民族が護持する教を破壊する異端であった。イエスは民族の忌避に遇《あ》って十字架に死ななければならなかった。だが神の小羊イエスを殺す事はユダヤ民族が予定された歴史的必然の時まで自己の閉鎖を持続しながらその使命を遂行する為に必要な事であったのである。だがここでイエスを殺したユダヤ教徒を非難しているのではない。また殺されたイエスの行がそのままで絶対の義であると信じるわけでもない。双方共にそれぞれに為すべき使命を分担しながら今日まで然あったのである。歴史が進捗してユダヤの経営に係わる科学と産業が発達して、世界文明経綸の予定の時期が熟して、今日まで反目抗争を続けて来た古いユダヤとキリスト教が共にそれぞれの使命を完了し、双方の意義を認め合って、手を取り合う時が来た。

釈迦は人類の為に仏教を説いたのであって、印度人はその説法の当面の相手ではあったが、仏教は印度人だけの仏教ではない。モーゼは全人類のために十戒を掲げて道を説いたのであって、ユダヤ人はその当面の相手であり、手始めの経営であったが、彼はユダヤ人、ユダヤ教だけの教祖教主であったのではない。

しかし或項からユダヤ人に自己閉鎖、歴史的民族的セクショナリズムが始まって、モーゼの教訓を彼等自身のものとして、その宗教的形式の中に陥没し、キリスト教との対立が生じた。何故こうなったか、誰がその様に仕向けたか、天津日継の世界経綸の上でこの様な政治を行った当事者とその経緯がやがて明かになろう。

だが執《いず》れにせよこの様にモーゼの言葉をそのまま形式的に懸命に守り通して来た事は人類の宝である聖書とモーゼの道の形体を純粋に持続して来た点に於いてユダヤ人の大きなメリットである。斯くしてこの道をヅハール（カバラ）に展開し、タルムードに布衍《ふえん》し、更に一転してシオン・プロトコールに宣言して、これを以って自己と自己の家族と自己の民族の魂の容器信条として、忍耐を以ってその殼を守り、その産業の隆盛を図って来たのがユダヤ民族であるのだが、しかし以上の事を何時までも固執している限り全人類のために表十戒の道徳律と裏十戒の言霊を説き神の口より出ずる言葉としてのマナ（真奈）を伝えてくれた祖先の大預言者モーゼの道に真に忠実である所以ではない。ユダヤ人がその宿業《カルマ》であり精神的疾患である自己閉鎖を脱却し、彼等民族の為のみのモーゼの教えではなく、全人類の為のモーゼの五書である所以をみずから明かにして、人類の住む普遍共通の次元の全部に自己を飛躍展開する時、ユダヤ人が神の選民として約束されている所以がユダヤ人だけの独断的信仰からだけではなく、事実として世界人に承認されるのである。この事をキリスト教は「イスラエルの悔い改め」として且つ「律法と預言者を成就せんがため」として予定し希望し預言して来た。イエスは本来このイスラエルの魂の眼覚めの為に起ち上ったわけであったが、ペテロ以後ローマに根拠地を置くキリスト教となってからは、そのイエスの意図も救世主信仰という穀の中に限局閉鎖され、そのキリスト教の殻とユダヤ教の殻とが対立の形になったまま今日に及んでいる。

聖書の道が世界に展開される事はシオン・プロトコールの巻末にその結論として約束されている事である。この書が偽書でないならば、その最後の最高の約束を実現する時期が到来した。この事が今日のユダヤ人の急務であり、この実現によって初めて伝統の民族の誇りが独断ではなく真実となるのである。しからば全人類に共通普遍であるモーゼの五書とその後の預言者の道とは何事であるか。

この時今日まで三千年間人類の自覚から隠されていた世界の太古神代歴史を背景として、日本人の民族の伝統と魂の遺伝の中に秘蔵されていたその神代の神道原理として、日本からモーゼに教伝された彼の十戒すなわちマナ、換言すればエデンの原理の実体が世界に公開された。この事は即ち旧約聖書とモーゼとが従来のユダヤ的なオ・ウの殻に閉鎖された形ではなく、本来の世界的な普遍の真理の姿に蘇返って来た事である。

この事を更にもう一歩進めて考えて行くと、これは単にユダヤ教、キリスト教だけに関する事柄ではなく、同時に三千年間釈迦の法華経に秘められていた仏所護念、摩尼宝珠の原理が開顕された事であり、今まで数の操作のみに終始して来た中華の易経の奥義が顕現した事であり、預言の最後の封印者であったマホメットの封印が開かれて、その中からユダヤ、印度、ギリシャ古来の預言の正体が出現した事でもあるのである。

モーゼ、釈迦、老子、孔子、イエス、マホメットの何れも神代上古に日本を訪れて神道を学んだ留学生であって、天津日嗣の委嘱《いしょく》によってその学んだ一端をそれぞれの宗教として表象と概念を以って教えたものが今日の世界の宗教である。三千年の予定された期間が過ぎて日本からそれ等宗教の根本である神道の全貌が出現した時、すべての世界宗教とそして神話の信仰と概念と形式の殻がすっきりと脱却されて、元の完全な道（ロゴス）の姿に復帰した。

以上の神道を基調とするユダヤ教、キリスト教、儒教、回教の教義《ドグマ》と信仰と形式の封印解除は天津日継の本拠である日本の先駆者によって開始された。その先駆者は受膏者《アノインテッド》であり、その数はまだ極めて少ないが、そして予定されている十四万四千人にはまだまだ遠いが、十名でも二十名でも既に世界に起ち上った以上、この新鮮な歴史的事実を何人もいかんともする事が出来ない。再びそれ以前の状態に世界を戻す事の出来ない人類歴史の必然である。夜が明けて黎明《れいめい》の光りが射し始めた時、その光りを元の暗に戻す事は出来ない。

モーゼは世界人のモーゼであってユダヤ人のみのモーゼではない。この事は神道が全人類の為の神道であって、日本人の為のみの神道でない事と同じ意味である。しかるについ先年まで日本人はその人類に普ねき生命の原理である神道を、自己を精神的に閉鎖（鎖国）していた島国根性である民族主義的考えから、自己の為のみの神道と考えて、これを帝国主義の上に悪用して来た。大東亜戦争を企《くわだ》てて日本人以外の民族を蔑視《べっし》し、侵略し殺戮《さつりく》した。今日はじめて日本の先駆先達《せんくせんだつ》が自己の次元的閉鎖をみずから打破脱却《だはだっきゃく》（天の岩戸開き）して、人類の最高の最奥の真理である神道布斗麻邇の把握と自覚に立つ事を得た。先頃までの醜い蛹《さなぎ》の殻であった狭小な民族神道、国家神道が脱却されて、全人類に普遍の真理としての三種の神器を開顕しつつある。禅のいう「仏祖の縛」である皇祖神の霊縛を日本人が脱却した事である。モーゼの殻を脱却して真のモーゼに還るべきユダヤ人に取って、新たに起ち上った日本人は彼等に先んじてこの事を自覚し実行した一日の長ある先輩である。

この日本人の新しい本来の神道への次元的飛躍と復帰はユダヤ人の自己開顕の為の指針であり先蹤《せんしょう》であり、同時に中共と印度と全ヨーロッパの、即ちキリスト教、ユダヤ教、回教、仏教、儒教の自覚でなければならぬ。敢て宗教の世界だけではない。全世界のすべての民族と国家が今日までの三千年の歴史を通じて閉鎖されていた宿業である自己閉鎖《ナショナリズム》を脱却する時期が来たのである。表題にユダヤの名を掲げたが実はユダヤ人だけが自己開顕をしなければならぬわけではない。

だがその中でユダヤ人が卒先してその魂の宿業から釈き放されなければならない理由がある。それは彼等が預言されている神の選民であるからである。日本人が究明し得た生命の究極の形而上の原理を天壌無窮、万世一系の言霊五十音（五十鈴宮）、布斗麻邇三種の神器という。この原理がこのままユダヤ教、キリスト教、回教の聖典である聖書の三種の神宝（モーゼの十戒石、黄金のマナ壺、アロンの杖）であり、法華経の仏所護念、阿弥陀経の一切諸仏所護念経であり、易経に示された数的操作法のもう一つ奥に存する言葉の操作法である。もしユダヤ人が早急にこの事に気が付かないならば、キリスト教、回教或いは仏教、儒教が彼等に代って先に自覚する事だろう。

世界の混乱は思想的にも政治経済的にもすべて五千年、三千年来の人類の宿痾《しゅくあ》であり宿業である各自の自己閉鎖から生じる。それは創世記に伝えられる通り、ヱホバが共通普遍の言語《ロゴス》を紊《みだ》し、これを昧《くら》ました事によって、民が各々自分の言葉、自分の道理に拠って、自分のセクションに立籠《こも》らざるを得なくなった事から発生した。斯うした人類の昔からの自己閉鎖、自己封印が解放されて、その初めのエデンの園の組織の通りに人間本来のロゴスが復原されたのであるから、黙示録の預言の如く生命の樹の葉（言霊）が万国の民の宿痾を医し、宿業を釈く時が来たのである。この生命の樹の葉すなわち神道の言の葉の誠の道の操作を禊祓という。この禊祓の操作を全世界に指導し執行する者が天孫民族である高天原日本の霊知《ひしり》（聖）すなわち預言者である。禊祓によって人類に卒先して自己の封印を釈く者が神の選民である事を約束されているユダヤ民族である。

三七　水の洗礼より火の洗礼へ

文明の進展は水の洗礼（禊祓）の時期から火の洗礼の時代に推移した。水の洗礼は、バプテスマのヨハネの洗礼である。火の洗礼はヨハネの洗礼を受けて起ち上った救世主自身が行う洗礼である。水の洗礼は陰である言霊オ、アの洗礼であり、火の洗礼は陽である言霊エ、イの洗礼である。第三文明会は今日まで哲学、宗教、芸術等の古い命題を借り用いて言霊を釈き且つ説いて来た。これが言霊オ、アの洗礼である。今後は悟性、感情の方法に訴えることなく、言霊そのものの直接の活動によって霊魂の審判、整理、浄化、禊祓を行う。

火の洗礼は水の洗礼を経た上でなければ受けられない事が道の順序である。今まで水の洗礼として言霊を説いて来たが、怠惰と不信と慢心と、ウ言霊感覚官能生活に対する閉鎖執着等の業障のために、その第一の洗礼を受取ることをみずから拒否する者は言霊が生命を導く炬火であり、宿業を焼き尽す炬火となって活動することに随いて来られなくなるだろう。事実日本に於ける本会の会員の集りは漸減の趨勢を辿り、毎月の例会の出席者も数名を数うるのみとなった。本会は起ち上って世界を救う者を養成する教団(ゼミナリオ)であって、自ら救われたい亡者を誘惑して引きずりひん廻わし、搾取する宗教団体ではないのだから、この趨向《すうこう》はこれで差支えないのである。「人を漁《すなど》る」会ではあるが、小さな稚魚や雑魚は網の目から洩れる。

しかし一方欧米の支部では言霊讃仰の青年達が週に月にその数を加え、支部の担当者は東奔西走に寧日《ねいじつ》がない。言霊の教科書は既に英語、スウェーデン語、スペイン語等に翻訳されて、各地に研究会が開かれている。しばらくこうした水の洗礼の後、火の洗礼を受ける言霊操作の資格者が欧米の青年の間から続々と現われて、世界の檜舞台に起つことだろう。

月二回の会合は今後も開催を継続するが、しかし従来のやり方での学問としての講義はもう止めよう。今後言霊を質ねて来る人は先ず予め指導書によって一通り自分で研究した上で、必ず質問と感想を携えて参会して頂く。言霊に就いて読み聞きしただけで、自己を披瀝することがなく、魂の審神《さには》としての問答を行わなければ、その耳と眼だけの学問はすべてその人の宿業の餌食となる。霊魂の宿業の閉鎖を脱却出来ないからである。自己を赤裸々に吐露して言霊の鏡の前に、五十音図の上に霊魂の整理審判がなされない時、判断は従前の自己の見解の範囲を出ることがない。

この為に切角全世界、全人類の叡智の殿堂の門にまで辿り着いても、空しく踵を返して元の歴史と社会の渦巻きの中に再び呼び戻されて行ってしまう。その本人は無自覚だが限りない遺憾である。この時或者は自己の見解の平面的拡大に慢心を生じ、言霊を吹聴する事によって自分の名を売ろうとする。これを商品として他の何かを得ようとして、言霊が無一物の「空」から起って、元の空に帰る「無所得」の道である事を知らない。果ては先達に対しての個人的な反抗心、ライバル意識、嫉妬心を燃やして、会との関係が断絶する。言霊オである天津日継の経綸との繋がりの糸が切れたゴム風船となって漂って行く。一度会から去った者は迷いが前より一層深刻になるから多くは再び帰って来られない。会員が会に止まれず無縁となるのはすべて以上の理由からである。

共に言霊の鏡を鏡としていそしみ合う限り、その間に意見の相違を生じる事はない。これが生命と文明の公理である言霊の功徳《くどく》であり稜威《みいづ》である。永遠の同志であり同行である。「提婆達多の成道」はこの事を戒めた。「一人居て喜こわば二人と思うべし、二人居て喜わば三人と思うべし、その一人は親鸞なり」（歎異抄）。第三文明会は常に有縁の人と共に在る「その一人」である。

水の洗礼を願う人々の為に今迄会報等に発表した言霊オ、アの上に立った講話、小論を改めて推敲して、数冊の書物を出版する計画である。既刊の「第三文明への通路」「言霊百神」への入門書であり、更にその詳細な解説及びその後の研究の発表である。いまその原稿の推敲を進めつつある。

筆者今年七十一才。肉体的には既に老齢である。道の遠きを思って健康の保持に鋭意工夫を怠らないが、昨夏は暑気当り、秋は風邪で寝込んだりして会誌の発行が停頓《ていとん》した。ピカソや鉄斎の事を考える。その晩年の作品はいずれもデフォルマシオン（形式打破）の絵である。孔子は「七十にして矩《のり》を越えず」と言った。自分ももうオやアで言霊を描いて居られない年齢である。あらゆる先入観念も、自己の修練の成果さえも捨て去って、既成のものは何も無い幼児に帰った状態がデフォルマシオンである。心経でいうなら最初の「空」の純粋持続である。

今後言霊を講義操作するに当って、必ずしもオ、アを以ってせず、直接にエ、イを以ってしよう。言霊から現われ出たものを以って逆に言霊を説こうとせず、言霊そのものをぶっつけ本番で提示しよう。文章なども岩巌や芭蕉の俳文の様な簡潔なものになって行くことだろう。業濁のどん底で、腐った過去の「牛の尻尾」（無門関第三十八則）に獅噛み付き、引きずり廻わされている日本人一般にはいよいよ判り憎くなる事だろうが、言霊の世界に入りたかったら先ず一通り書物を読んで、質問によって知識《オ》と感情《ア》の洗礼を受けて頂くことにする。素直な欧米の青年には言霊そのものを直截にぶつけた方が却って判り易かろう。いずれ「言霊百神」も哲学や宗教の命題や教義や古事記、日本書紀の咒文的手法さえも用いずに、言霊自体そのものの公理洪範《こうりこうはん》として簡潔に書き直す予定で居る。陰なるオ、アの第一の水の洗礼、禊祓より、陽なるエ、イの火（霊）の洗礼、禊祓へと、言霊布斗麻邇を鑑とする最後の審判、人類霊魂の整理浄化が着々と全世界の上に進行している。第三文明会がその操作経綸を行っている。

三八　モーゼとダビデ

イスラエルには三人の典型的な王があった。モーゼ、ダビデ、ソロモンである。モーゼはシナイ山に登って神に詣り、十戒を得た聖書である。日本に存する秘史によれば彼は二回日本を訪れた。その秘史と聖書の上に言霊の操作を加えて明かにされた所によると、彼は皇室に就いて神道布斗麻邇の教伝を受け、大祓祝詞を教示された。この事の証拠として日本の三種の神器と同意義のイスラエルの三種の神宝を授って民族に伝えた。また布斗麻邇に則ってユダヤ教の教義を編み、律法として民族を統卒し、進んでローマ帝国に受継がれた欧洲精神文明の基礎を樹立した。釈迦と比肩し、むしろこれに優る大聖者である。国名のイズラは大和言葉の五十連《いずら》すなわち五十音言霊の義である。

ソウルの後を受けてイスラエルを支配したダビデは覇者であった。四隣を征し国家の努力を拡張してこれをその子ソロモンに譲った。ユダヤ民族の最盛時はソロモン王朝である。彼はダビデの権力を継承すると共に、モーゼより伝わったイスラエルの道を宗教と芸術の上に展開し、東方の哲学と更に当時の科学にも通じていた賢者であった。その後国家はイスラエルとユダヤの南北朝に分れ、やがて異民族の征服する所となって国家は滅亡し、民族はバベルの混乱の時に於けるヱホバの預言、予定に従って普ねく地の上に逸散し、ユダヤ人の漂泊と地下潜入が始まった。

イスラエルの思想の流れはこの三人の王に源を発する。三者は一つの国、一つの民族の指導者であるが、その魂が根拠とする所を異にしていた。モーゼは言霊ア、エ、（イ）を操作し、ダビデはウ、オに拠り、ソロモンはオ、アの境域に活動した。ソロモンの経営は聖者であるモーゼと覇者であるダビデの事業の綜合である。ソロモンの時代までが現実面に顕出したイスラエル民族活躍の時期であって、遠くアブラハム、ヤコブから発した流れはモーゼの時にウオアエ（イ）に綜合され、これをダビデがウオに発展し、更にこれをソロモンがウオアに開華した後、民族の生命の流れはウオとアエの二つに分裂し、イスラエル民族自身と及び広くその影響を受けたヨーロッパ人種を支配し指導して遠く今日に到っている。

第一のイスラエル

モーゼは日本から教伝された言霊を直接には説かなかったが、その遺した教理と戒律はすべて言霊の操作活用である。あたかも東洋に於ける孔子の道徳律が言霊の応用ではあるが、言霊そのものには触れていない事と同様である。モーゼの正系の流れはイ（言霊原理）を除いた宗教、芸術として華やかにソロモンに継承された。それは次で神人預言者ヨブの信仰として現われ、やがてイスラエルの最後の預言者イエスによって愛（ア）と叡智（エ）の宗教として布衍展開された。イエスの宗教は更に弟子、ペテロによって、日本の親鸞の浄土真宗の阿弥陀仏（救世主）信仰と同一形式の宗教であるカトリックとして開宗され、ヨーロッパ人の魂の目標を示しつつ今日に到っている。

モーゼの魂の流れの最後の継承者はマホメットである。彼は天使ミカエル（言霊エ）の啓示を受け、モーゼの聖書に基き、更にイエス、ペテロのキリスト教をより一層民衆的、末法的に砕いて、いよいよ浄土真宗に近似するところの、人間の煩悩を全面的に是認肯定し、無限の愛を唯一の神アラーに帰したイスラム教を興し、剣とコーランを執って、広くアジア、ヨーロッパに亘って古代からの宗教の教理教義と預言の破壊封印を行い、彼以後今日に至る一千年に亘る末法時代に於ける人間の霊魂の持続方法を指導した。彼が預言を封印した事は後述するイスラエルの第二の道、ダビデの系列の道を世界に促進するために天津日継から指令された裏面工作によるものであった。

モーゼ、ソロモン、ヨブ、イエス、マホメットの一連の流れを聖書の古い名で呼ぶならば、それは神の羊飼アベルの流れ、その血《ち》（道《ち》）の叫び声である。モーゼに伝えられた三種の神宝を日本に返還したのはソロモンであった。古事記の重要な一節を聖書に写し伝えたのはヨブであった。モーゼの後、直接日本に渡来して天皇から神道の教伝と指令を受けたのはイエスとマホメットであった。キリスト教や回教は歴史的にはユダヤと対立して来たもので、ユダヤそのものではないが、しかし厳然としてモーゼの魂の流れを継承している。この流れを第一のイスラエルと名付ける。

第二のイスラエル

ダビデはモーゼの国家の継承者ではあるが、その拠って立つ言霊的根拠はモーゼが住した高い次元までに到達していなかった。言霊ア、エの世界を知らぬ覇者であった。この両者の関係は釈迦と提婆達多の関係と同じである。ダビデはヱホバの産業ウ、オを受継ぐイスラエルのもう一つの流れ、ヱホバに祝福されたカインの霊統者であった。世界に対するユダヤの覇道的経営はダビデから発祥し、その名をシオニズムと謂う。宗教者という意味に於いてのモーゼの道を華やかに具現した者はソロモンだが、ダビデの流れはモーゼが釈迦と同様に秘して説かなかった布斗麻邇の道を、言霊ウ、オの範囲の操作を以って、換言すれば天津金木の立場から実現しようとして懸命の工夫努力を続けて来た。そのために、パリサイ、サドカイ人とキリスト教徒から笑われながら、モーゼが定めた律法を形式の上から頑強に守って来た。またそのために言霊ウ、オの上から思索された哲学がカバラ、タルムードである。それは伏義や孔子に於ける易の如き、しかもユダヤ独特の数の操作を以ってするものであって、その数理、哲理はその後の預言者、学者によって熱心に研究が加えられて、膨大な内容となって今日に伝えられている。

悪魔の聖書であるシオン・プロトコールに就いてユダヤ人は極力偽書であると弁明するが、これは覇王であるダビデの道の典型と云うべきものであって、その術策を世界に公開しながら堂々とその道を実行して行く事を日本の言霊学者はこれこそ神道の須佐之男命、大国主命の素晴らしい世界経営として敬意と称讃を以って眺めている。

プロトコールによるとダビデ王の血統霊統は連綿として現代に存しているが、現実には姿を現わさない地下の存在である。彼等の結社であるフリーメーソンその他も民族の親睦社交機関としてのみ世に知られて、その組織と指令の伝達系路等は秘密にされているという事である。この様にダビデの世界経営の動きは常に現実の背後にあって、その実際活動は彼等がゴイ（豚）と呼んで卑しんでいる異民族を金力と策謀《さくぼう》を以って操縦使役《そうじゅうしえき》して事に当らせている。彼等が操縦する民族は或いはドイツ人、フランス人、英国人と時宜《じぎ》に応じて変更され、現在は米国民がその当事者である。

言霊ウ、オの世界に関する限りヱホバ（須佐之男命）は、almightyである。ナチスのヒットラーがこの情勢に憤激して起ち上ったが、これに呼応したファシズム日本の右翼軍閥も共に第二次世界大戦に惨敗を喫した。その結果日本の軍閥も政党政府も学界も宗教界も完全に彼等の掌中《しょうちゅう》に帰して、その思想的、産業経済的模倣、追従、隷属の形で米国すなわちユダヤ一色に日本の動向が塗り潰されてしまった。

という事は元々日本の財閥、権力者という者は、上古神武天皇、聖徳太子の頃からの帰化ユダヤ人の後裔《まつえい》であって、実は彼等の本性が、天皇の神性放棄を機として、敗戦後米国の同族の刺激によって強く発揮された事に他ならないのである。世界のユダヤが立直らぬ限り日本人の上下が精神的に立直ることは殆んど不可能である。日本ばかりではない。世界の大半を挙げて今やダビデ王朝の霊的、思想的、経済的臣下であり、道化（ピエロ）であり、奴隷であるより以外に生きて行く道がない。

かくしてユダヤの金権武力はやがて間もなくシオニズムの計画通り、全世界を席巻掌握し、三千年に及ぶ覇王ダビデの経営が、今やようやく成就しようとする観がある。しかし実際には世界が、すなわち人類歴史が、文明がそこまでで決して終局に達してしまうわけではない。何故ならば第二のイスラエルであるカインの霊統、ダビデの天津金木の流れだけがイスラエルの生命の全部ではないからだ。

ユダヤ人はみずからを神の選民であると自負している事は正しいが、その真に選民である事を実現する上に於いて、イスラエルが持つもう一つの霊統であり、第一のイスラエルの流れであるアベルの霊統、聖者モーゼの正系の流れを無視没却している限り、ダビデ自身の計画もまた成就する事がない。遠い昔地に埋められたアベルの魂が蘇返って兄のカインと握手して、イスラエルの二つの霊統が一つに合同し、そのイズラという語源通り五十連《イズラ》（五十音言霊）の形而上の楽園エデンに帰った時初めて真に神の選民である。五十連の道はすなわち始祖モーゼの道の完全な姿であり、それがそのまま同時に全人類の生命即文明の公理定理である。ダビデの事業の進展に呼応して既に世界に蘇返って来たアベルの声に、第二のイスラエルが耳を傾けなければならぬ時が来た。

両面政策

全世界を永遠に経綸している生命と文明の宗源である天津日継天皇の政策は矛盾する表裏両面を左右の手に操作している。この両面政策は言霊エイ、アオ、ウオの三位一体の形に於ける三貴子分治の組織からエイである天照大御神が三千年この方天の岩戸隠れをしている結果、アオの月読命とウオの須佐之男命の両脇立が対立する形で歴史を操作経営していることを意味する。イスラエルに於いてはアベルとカインの兄弟の対立に端を発して、聖者モーゼの流れから覇王ダビデの流れが岐れた。更にそのダビデを源とするシオニズム運動もまた表裏、柔剛の二筋に分れて進められている。この様な広義、狭義に於けるユダヤの両面政策は高天原に於ける三貴子（二貴子）の分治対立の形態への意識、無意識の応用であり踏襲順応である。

三千年来世界はウオとアエ、簡単にいえばウとアが巴の形で渦を巻いている。ウが陽、積極能動、アが陰、消極、受動である。天照大御神イ、エが岩戸隠れし、エデンが閉鎖された事はウである覇者に世界の処置を任せることによって人類の生存競争を助長促進させるためであった。その生存競争の結果、地上に科学文明が今日の如く素晴しい発達

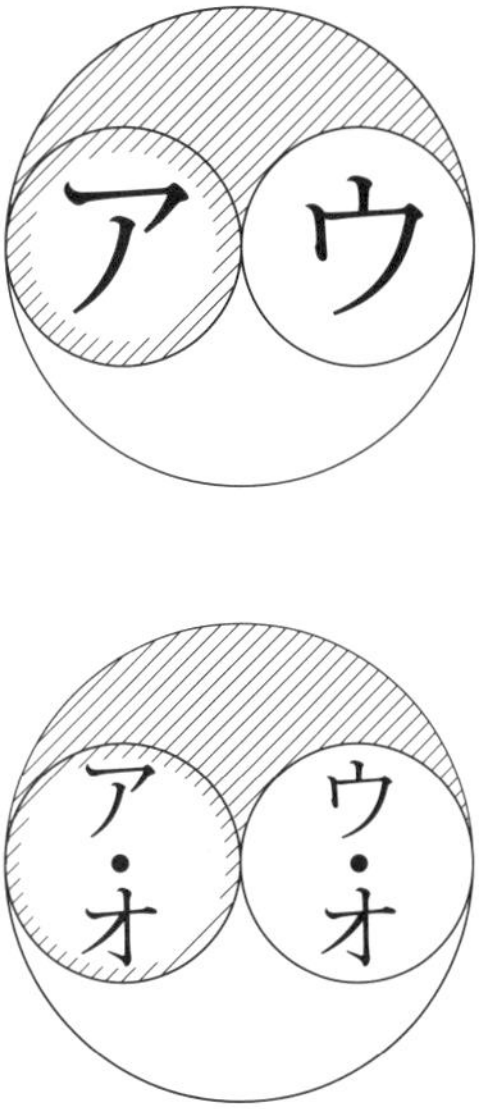

図 21. アウ巴図

を見た。ウ言霊が三千年来の歴史の主潮であり本流である。この主潮の担当者がダビデであり提婆達多（弥勒菩薩）である。しかしウ言霊（科学文明）だけでは世界のすべてではないから、信仰と教理と律法の形を以って、元のイ、エを存続させるために、これもまた三千年来もう一つの流れが始まった。すなわちア言霊（宗教）である。両者は秩序の維持とその破壊である。アは三千年来の歴史の本流ではなく脇役であり、その担当者が釈迦であり、イエスであり、マホメットである。この二つ巴は全人類の上に世界的な大渦を巻き起して、生存競争をいよいよ激化させた。三を切り詰めて矛盾する二とした天津日継の意図はこうした所に存したのである。

ヱホバが言葉、言霊イを紊《みだ》して以来、歴史を通じてそれからそれへと逆弁証法的に次々と分裂して来た正、反の流れは、今日では全世界の各層に拡がって麻の如くにもつれ乱れてしまった様に見えるが、これを人間生命の先天性に即した公理であり、文明の洪範である言霊布斗麻邇を以って櫛《くしけず》って見ると、乱れた姿のままに実は整然たる流れを流れている事が明白になる。「不昧因果」（無門関）というが、個人たると国家民族たるとを問わず、すべての人間の営みの混乱、魂の葛藤はその矛盾対立のそもそもの出発点、最初の原因に遡上り得た時、初めてその完全な解決がなされる。もつれの途中からでは幾ら骨を折っても悶掻《もが》いても人間の宿行因縁《カルマ》は解決し得ない。「此処から抜け出る道は、此処へ来た道である」（芥川竜之介「河童」）。

「退歩の学」（禅）というが、文明の解決は常に元に始源に帰る事がその鍵である。始源とは歴史的な起源であり、且つ人間性の起源根底である。先へ進んでよいのは分析の学である科学だけであるが、その科学さえもが進むことが実は人間内面への帰還である。歴史の源に帰り、人間の先天的本性に帰る所に初めて普遍の道が発見される。現在は若きも老いも自分が居る次元をそのままに固定して置いて、その次元的平面を先へ押し進めることによって新しい道を発見しようと焦燥っている。だが賢者ソロモンは教える「天が下には永遠に新たなるものはあらじ」（雅歌）。永遠に古く、そして永遠に新しいものが恒常に文明の指導原理である。それは人間の根本の人間性である。世界に人間（ホモ・

サピエンス）は一種類しかなく、その人間性はただ一つの道《ロゴス》を以って制約されている。

モーゼに帰れ

今日世界の権力者であるユダヤに取って何よりも緊要な為事《しごと》は、地の底から蘇返って来た古い兄弟アベルの声に耳を傾けることである。これは現実のユダヤ自身の救われのためであって、そのユダヤの救われが全人類に平和と幸福を齎《もた》らすためである。ダビデの歴史的な経営をダビデ自身の次元的に閉鎖され偏っている天津金木の覇道的方法を以って強行しようと焦燥することではなくして、神の羊飼の弟のアベルの本来の聖道と兄のカインの覇道とが改めて和合することによって全ユダヤがその位する次元を高めて行くことにある。アベル、モーゼ、ソロモン、ヨブ、イエス、マホメットと流れて来た、今は現実の裏にまわっているイスラエルの生命の道の正系の流れに合流する事である。

蘇返ったアベルの手はカインがそれを握るために既に差伸べられている。その最初の手は他でもない世界最後の預言者マホメットの麾下の神軍であるアラブ諸国であるといえる。金権ユダヤ、イスラエル国家とアラブとの今日の折衝を軍事、政治、経済の交渉の面からのみ見て行こうとすることは依然として堕因果《だいんが》のままの見解である。この折衝を機縁《きえん》として宿業と歴史を遡上ってユダヤはイスラエルの本来の祖先モーゼにまで遡源《さくげん》しなければならぬ。

これと同時に他方アラブ自身にも歴史の途中から発生した小葛藤のこだわりを越えて、自分自身の宿業の淵源に還って、因果を根底から明かにしなければならぬ時が来た。それはマホメットの封印を開いて、その中に蔵されている原理の指導によって、天使ミカエル（言霊エ）とモーゼの道に帰ることである。かくしてユダヤもアラブもひっくるめて、アブラハム、モーゼの道に帰一する。マホメットの封印は歴史的必然の時が来たら人類の前に再びこれを開かねばならぬ。アラブ民族はその使命を実行しなければならない。

現在恐らくは米国の牽制で鳴りをひそめている如き中共と、国内の貧困に喘《あえ》いでいるインドと、そしてモーゼ、イエスの流れではあるが著しく起ち遅れているカソリックはどうするか。月読命の月の世界である全東洋の古い宗教と、須佐之男命の星の世界である全欧米の科学産業として、世界を大きくオ、アとウ、オの境域に二分している人類の矛盾葛藤は、既にこの様にその行くべき方向を指示されていても、現実にはまだまだ当分の間はいよいよ熾烈尖鋭の一路を辿って行かなければなるまい。

ハルマゲドンの戦と黄昏（ラグナロック）

ハルマゲドンの戦と黙示録に預言されている地球を二分する終末の戦争は、しかし政治経済とそして哲学理論の上に於ける闘争の範囲に終始して、熱い水爆戦争としての第三次世界戦に突入することはない。既に文明の全的解決の法である究極の真理言霊が世界に出現したからである。しかしこの戦は双方が最後まで自己の宿業に割拠《かっきょ》して自己を主張して譲ることなく、共に疲れ切って倒れてしまう所まで続けられて行く。この戦が世界の最後の戦である。

ギリシャともユダヤとも没交渉である北方シャーマニズムの流れを汲む北欧エッダ神話に次の如き預言がある。神霊オディン Odin の子トール Thor と地球を席巻《せっけん》しようとする蛇霊 Midgardsorm（serpent）の間に最後の激しい戦が行われ、両者共に傷ついて倒れる。その時蛇は倒れるまでに八歩あゆみ、トールは九歩あゆんで共に息が絶える。

両者が死んだ後世界に黄昏《ラグナロック》が来る。蛇の八は西欧の科学の基礎数であり、耶蘇《やそ》＝八十《やそ》であり、Jehova＝ヤアエ＝八重《やえ》である。トールの九は東洋の哲学宗教の基礎数であり、九紫、九疇《ちゅう》である。この八と九が戦って共に倒れた時世界に黄昏が来るのである。ラグナロックは古い文明、古い歴史と宿業の流れの潰滅であり没落である。旧文明の黄昏の後改めて間もなく新文明の黎明が来る。旧文明の科学からも哲学からも宗教からも全く予想する事が出来なかった優秀な原理の下に、人類の生命意志と叡智の新しい活動が開始される。その原理が言霊布斗麻邇である。

トールと蛇、アベルとカイン、イスラエルの第一と第二の霊魂の流れ、アラブとイスラエル、キリスト教とユダヤ教、広く東洋と西欧、科学産業と宗教信仰、権力を奮い術数を弄する狼である支配者と素朴純真な小羊である民衆、資本主義と共産主義の最後のデスパレートな戦は、双方いずれも勝つことがない。

ダビデのシオニズム運動は世界を六分四分、或いは七分三分まで征服占拠《せいふくせんきょ》しても、そこまでの事であって、この戦に勝を収める事はない。思いを潜《しず》めてよくよく歴史と業縁の源を索ねる時、この戦は実は第二のイスラエル、ダビデが第一のイスラエルであるモーゼと、すなわち本来のダビデ自身と戦っている事、イスラエルとイスラエルとが、兄弟同志、祖先と子孫とが戦っている事、イスラエルの部分同志が戦っている事である。自分が自分と戦えば分裂した二つの自分は共に倒れる。自分の手で自分の首を締めれば、締める自分も締められる自分も共に絶命する。個人を律する法則も、民族国家を律する法則も乃至全世界を律する法則も、同じ唯一の人間の法則である。

生命の樹の道

文明を解決して人類が救われる道は宗教でも哲学でもない。唯物史観の下に人民共和国を創ることでさえもない。それは世界のユダヤが本来のユダヤに蘇返るという一事に架っている。それはユダヤが彼自身の第一のイスラエルと第二のイスラエルを揚棄して、神の選民であることの正系の道に立ち帰る事である。そのためにはユダヤの歴史と宿業を遡上って、民族が伝承して来た道理の淵源に帰ることである。普ねき人間性の根源である。その淵源は何であるかを始祖モーゼは彼の五書の中に精しく書き残している。第一のイスラエルも第二のイスラエルも、キリスト教もマホメット教もひっくるめて、すべてがイスラエルの「生命の河」の流れの源に還えることだ。その河の源にはエデンの園の「生命の樹」があり、「その樹の葉万国の民を医やす」（黙示録）と記されてある。この神話的教義はモーゼの謎であって、この謎を釈いて、その教えに従うことが刻下の全イスラエルの生命の流れ、全世界人類の急務である。古事記は今日の日本人のために書残された「生命の言の葉の道」の謎であり、モーゼの五書は今日の欧米人と近東人のために残された「生命の樹の葉の道」の謎である。だが現在まだ日本人が天照大御神の本質を知らぬ如く、イスラエル人はモーゼの実体を知らない。キリスト教徒は「岩」の上に教会を樹てる術を弁《わき》まえない。

モーゼの五書の教理は従来のユダヤの哲学である数理や寓話を以ってしては、カバラやタルムードの方法を以ってしては釈く事は不可能である。数を以って或程度までの不明瞭な説明は出来るだろうが、正式な完全な理解には至り得ない。もしユダヤ人が既に五書を釈き得て居たならば、世界のユダヤの動きは今とは全然相違する明白、明朗なものになっている。何故ならばモーゼが謎として五書に残した真理の実体は彼のいうMannaであるところの言霊（真奈《まな》）であって数理ではないからである。マナは宇宙生命の先天《アプリオリ》に即した人類文明の公理であり、真理自体の名であって、「万のものこれよって成らざるはない」（ヨハネ伝）といわれる所のものである。イスラエルがモーゼに還る事とはこの Manna に還ることである。マナに帰る道はマナ自体、すなわち言霊そのものである。

マナは天国、神の国高天原の国語であって、この言葉すなわち「天に在します我等の父の名」は教伝を受ける以外には知る方法がない。モーゼも釈迦もそしてイエスもマナを日本から伝授された。そしてモーゼは今日のためにそれを謎の中に秘めて五書の中に封印して置いた。マホメットの封印の中には実はモーゼの五書の秘密がある。マホメットの封印を開くことは、すなわちこのモーゼの五書の封印を開くことである。

今日最後のハルマケドンの戦に際して、旧文明の黄昏《ラグナロック》に当って時期を違うことなく我等第三文明会が古事記の謎を釈き得て言霊を世界に開顕した事は、そのまま同時に聖書の謎を釈いて、マナを、即ちエデンの園の生命の樹の道を明かになし得た事である。古事記とモーゼの五書とは相呼応する如く編まれてある共通の書である。区々たる部分々々の始末に停頓して居なければ、全世界の解決は一にユダヤの、すなわち全イスラエルの魂の蘇返りに架っている。既にエデンの扉が開かれているからには第一のイスラエルも、第二のイスラエルも既に救われているのである。イスラエルよ、そして特にダビデよ、三千年の宿業から離脱して、速かに本源の祖先の道に帰り、自己が初めから既に救われている神の選民である事の真の所以に眼を醒まし給え。

巻末 ヘブライ研究座談会 報告書

編者まえがき

ヘブライ研究会とは小笠原氏が設立した聖書研究会である。数年間、休会していたが、昭和三十八年に銀座「八眞茂登《やまもと》」にて再会され、自らの研究に志を持つ様々な人が多く来会し、議論を交える賑やかな場として機能していたようである。劈頭《へきとう》に、物故先輩同士（故酒井将軍、古賀治朗、村井二郎、安江仙弘、吉田兼吉、山本英輔、仲木貞一、四天王寺延孝、増田正雄、赤池濃、矢野祐太郎、岩見次三、広瀬白鴎、藤沢親雄、岩﨑陽山等の諸先生）の霊に黙祷を捧げ、鳥谷八幡山翁が描いた十戒石版を携えた預言者モーゼの日本画像を掲げ、第一回目の研究座談会は始まったようである。

その一端を垣間見る会報誌を、今回そのままの形で掲載した。来会者は必ずしも同じ方向を向いているものばかりではなく、会の雰囲気もその時々で違ったようである。会報誌を一見するだけでは計り知れないが、参加者は皆信念を強くして使命を貫こうと真剣に取り組んでいる面々である。否応なく侃々諤々《かんかんがくがく》、ときには怒号が飛び交う時もあったのでないか、お酒も振る舞われ、さぞかし熱の篭った議論が展開されたのではないかと予想される。

それでも小笠原氏の趣旨は全うしたようである。混沌さこそが会のあり様だったと小笠原氏も述べている。集えたことに意味があり、来るべきときに来るべき人はちゃんと来ていて、あるときは銀座「八眞茂登」を出て江ノ島神社へ参拝し、九十六歳という高齢で亡くなられた磯原の竹内家当主竹内巨麿氏の追悼慰霊も行い、小笠原氏が目指していたあるべき会の姿は果たしていたといえよう。

小笠原氏にとって、本会の役割は、多角的な視点を提供し、神道・日本とキリスト・イスラエルの橋渡し役であり、「神道の歴史と原理によって、世界のユダヤ問題を解決し、近代科学文明の上に天津日嗣の高御座を神代ながらに確立する運動」と定義していたようだ。

ヘブライ研究会は、元来、魂の因縁に選ばれたる者、「生命の書《ふみ》に帰されたる者」の会であった。

第一回　研究座談会報告

第一回ヘブライ研究座談会は予定の如く十一月十日午後一時より本部八眞茂登に於いて開催。

小島　荒深道斉氏の神憑《かみがか》りによる神代皇統譜の出版に就いて紹介し意見を求めた。これに対して山根氏その他より神代歴史研究は竹内文献、ウエツフミ等の現存古文献に準拠して行うべきものであるという反論があった。

古屋　今日まで自分のイスラエル研究はキリスト教信仰を通じて見たところのイスラエルの建国とその民族活動の偉大さに打たれたためであったが、この会に来て初めて日本とイスラエルの間には歴史と宗教の上に神代以来密接な関係が存することを限りない驚きと喜びを以って知ることを得た。その方面の消息には全く白紙である私を今後よろしく指導して頂きたい。

山根　竹内文献に「地の巻」「人の巻」という今日まで未発表の歴史がある。その中には神代の天皇が今日のために日本が世界の棟梁国であることの証拠物件を世界の各所に埋めて置かれた場所が明細に記されてあり、また世界五色人の系譜が詳細に述べられてある。いずれ発表される時が来る。

犬塚　自分は現在学界に認められている考古学等の範囲に基礎を置いて日本が人類の祖国であることを証明し、その方面からユダヤ人に日本を理解させるべく運動している。明治五年一月十八日の公布によると世界の文物はすべてその昔日本から分布されたものであることが明記宣言されていると紹介。これに対して山根氏より現在学界が認めている居ないに拘らず日本の古代歴史文献を宣揚することが先駆者である我々の任務であるという力説があった。

畠山　日本は神国であり、我々は神の子である。その神は他所に在るのではなく自分自身の中に存するものである。この意味で自分自身こそ神であり、神でなければならない。自分は斯うした立場に立って神道を研究している。

戸田　真理は知識ではなく実行である。この会も単に知識を弄《もてあそ》ぶ会ではなく、ひとつひとつ実行運動となる様に経営して行きたい。その方法としては現在存する所の世界の古代歴史である竹内文献と密接な関連を持ちながら、実際社会の経済や政治の問題に交渉をして行きたい。

小笠原　日本人は天孫民族、イスラエル人は神選民族である。イスラエルの建国は葺不合朝の神足別豊鋤天皇が預言者モーゼに神器神疇《ちゅう》を授けて将来三千年に亘るヨーロッパの経営を委嘱《いしょく》されたことに始まる。そのヘブライ民族三千年の世界経営の眼目である科学文明完成の大事業が終了した時、ヘブライ民族はその収穫のすべてを挙げて彼等の精神的祖国であり神の故郷である日本に、伊勢神宮に捧げ奉る使命を持っている。その日本が人類の魂の祖国であり神の国である事の証拠は神道原理であって、その神道の奥義である日本古来の五十音言霊の研究修業を専心に続けている。

以上の如く各自の所感所説開陳の後、四時より座談に入り、山本氏の心尽しの料理にビールの杯を乾しながら、盛んな談論質疑応答を続けて、本日を第一回として今後毎月例会を開催することを約して、六時閉会した。

当日会の運営費として寄付。金六千円（小島氏より）金五百円（中村氏より）

なんぢら、東にてヱホバをあがめ、海の島々にて、イスラエルの神ヱホバの名をあがむべし（イザヤ書二十四章）

第二回　研究座談会報告

昭和三十八年十二月八日一時より第二回例会を本部八眞茂登に於いて開催。

植本こゆう　心霊の啓示と指導の下に過去三十年来ユダヤ問題に就いて様々な霊的な運動と修行を続けて来て、昨今漸《ようや》く或る結論に到達した。本会の創立を聞いて世界に予定の時期が来たことを知って、勇んで馳せ参じた。

古屋　従来持っていた聖書に対する信仰の上からキリストが日本に来たという歴史は信じ難いが、前者は真理であり後者は真実である時、信仰と歴史の矛盾を如何う解決したらよいか、神の指導を待っている。

岡野　日本主義者であったが、酒井先生の指導によって竹内歴史に接し、日本精神の核心に触れ、同時に日猶の密接な関係を知った。戦後の日本は従来の色々な制約から解放されていよいよ真使命を達成する時である。歴史と国体の真の内容を明かにして日本が真に起ち上がる時である。その内容のアウトラインは承知している。今後皆様と共に更に深く細かく研究して行きたい。

水島 雑誌「改造」の編集をしていた。その頃三木清氏から世界史の意義を教えられた。戦時中国で取材に従事した。戦後アジヤ、アフリカに民族独立の気運が進んでいる。これは日本が間接的に促進させた結果である。しかし民族主義だけでは対立に終り、もっと高い共通の理想が必要である。日猶間には深い歴史的事実がある事が予想される。世界史の舞台の上で両民族の関係の開明に従事する本会の事業に協力する。

石川 元警察官で現在幼稚園を経営している。小笠原氏に就いて言霊学を研究している。それを実行に移して荒んだ日本人の魂を覚ましたい。この会で歴史以上の疑問を解決したい。先年剣山に登り土地の伝説の調査もした。山の頂は平地になっていて「平家の馬場」といわれる……

戸田 「日本民族会議」が日本的立場に帰る運動をやって暗中模索している。これに対して本会から啓蒙援助をしたい。特に日猶の世界史的関係を知らせたい。学者は自己が道の事実を否定する癖がある。これを是正しなければならない。我々は研究したことを斯うした意味で実行に移す。

小笠原　司会の希望で日猶の歴史の一端を申上げる。大祓祝詞が制定されたのは葺不合朝《かやふきあえずちょう》三十八代天津太祝詞子《あまつふとのりとご》天皇の御宇で、同五十八代神足別豊鋤《かみたるわけとよすき》天皇の御宇来朝して神道の教伝を受けた預言者モーゼは神道の基本として大祓祝詞を授けられた。モーゼは大祓の意義を「律法」として聖書に伝えている。神道で意味不明瞭な国津罪の詳細の説明が出エジプト記やレビ記に述べられてある。

「生膚断ち死膚断ち《いきのはだだちなをるのはだだち》」の罪は人を殺す勿れと解説されてある。「白人《しらひと》」の罪は皮膚が白くなる癩病《らいびょう》の汚れであることが明記されてある。「胡久美《こくみ》」の罪は侏儒《しゅじゅ》のことで神の前に出てはならぬと戒められている。「己が母犯せる」罪は「汝の母を犯す勿れ」という言葉で明示されている。「蠱物《まじもの》せる」罪はまじない、占らない、口寄せ等によって身を汚す勿れと戒められている。大祓とモーゼの律法とが、如何に、かく正確に符合するか神道家もキリスト教徒もその故を知らない。これを指摘しても関心を持たず、説いても偶然の一致と嘯《うそぶ》くだけである。

「神足別《かみたるわけ》」という天皇名は神の足《トーラ》（十数、律法）を別ち与えたという意味である。この時天皇からモーゼに対して将来三千年間に亘る全ヨーロッパ民族の天職使命が発令され、その経営の為の指導原理の授受が行われた。すなわちこれがユダヤの三種の神宝である。この神策原理の内容は神道によってのみ明らかにされる。それを世界に発表する時が来ることを待っている……

以上の如き各自の所感開陳の間に活発な質疑応答が行われた。自説の宣伝のためでなく、論議のための論議ではなく、真理と真実を協同して究明するという唯一の目的のための和やかな雰囲気の気勢が盛り挙がった。それからビールを神酒で更に座談が続けられて五時半一旦閉会したが、残った人達の間に話が尽きず、師走の夜が更けていくことを知らなかった。

本会の使命

ヘブライ研究会は、もとより所謂《いわゆる》排猶《ユダヤ》運動でもなければまた単なる親猶《ユダヤ》運動でもない。嘗《かつ》て酒井勝軍氏や現に大本教の三村三郎氏などがこの運動の一部の仕事を取扱っているが、世界を運営する神の経綸はその後急激に進展して、この運動の視野領域は素晴らしく拡張され、且つその内容が確実化されている。その拡大確実化された為事《しごと》に対する材料と実力と人材を網羅兼備する機関は本会を置いてはほかに存在しない。未《いま》だ発足して間もないが、今日迄の斯うした運動の経歴の全部を本会が継承しているから、今後歴史の必然と世界の要求によって急速に発展して行くことが期待される。本会及び本会員が過去現在未来を通じて従事する思想活動の内容を凡そ左の如く列挙することが出来る。日本並に全世界の具眼者《ぐがんしゃ》の参加協力をお勧めする。

（一）神代日本と古代ヘブライとの歴史的関係、特にモーゼ、ソロモン、ヨブ、イザヤ等の預言者と神代皇室との関係の解明

（二）神武以後、中国朝鮮を経て日本に民族移動によって帰化したイエス・キリストを首とする東漸《とうぜん》ヘブライ民族の日本に於ける活動の真相とその今日に於ける現状実体の把握

（三）以上の如き、太古、上古、中世、現代の歴史現状を表面とする裏面に於ける日本的霊統とユダヤ的霊統との間の紛糾葛藤の解決
（四）神道原理に基づくキリスト教、ユダヤ教教義の開明、特にモーゼの五書、ヨブ記、ヘブル書、黙示録等に秘められた原理の謎の解明
（五）天孫民族である日本民族と神選民族であるヘブライ民族（十二支族）との提携提唱による世界文明会議の召集開催
（六）科学原理と宗教原理の照合一致による人類第三文明の樹立、恒久平和の実現

第三回　研究座談会報告

新年の交歓を兼ねて第三回の研究会を一月十九日午後一時より本部八眞茂登に於いて開催。参加者二十三名。成るべく内輪の会合にして内部を固めて行くという会の方針に拘《かかわ》らず新しい会員が増えて行く。他の会合にあっては取扱うことの出来ない広汎な深遠な問題を本会が取扱っているからである。今回は正月の会のこととて余り混み入った討

論は控えて、初めての人も多いので、自己紹介を主とした所見の披瀝《ひれき》から会が初められた。

田辺　仏門に在る身であるが、現代の仏教家が釈尊の本意に叶わず、自分が属した日蓮宗に於いても祖師の心を継いでいない状況を感じて宗門を去った。それから日本平に草庵を得て三十年、独立独歩、道に励んで来た。

惟神《かんながら》の国日本に儒教、仏教、基督教《きりすと》が取入れられたが、古来の日本神道にしてさえもまだ道が樹っていない。日蓮は「世界とは日本國なり」「一閻浮提《いちえんぶだい》の本尊この國に建つべし」と言っている。聖徳太子は法華経を中心として神仏儒の三宝を以って国教とされた。日蓮は伝教の後を受けて日本国体と法華経が冥合《みょうごう》して真法が現われることを説いた。我々の使命は世界から日本を目指して求めて来る目標を明かにすることにある。ユダヤ人の世界政略の実情を把握し、彼等が願う理想としての日本の真態を示して、魂の止めを刺さねばならぬ。神がこの日本を、すなわち世界を肇《はじ》めたその神意を体した行き方をしなければならぬ。古来の聖人賢者の出現はその国のために他国他民族を侵略する法を教えたのではない。万教に通ずる真に人間としての心掛けを究め、世界に普《あま》ねき幸福の社会を作り上げる為である。

植本　大本教の三村氏のユダヤ研究の書物を読んで興味をもった。これから皆さんと大いに勉強したい。

植本こゆう　若い時から研究して来た神霊の指導を通じて実際問題を取扱って行きたい。

前田　映画の宣伝の仕事をやっている。植本氏の紹介で参会した。これを機会にユダヤ問題を材料にして何かの活動を始めたいと思う。

安西　今日まで酒井勝軍、田多井四郎治氏から色々教わって来た。古賀治朗氏は昔の同志だった。本日はエスペラント研究の新進の若い学生達を連れて来た。今の若い人達は神代歴史や神道理論などに接する機会がない。日本人が日本の本当の姿を知らぬことは恥である。我々がエスペラントを学ぶのは何のためであるか。この世界語を通じて日本の真相と価値とを人類に知らせるためでなければならない。オリムピックなどの機会もこのために大いに利用するべく準備を進めている。

大庭　早大商科大学院在学。安西さんがいう日本民族の誇りとは見方の角度を異にするが、興味を持っている。

谷川　日本社会事業大学に居る。安西、山根両氏からお話を伺って、昔、十六人の皇子皇女が世界諸民族の祖先として日本から派遣されたという歴史に驚異した、神代文字や神代遺跡を学問的に処理して真実を明かにしたい。

中山　教育大学在学。山根さんの本を読んだが疑問が沢山ある。更に精しくお話しを伺いたい。

古屋　数え年で八十五歳になった。長い生涯を通じての私のバックボーンは旧約聖書の啓示である。ユダヤ民族は世界の革命家である。哲学者、科学者、探検家等にユダヤ人が極めて多い。そうした民族の偉大さに敬服している。だがイエス・キリストが日本に渡来したという歴史は従来の考えを覆す問題であって、まだ私には肯定できない。イエスがメシヤとして現われることは歴史的に預言されていた事である。イスラエルは預言者の国であって預言者が王であった。その預言者の霊感で指導された国として連綿として続いていた。

私にもそうした霊感があって、それで生涯が導かれて来た。先年霊感で秋田県の某所に石油が出ることを知り事業家を援助して来た。その間今日まで色々不思議ないきさつがあった。私の病気遠隔治療もすべて霊感で行っている。斯うした私自身の体験からイエスが行った奇蹟やイスラエルの預言者の指導を理解し尊敬することが出来るのである。

奥　弁護士。宗教関係の世界にはいって今日まで二十一年間考えて来た。山野千代子さんから小笠原氏の著書を読まされて毎月一回お訪ねして話を聞いている。古屋さんの石油問題にも相談に預っている。また故矢野祐太郎氏の「神靈密書」の再出版について著作権登録の手続きをしたが、この書物は小笠原氏が三十余年前矢野氏の口述を文章に綴ったものであることを聞いて眼に見えぬ霊的な因縁の存在を感じる。だが神秘からばかりではなく歴史の面からも真実を開明して行くことが必要である。それと共に神道の原理こそ世界の哲学宗教の最高の真理であることが信じられる。こうした歴史と原理とを開明して混沌の世界の現状を解決するための計画を推進したい。

島田　奥氏の紹介。哲学を専攻している。現在世界が転換期にある事に就いて二十年来何となく気が付いているが、自分の研究にはまだ中心が欠けている。その中心は何であるかを皆さんの研究から教えて頂きたい。

小野　戦争中から神道を研究していたが、武力戦の後は思想戦であることに気が付いた。大東亜聖戦の意義に疑問を持って歴史を調べ暦年の計算法を研究した。日本に暦法がない筈はないと思って記紀を調べたり、瑞頊暦、干支法、木星紀年法なども参照して紀元を算定して、今年は2619年に当ることが判明し、その論文が完成した。誤差は僅か五年である。中博士の六百年水増し説が誤りであることも明かになった。宇宙は動いていて歳差は五年目毎に一日早くなる。正確な暦法の上に歴史を組立てなければならぬ。ユダヤ問題の研究も暦法の上に立てるべきである。日本の国は元は赤道以南に在ったのだが、４０００年前に起った転変地異のために北半球に移った。転変は金星の蝕によって周期的に起る。天体観測によって金星の動きに注目し、転変を予測することが日本天皇の任務である。金星の蝕の度毎に皇位を譲ることが神代の皇室のしきたりである。金星を主眼とする天体の動きを神話的に説いてあるのが古事記日本書紀である。金星暦という一元の宇宙暦法を開顕することが日本神道の開顕である。

大沢　日蓮宗寺院住職。この二十三日出発して印度へ行く。今回は二度目である。東南アジヤ、印度の仏教は戒律行道《かいりつぎょうどう》を主とした個人の解脱のための小乗教であって、これに日本仏教の大乗の哲学理論を説いても通じない。同じく仏教の世界でもこの通りであるから、広く日本の意義を外国人に判らせようとすることはいよいよ困難な仕事であることを経験した。今回は出来るだけ民衆の中にはいって行って実情を調べて来る予定である。帰ったら報告申上げる。

小笠原　日本に帰化したユダヤ民族の歴史的消息の一端を申上げる。ユダヤ国家が滅亡してシオンの神殿がなくなった時、民族は東西に向って漂泊と移動を開始した。預言者ダニエルは次の様な預言をした「海の間に於ける美はしき聖山に（ヱホバの）天幕の宮殿を設《しっ》らへん」（ダニエル書十一章四五節）。また預言者イザヤもこう言っていた「汝等東にてヱホバをあがめ、海の島々にてイスラエルの神ヱホバの名をあがむべし」（イザヤ書二四章一五節）。これらの言葉に従って東漸のヘブライ民族は所謂シルクロードを通って中華、朝鮮を経て、神武維新の頃から陸続として日本に渡来帰化した。八戸に住んだナザレのイエスもそうした帰化人の一人である。その頃のヘブライ人は神代の日本人と同じく、今日の日本人よりは遥かに深く日本の神が何であるかを弁《わきま》えていた。ヘブライ人は本来の日本人と同じく宗教的民族である。

彼等は商工業に長じ、大阪、堺を根拠地として活動し、皇室に対して財政的な貢献をした。その功によって彼等の娘がしばしば日本の皇后となった。伊勢神宮、平城、平安の両都の建設は帰化人の財力と技術によって出来上がった。奈良、京都の市街の形状は彼等の古き都エルサレムの姿を写したものである。聖徳太子は彼等のために太秦に興隆寺を建立した。太秦《タージー》とは東ローマ帝国の漢名である。寺内に酒公という人を祀った大酒《おほさけ》神社というのがあるが、大酒はまた太辟《おほさけ》（避）と記される。太辟《ダビデ》は帝王ダビデの名の漢字訳である。寺内に十二の井戸があって、その名を「伊滲井《いさらゐ》」という。イサライはすなわちイスラエルであって、十二個は十二支族の数である。現在もなお三基残っている。大阪、堺の商工業者は三千年間財閥として日本の経済界を支配してきた帰化ユダヤ人の後裔である。その今日に於ける彼等の名を住友と言い或は鴻池と言うだろう。その分派はまた甲州財閥、近江財閥となった。

一方三千年前故国から西漸《せいぜん》を開始したユダヤ民族は欧羅巴《ヨーロッパ》の経済界の指導権を掌握しつつ、十字軍が齎《もたら》したアラビヤのアルケミーを取入れて中世のヨーロッパに化学《ケミストリー》を興し、やがてそれが近世の物理化学から近代の理論物理学に発達した。その頃彼等の根拠地は海を越えて米大陸に移った。西漸を続ける彼等は間もなく再び海を越えて日本に日本に到達するのである。

その時西漸の彼等を心から迎える者は三千年前の古き同胞である東漸のユダヤ人達、すなわち今日の日本財閥達でなければならぬ。後者は前者に日本こそユダヤ民族の心願の国であることを紹介し、共に手を携えて彼らの古き神ヱホバの元の宮であり、彼らの祖である国王モーゼを指導した根源の神である伊勢外宮内宮の御前にひざまづいて、彼らが創り彼らの持てるすべての宝である科学の所産をみてぐらとして捧げるのである。この後世界の政治と産業の本拠はすべて日本に集結され、米、ソ、ヨーロッパ等はその支店となり工場となり、太古神代に於いて然《さ》かあった姿さながらに世界が還えるのである。

以上の事柄は従来の歴史家、神道家、キリスト教徒が未だなお気付かぬことであるが、この如きが人類歴史の必然であり、神の予定であって、その成就の日が近い。全世界を運営している神の経綸に協力提携する覚者の結集を望む。一つの事業に協力することを資本主義の世界では「投資」というが、この人類未曽有《みぞう》の大事業の意義と、これに関する日本実業家の歴史的使命を達観して、全力を挙げて参画する産業人の奮起を期待する。

以上で凡そ所見披露が終り、盃を挙げて新年を祝して座談交歓のコースに入った。今回気付かせられた事だが、現代の若い人達は客観世界を見ることにのみ慣らされていて、自分自身が何であるかということを考えようとせず、神の子、仏の子としての人間生命の自由と尊さを知ろうとしない。学生の質問に出た事だが、ダーウィンの進化論がガラパゴス島に於ける空間的体系を試みに時間的に置き換えた仮説であることを知らず、教えられた通り人間は猿の子孫だと思っている。この様なのが資本主義共産主義を通じての教育の方便である様だ。この点から座談の間に学生達から盛んな質問が出た。これに対して明かな解決を与えるためには現代教育の根底から批判する必要がある。これもまた本会の仕事でなければならない。尽きない歓談を七時近くに打切って閉会した。山本英一氏が足のリウマチで臥床《がしょう》していて出席出来なかった事は残念だった。

あとがき

この会報ではありのままの所説の概要を紹介し、批判はしませんが、本会は自己主張のための舞台ではありません。そのための会なら国内に他に沢山ありますからそこへ行ったらよいでしょう。本会は自己批判の会です。自己批判は本会に出られてお互に意見を交換している間にヒントを与えられます。そのヒントを捕えて「はてな」と自己反省が出来た時、行き過ぎや思い違いや認識不足が是正されます。独断的な自説主張を以ってしては偉大にして賢明であり狡猾であるユダヤ民族を言向和《ことむけや》わすことは不可能です。ユダヤ民族は何ものにも屈しませんが真理と真実だけには忠実な神選民族です。自己批判と反省のみが精神的真理への道です。ユダヤを言向ける前提として、自分自身を言向けることが先決問題です。自己の言向けを忘れて金力や武力や学力を以って万軍のヱホバに対抗しようとすると必ず負けます。日本の旧軍閥がよい見せしめです。（小笠原記）

第四回　研究座談会報告

二月の例会を二十三日（日旺）午後一時より本部八眞茂登に於いて開催。

奥　イスラエル研究は素人であるが、同窓の百々巳之助氏などから教えられて日本との歴史的なつながりがあることを承知していた。心霊研究を始めて二十一年になる。自分が属する宗教団体では弥勒下生《みろくげしょう》を説いている。神が表に現われて正邪を建分けて三六《みろく》の世になるという。仏説と同じである。こうした預言について研究しているが、この事と深い関連あるものとして天孫民族と神選民族との間に於ける過去現在未来の相互の使命に就いてこの会が開顕してくれることを期待している。

古屋　私が本会の設立を提唱したのは、聖書を通じてイスラエルの歴史と現実の研究に長年没頭していたからである。現在のイスラエル建国の状況を見るとその立派さに驚嘆する。宗教によって統一された国であって、キブツの社会制度などは立派なもので、超共産主義の国が出来ている。世界の革命児であるイスラエル民族がやがて世界を統一するものと思われる。しかし私は日本とイスラエルの歴史的関係を知らぬ。竹内文献の存在に就いては故中山忠直氏などからも聞いていたが、中実を読んだことがない。この会でその研究を始めて頂きたい。私の従来のイスラエル研究と結び付けて行きたい。文献をどうしたら手に入れることが出来るか。

小笠原　竹内文献に関する書物は戦争中発売頒布《はんぷ》を禁止されて殆ど残っていない。昨年小部数再出版された故矢野祐太郎氏の所謂「神靈密書」の中には竹内文献の内容を沢山収録してあるが、残部はないそうである。ところで最近長尾千代松氏によってまた改めて活版印刷で発行を計画中と聞いている。書物の入手は奥一夫氏に御相談願いたい。この書は三十余年前に矢野氏の口述を筆記して私が文章に綴り編纂したもので共著の形になっていた。その責任の上から出版されたら私が改めてその価値を再批判再検討しなければならない事となるだろう。竹内文献の実物は戦災で相当焼かれ、また裁判の間に一部が逸散したようだが、磯原の竹内家へ行って直接問われたら要領を得て頂けることと思う。

島田　人類文明が転換期にあることを意識して色々な研究をやっているが、まだ考えが確立しない。本会へ来て疑問が次々と釈けて行く。

深町　医師。昔、下位春吉氏の講演で、フリーメーソンの話を聞いて関心を持ち出した。昭和の始めヨーロッパに行って人類学、人種学に興味を持ち、ブナイブリスの研究をした。職業上唯物的に物事を見るが、信仰的なものも理解できる。なるべく客観的な方法でユダヤ研究を進めて頂きたい。

森　一灯園、生長の家、ヨガ等を遍歴して最後に神道に辿《たど》り付いた。これで遍歴が終るものと思う。ユダヤ問題については従来の右翼が持っている、やっつけてしまえという様な態度では神道の立場としては充分でないことに気が付いた。神道と神代史に関する古文献の逸散を防ぐために奔走している。

川村　以前の山本英輔氏や直海氏の会の頃は毎回出席したが、今回は初めて。今後よろしく。

石川　小笠原氏から言霊学の指導を受けている。日本語を漢字で書くことを不思議に思っている。世界で一番大切なことは何かを知りたい。今の子供は善悪がわからないが、社会の裁判には神道の審神《さにわ》の態度が必要と思う。

山本　会場主として一言申上たいことは、各自の御意見の主張だけに止まらず、真理と真実の発見のため、綜合的な研究をやる様に進めて頂きたい事である。

山根　竹内文献によると伊勢の内宮外宮は神代から存している。内宮の御神体は天皇皇后の御遺骨であり、外宮のそれは外国王の遺骨である。伏義、神農、モーゼ等皆外国王である。その他エビルス（南北米）、アフリカの王達も悉く日本へ来て天皇から許可されて王となり、死後その遺骨が日本に葬られた。釈迦、キリスト、マホメット等も日本へ来て神道を学び、今日世界が再統一されることを教えられ予定していたから、それまでのつなぎの教えを拡めたのである。今後の世界の問題は竹内文献が出ないと解決がつかぬ。古屋さんも信仰は信仰でそのまま持っていて、時が来たら歴史の真相を勉強すればよい。

伊勢神宮の御鏡がヘブライ文字であることは事実である。高御産巣日天皇のヒフ（日文）文字がヘブライ文字である。三種の神器の歌をその文字で刻んで鏡を作り、キリストが倭姫命を案内して伊勢に宮を定めて、そこに鏡を納めた。神は動いている。ローマ法王も座を降りる時が来た。今日この席で初めて発表するが、この秋竹内文献をまとめて出版する。ただし天地人の三巻のうち天の巻だけ発表する。知の巻はチベットやシベリヤなどの世界各地に埋めてある。人の巻にはギリシャ神話やアラビヤ伝説等の真相が精しく記されてある。地の巻、人の巻は将来天皇の命令によって発表されることとなる。

三上　ユダヤ問題について霊示を受けて書き残してある。いずれ発表したい。

小島　荒深道斎の道を拡めることに骨を折っている。「日蓮深密教」が出版されたから紹介する。日蓮の悪業が書かれている。

古屋　虹の向うに竜宮城が見えている。あそこへ登るのだと守護霊が言う。七才の時からこの幻影を事ある毎に見せられて来た。九合目まで来た。あと一合だと言う。竜宮の館とはこの会ではなかろうかと思う。

小笠原　面白い幻影と思う。竜宮城の説明をする。虹に関しては聖書に「我れわが虹を雲の中に起さん、是れ我と世との間の（生命の）契約の徴なるべし」とある。虹は生命の知恵のリズム、生命の樹の葉の原理でありキリスト教の教理である。その生命のリズムの完成された秘儀が竜宮城に存在している。竜宮とはタツの宮、タチ（性《たち》、太刀《たち》）の宮、すなわち言性《ことさが》の宮、万物の生命の性が現われる元であって、それは神の言葉の根源である神道の殿堂ということである。その言性の言葉の原理を過去三千年間人類に秘めて持って居られる人が乙姫であって、すなわち音秘《おとひめ》である。竜宮城とは日本皇室、伊勢神宮のことである。昔その乙姫秘蔵の玉手箱（言葉の原理）を求めて裏の国である支那の浦島《うらしま》太郎が来た伝説は皆さんが知っている。当時支那は秦の時代で、浦島太郎とは歴史的には徐福のことだろう。強大な秦朝の勢力を背景にして日本に天壌無窮、万世一系の原理である不老不死の薬を要求したわけである。日本皇室は非常に驚いて御馳走攻めでその使者を饗《もてな》し、最後に空の玉手箱を与えて追返したが、三千年後の今日世界に神が予定していた時代が来たから、いよいよ玉手箱の本当の中実を世界に現わし示す機運が熟した。秦朝は東漸したユダヤ民族の裔《えい》であって、彼等の所謂モーゼの十戒の実体（裏十戒）である玉手箱の玉、すなわち言霊《ことだま》（八尺《さか》の勾玉《まが》）の道理に初めて歓喜して服《ふく》ろい従うのである。

小泉　志摩国伊雑宮の御前に神武参剣道場を開き、国開き、国固め、国柱立ての神業に従事している。万教万学にはそれぞれ司《つかさ》たるべき人がいる。その人達は赤ん坊の時から神が体を用意して修業させている。だがそれ等の人達は自己の使命を自覚せず、知らずに修業を続けていて自分の力だけでは真の使命へ進出することが叶わない。そういう人達を見出して、道場が剣の秘法を以ってお手伝いをして順序を踏んで処理させて頂いている。

伊勢、美濃、丹波の国の清めを完結した。丹波、但馬、丹後の国鎮めを行った。大江山の酒呑童子《しゅてんどうじ》の霊的歴史的な因縁が明かにされた。これに関連ある従前の大本教の出口直、王仁三郎の霊的な仕事が完結された。悪なる霊を斬って祓うことは誤りである。霊は不死であるから斬り捨てたと思ってもすぐに別な人間に生まれ変わって現われて来る。因縁を明かにして言向け和わすことが正しい神剣の道である。上御一人《かみごいちにん》の座を護るため下一人の道を踏んでいるその人を迎えて座に就いて貰うことが道場の仕事である。

一振りを仰ぎまつらんそのために百千萬の剣振るかな

あとがき

以上の如く次々と所見が開陳されて充実した静粛な会合だつた。当日伊勢から小泉氏夫妻が上京出席されたことは特に意義深く感じられる。同氏は霊の修祓《しゅばつ》の責任者、今後は毎月出席することとなった。ヘブライ研究会は太古神代歴史の開明、神道の開顕、皇位の復古確立、皇祖神の世界御経綸の完成をヘブライ民族との提携協力の下に達成することを目的とする集りであるが、従来も各方面からの誤解、無理解、反抗の的となって、多数の先輩同志が尊い犠牲となった。しかし我々はそうした反抗を時の流れに任せて敢て対立抗争の態度は取らなかった。神道の本義に反するからである。

そうした誤解反抗等はすべて大きな歴史的因縁を自覚しない歴史の中途から現われた霊の妄動であるから、霊的操作によってそうした妄動が一つ一つ言向け和わされて行く時、本会の運営もいずれ本格的軌道に乗って順調な進展を見ることとなる。世界のユダヤ人達が彼等の魂の祖国であるエデンの園の国日本へ帰還するということもその背後に於ける人類の、特に日本人の霊的因縁の反省浄化を待って、その上に初めて達成される事態である。霊魂の浄化は他人の問題ではなく、客観的な問題ではなく、自分自身の問題である。ヘブライ研究は自己の霊性の問題として取組み取扱うことを根底としてこそ初めて本当の意義が現われる。この方針の下に今後も会を進めて行きたい。(小笠原記)

キリスト祭り（案内）
時　昭和三十九年四月五日
所　青森県三戸郡新郷村
主催　新郷村観光協会（横田理事長）
竹内文献に伝えられるイエス・キリスト来住の地、戸来に於いて各国大使文化人を招き講演座談会を開催する。

第五回　研究座談会報告

時日、昭和三十九年三月二十二日午後一時より、場所、本部八眞茂登に於いて開催。

所　櫻沢如一氏の許で雑誌の編集をやった。小笠原氏の所で神道の話を聞いた。古くは石原莞爾氏の思想を研究したことがある。初めての出席。よろしく。

三品　昭和十四年より古事記を中心に神道を行道の上に研究体験して現世に合わせる事

を試みて来て一つの信念に到達した。これからそれを余暇に発表しようと思っている。自分の体験には誰にも譲らぬ確信がある。小泉太志氏からも指導を受けた。同氏に会うために出て来た。

古屋　キリスト教聖書を暗誦出来るほどに読んで来た。だがこの会に出席してイスラエル研究にのみ没頭して来た自分の考えが偏っていたことに漸く気が付いた。日本とイスラエルの歴史的宗教的関係の世界が自分の前に開けて来た。改めて考え直さなければならない。考えを拡大して行かなければならない。この偏りをどう是正して行ったらよかろうか。子供の頃のミッションスクールの時代からキリスト教だけを習って来て日本というものを置き忘れていた。アメリカで教わったヴィクトリアデーのお祭りだけをやって、日本の十一月三日を忘れていた。私の中にも徳川の旗本としての日本人の血が流れている筈だが……この会を唱道したのは私であるが、山根、小笠原両氏からキリスト渡来説を聞いて驚嘆し、会の目的と仕事に関する思惑がすっかり異ってしまった。これから日本人全部が私と同じように思惑が違って来るために困ることだろう。私がその最初の困惑者である。切り開いて行きたい。

小島　古屋さんのお父さんは新選組だったそうだが新選組は朝廷を敵にしたわけではなく、薩長の勢力を押えようとしただけである。明智光秀はキリスト教を入れて日本を危うくしようとした信長を殺して神道を守ったのである。天皇に対しての忠誠は失わなかった。

エルベールさんは日本人は不思議な民族だと言った。ヨーロッパ人は二千年、三千年昔の事は問題にしないが、日本人は祖先の道を守っている。これはヨーロッパ人の及ばぬところであるという。だが日本人のすべてが日本を忘れようとしている今日、この会の活動は極めて有意義であって、日本人の為ばかりでなく外国人に取っても価値がある。外国人が出席したがる様になる時が必ず来る。

ユダヤ人の中にも上中下の階段があり、上位の人は真剣に神に仕えている。その最高の階級の人を相手に提携して、日本の意義をユダヤ人の力によって世界に知らせなければならない。フリーメーソンに対抗して日本を守る団体を日本に作らぬと日本を乗取られる恐れがあるだろう。

篠田　故藤沢親雄氏と共に神道国際学会の世話をして来た。日本の誠は文字の誠ではなくして言葉の誠である。明治維新は本来の日本から見る時成功とは言えない。明治天皇が軍服を着たことが既に間違いである。明治政府の重臣達は惟神道を知らず儒教、仏教や自由民権思想だけで育って来た。その延長として大東亜戦争も外国の学問のみを学んだ人たちが神道を知らずに初めた戦争である。その結果天皇に戦争責任が負わされることなく、天皇は軍閥の被害者の立場に置かれることとなった。正当な裁きと思う。日本は根で外国は枝葉である。神道は根である。根の力によって枝葉を生かさなければならぬ。文明の根である神道の本質は言葉の学問である言霊である。

戸田 先日の毎日新聞に青少年の不良化は言葉の使い方が乱れていることに原因があるという意見があったが同感である。

小笠原 大本教祖のお筆先きに「天皇が軍服を着てサーベルを提げて戦争するとは何事か」と叱った意味の言葉がある。明治、大正、昭和を通じて日本人を挙げて日本を知らなかった時代である。これからはそれでは通らない。根本的に建て直さなければならない。

奥 昔、美濃部と上杉の憲法説が対立していた。上杉説によると国家は最高の道徳を具現するものである。だがその頃から惟神道という日本の道を大学で学生に教えなくなった。

生きている実際の歴史の奥にはそれを発現させる五官以上の深い原因が存する。三千年昔、世界の宗教はすべて東洋に発生した。ユダヤ教、キリスト教も東洋の宗教の一つである。太古神代には精神文明の黄金時代があったがそれが隠没して今日の科学時代となった。日本が何ものであるかは古い時代の精神文明の歴史を研究することによって初めて明かにされる。これを世界に理解させることが我々の仕事である。神道をもっと研究しなければならぬ。ユダヤ民族はヱホバの信仰に結びついて一致している。日本人も惟神の道で一致してこれと対抗しなければならぬ。今はユダヤに圧倒されている危機に立っている。

小笠原　この危機は今初まったわけではない。だがしかし万軍のヱホバと対立し対抗したならば必ず敗れる。これは聖書に於ける神勅の規定であり真理であり真実である。大東亜戦争はその通りになった。負け惜しみの屁理くつは幾らでも言えるが、事実は事実である。真理のあらわれであるからだ。しからばどうしたならば世界のユダヤ問題の処置が出来るかというと太古歴史と神道原理の研究のみがこれを解決してくれる。「日本国とは世界なり」（日蓮）であって、ユダヤもまた日本の一面である。ユダヤ民族の活動は神代の日本天皇の司令に基くものであり、世界は皇祖皇宗の神の御経綸の下に歴史を歩みつつあるのである。その歴史の真相明らかにし、御経綸の神策神法を自覚することがこの会の任務でなければならぬ。その準備は刻下に必要な範囲のものは既に整えられている。

戸田　ヱホバの別名イロヒムとは陰陽結びの神をいう意味で、岐美二神と共通する。アラーの神は天の光りという事である。世界の神々の内容は共通である。日本人が率先このことを明かにしなければならぬ。「人語らずば石語らん」と聖書にあるが、モーゼの十戒は石に刻まれて、証拠として日本に遺され、竹内神宝の一つとなっている。

古屋　モーゼが日本へ来たのは彼がミデアの沙漠で羊を飼って暮していたと聖書に記されてある時のことであろう。

小笠原　モーゼは二度日本へ来て、日本で薨去《こうきょ》した。だがそうした世界の古代宗教と神代日本との関係は仏教、儒教、キリスト教等のすべての書物の中から抹殺されてある。この抹殺もまた天皇の御経綸であった。日本というものを今日まで世界から隠して置くことが必要であったからである。だが子細に聖書を点検すると所々にその関係が出ている。ヤコブの時代、東から神の人々が来て、イスラエルの娘達を娶り、名ある子孫を生んだという記録などはそれである。

奥　「神靈密書」の中に神足別豊鋤天皇の御宇にモーゼが来朝の紀念として、十戒石、縞瑪瑙《しまめのう》、魂形石《まがたま》の宝を奉ったという記事があるが、説明を願いたい。

小笠原　故酒井勝軍氏は初めピラミッドの研究に赴いた頃はユダヤ中心思想だったが、昭和初年竹内神宝に接して日本が世界の精神的本拠であることに気が付いた。それは特に「デカロッグ、シェキナ、オニックス」の三つが竹内家に伝えられていることを知ったからであった。この三つの宝はシオンの宮殿の三種の神宝とほぼ同じ意味のもので、民族の喪われた宝として歴史を通じて世界に探し求められているものである。

初めモーゼはヨーロッパ経営の指導原理として日本の三種の神器の法を授かり、ローマ肇国の後日本に再来した時、それ等の神宝すなわち神法のすべてを日本に奉《たてまつ》った。奉ったというのは返還した意味である。或はその中の一部、例えばアロンの杖の如きは後世ソロモンの時に返還されたもので、四国剣山に納祭されたものと考えられる。

イスラエルの神宝であるこれ等のユダヤ教、キリスト教々理の奥義は神道を以ってしなければ釈くことが出来ない。十戒《デカロッグ》には表と裏すなわち形而下と形而上の両面がある。形而下の十戒は大祓祝詞の国津罪に関するもので、現行旧約聖書に伝えられてある所である。形而上の十戒は大祓の天津罪に関するもので、それは高天原天国の神の言葉の原理を犯すことの戒めであり、同時にその神の言葉の原典である。神道ではこれを天津菅麻《あまつすがそ》、天津金木《あまつかなぎ》、天津太祝詞《あまつふとのりと》という。いずれも五十音のア行からワ行までの十音の配列を以って構成される人智の基本原理であるからデカ（十）ロッグ（言）という。モーゼは石盤に刻まれたこの神の言葉の原典をシナイ山で授かったと聖書は伝えているが、実際にそれを授けた人は神の足（トーラ）を別けたと諡名《おくりな》されている葺不合《ふきあえず》六十九代天皇であった。

シェキナは石楠《しゃくなげ》のことである。竹内家では高山の石楠の葉を茶にして不老長寿の薬として用いているが、それは咒物象徴である。石楠とは古事記にある天ノ岩楠《いはくす》船のことである。いはくすとは五十《い》葉《は》を組《く》んで澄《す》ましたという意味で、五十の麻邇名のことである。この麻邇名（眞奈《まな》、摩那《まな》）をヘブライ語でMANNAという。言葉は霊（心）を乗せて運ぶ船であり、しかも空中を飛んで行くから天ノ鳥船ともいう。いはくすは漢字で石楠と書かれ、その音がヘブルーに転じてシェキナとなった。こうした二重譯が時々出て来る。オニックスは瑪瑙《めのう》であり、特に緑色の縞瑪瑙である。拳大の美しい石で竹内氏が燧石《ひうちいし》に用いていた。それに「エブロカハ」と読まれる文字が刻まれてある。緑の縞瑪瑙は東洋には産しない。産地はスペインであり、エブロ河はスペインの河である。モーゼがローマ帝国建設の記念として齎《もた》らしたものである。

同じくイスラエルの神宝であるアロンの杖と黄金のマナ壷の意義の説明は長くなるし、詳細は仏教や神道の理解体得なしには聞いても判らぬことであるから省略するが、以上の諸神宝をモーゼ又はソロモンが日本へ持って来たということはイスラエルとローマ建国のために授った神宝が用事が済んだために、日本に返還したということの証拠であり、その象徴のためである。モーゼ、ソロモンの裔のユダヤ人が、ヘブル書の教えの如く、三千年昔の祖先の大預言者、大帝王がそれをもって活動した神宝の存在と意義とを想い出して、その所在を全世界に探し求めて日本にそれを見出した時、初めて日本が彼等の魂の祖国であり、先王の墳墓の地であることを知るのである。

ただし以上のうち、オニックスと魂形石以外のすべての神宝はもとより物ではなくして神法であり、すべて神道とユダヤ教、キリスト教、回教に共通の形而上の原理の内容である。ユダヤ問題は歴史だけでは解決出来ない。ヘブライ研究会も歴史研究の根底に於いて自己内面の精神の構造と性能の真理に就いて研鑽し、そのために神道原理を究明することによって初めて世界のユダヤを言向け和わすことが叶うのである。会の発足は趣味的な社交的な集りであっても、漸次この意味で、普ねくキリスト教、仏教、儒教に相通ずる神道原理を今日の自己の内容として開明して行く修練の機関である如くに進めて行きたいと思う。

あとがき

凡そ以上の如く座談質疑応答が七時頃まで和やかに続けられた。古屋女史が神代歴史に真剣な関心を持ち出した事は女史のために大きな収穫である。そのために暫くは困惑することこそ大きな神の恩寵でなければならない。宿痾《しゅくあ》のリウマチで起居不如意だった山本英一氏はこの日夕方から一週間厚生年金病院の人間ドックに入院した。（小笠原記）

第六回　研究座談会報告

本会発足以来早くも半歳。会員数を増やさず、実質を重んじる内輪の会として経営する方針の下に、プリントを発行するだけで他に何の宣伝もしないが、噂を聞いて心ある人達はぼつぼつと新会員に加盟する。ただし本会は言わば世界の先駆者の集りであるから、現代の学問常識だけが世界のすべてだと思っている人には、思想の断層を飛躍することが出来ず、何を話し合って居るのか判らず、途方もない空想の世界の様に思われるだろう。

本会員たるには多少の心の用意前提を必要とする。例えば神道はじめ従来の宗教の行詰りに気が付いて、文明の新しい出路を求めよう願う人とか、従来も研究されて来た太古神代歴史をただ知っているだけでは満足出来ず、これを現在将来の人類のために活用する道を考える人とか、そうした人達に集って頂いて、共に全世界を指導している神の経綸と霊魂の流転の筋道を研究して、人類文明完成の具体的運動に協力して頂くことが本会の仕事であり、目的である。今回は来会者数少なく、落付いた静かな会合となり、ゆくりなくも神秘的な霊界の消息を語り合う座談会となった。

植本　稚いさい時から守護霊の指導を受けて、ユダヤ問題に関する魂の因縁の研究浄化に専念して来た。この歴史的な霊的な運動の名称を広く「富士神業」というが、その地理的な舞台は富士山である。今日までその話を聞きつけて一儲けをしようと試みる宗教業者が富士山に類集している。私は富士の或る場所にユダヤの旗印しを建てよという神示を伊勢の外宮で受けて、爾来その準備を進めて来た。昨年十一月に話が出て土地を求めることが出来た。富士宮市から車で二十分ほどの所である。富士山は霊的には「女の座」であって、富士神業の責任者は女性である。

小笠原　富士神業の話が出たので、それに関連して昨夜私のところで有ったいきさつを一応御紹介しよう。奥一夫氏の紹介で或る人が私を訪ねて来た。その人の知り合いにいずれもティーンエイジャーの霊媒、霊覚者が霊的に十二人（十三人）いる。その中には加賀の白山の神霊の啓示を受ける娘さんもいる。その縁で白山神社に住んでいる私を訪ねて来たというわけである。東大の医学へ入学志望という男の子もいる。十二人は富士の霊界で活動しているが、そのために必要な指導をしてくれる人が日本に一人居るから探しているという話だった。

富士神業は外宮の神業、すなわち外国霊すなわちユダヤに関連する神業であって、十二という数は十二支族、十二使徒、生命の城の十二の門の数である。年を重ねても霊界の宿業因縁から抜け切れずにもたもた迷い続けている人ではなく、守護霊の指導で早くから現界霊界を卒業して神界に住まっている様な若い人達がもし居るとしたらまことに楽しみなことである。だが若い人達の純真さと鋭敏さとは尊いが、まだ経験が浅いから、少なくとも三十歳までは大学の学問を始め、一通りの修業をやって来ないと途中で外れ易く、本物の神人覚者になり難い。実はそうした「我より後に来る」若い人達に世界の歴史と皇祖の神法の手釈きをすることが私の使命である。

我が待つは常びとならず日の御子と生《あ》れいでまさむ神の一人子。
日の御子と生《あ》れます神のひとり子に天津日嗣の御法《のり》伝へん

植本　私の亡くなった息子の一雄が「網代木運動《あじろ》」をやって世界中の若い人達を結集しようとした。網代木の形は籠目《かごめ》であり、ダビデの星である。息子は霊界に在って私と一緒に活動している。

小笠原　もう少し「富士神業」の意義に、就いてお話しよう。「富士と鳴戸の仕組」ということは大本教祖などから言い出された神の経綸に就いての預言である。富士の仕組は聖書のイザヤ書、ダニエル書などの指示に従って、世界のユダヤ人が最後に富士山に結集して、日本の天の岩戸開きを仰ぐための準備を整えることである。鳴戸の仕組はその富士神業と呼応して阿波の鳴戸から人類の精神文明の奥義である神道の麻邇《まに》の原理が出現することで、この事を天の岩戸開きという。

阿波の鳴戸とはア（吾）とワ（我・汝）の間の鳴る所ということで咽喉仏《のどぼとけ》を咒示した謎である。鳴戸神業の責任を負う神霊を石長姫《いわながひめ》といい、富士神業の責任を負う神霊を木之花咲耶姫《このはなのさくやひめ》という。姉妹であって、共に仁仁杵命《ににぎのみこと》の妃であった。

本来は石長姫が天孫の正妃であるのだが、神界の経綸によって退いて、木之花咲耶姫が正妃になり、岩長姫は阿波の鳴戸に隠れたといわれる。その後木之花咲耶姫の神霊は仁仁杵朝、彦火火出見朝の後、鵜草葺不合朝から今日の神倭朝に至るまでの数千年間、霊的に天孫の正妃として天孫を補佐して世界の経営に任じている。鵜草葺不合とはウ言霊（有《る》・相《う》）すなわち万有《う》の神屋《かや》（原理）がまだ出来上らぬという意味で、換言すれば科学の未完成時代ということである。その科学文明の建設に当っているのが木之花咲耶姫であって、全世界のユダヤ人がその御手代である。また日本に於ける実際の根拠地は先述した如く大阪・堺である。「難波津に咲くや木の花冬こもり今を春べと咲くや木の花」、これが木之花咲耶姫の神歌であるが、今日漸《ことごと》くその使命が完了せんとしつつあるので、石長姫が神律通りに正妃の座につくこととなる。

　岩長姫は岩の神（五十葉の神）といわれる言霊麻邇の神であり、天照大御神の分神である。木之花咲耶姫は大山津見《おおやまつみ》、神の子であって、木之花の咲く如く、また散る如く栄枯盛衰《えいこせいすい》、治乱興亡《ちらんこうぼう》のあわただしい時代の神である。両者は法華経提婆達多品の変性男子と変性女子に当り、変性女子が富士神業の責任者である。植本さんが富士は「女の座」であると言われたのはこの意味である。変性男子は娑羯羅竜王《しゃからりゅうおう》の子の八才の竜女であって、摩尼宝珠の把持者である阿波の鳴戸の神である。

日蓮は法華経を学んでこの消息を知ったから富士身延に正法実現の時のため施設に行った。その日蓮の遺詔《いしょう》を体して施設と法を守って結束して時を待っているのが創価学会である。大本教的にいうならば「富士神業」は建替えの仕組であり、人間の霊性《みたま》の修祓、浄化、整理、結集である。世界の歴史の上からいうならばその昔ヱホバが人類の言葉を乱して以来、モーゼがイスラエルを建国した以後、釈迦が仏陀の入涅槃を宣言して以来、三千年間に亘る科学文明育成時代に於ける霊魂の業縁の輪廻流転の乱れを祓い清める霊界の神業であり、「鳴戸神業」は建直しの仕組であり、人間霊性の開顕発揚である天の岩戸開きである。それは身魂《みたま》の立替によって三千年来のみずからの業縁を悟り、それから解脱《げだつ》して高天原神界の清浄無垢界の人となった者達が法華経の「従地涌出《じゅうじゆじゅつ》」の形で寄り集って、皇祖の神霊の指導の下に麻邇を運用して科学文明の現代世界を神代ながらの調和の姿に経綸する恒常の神界の神業である。序曲の「富士神業」が先ず開幕される。

古屋　先月の会で小泉さんのお土産の八戸の南部煎餅を頂戴したが、ユダヤ教で正月の逾越節《パスオーバー》に用いる「種入れぬパン」（マッツエ）によく似ている。この菓子が南部に伝わっていることはイエスがそこに住んでいた証拠であるかも知れない。

小笠原　ヘブライ語のマッツエ（マッツオ）は日本の餅《もち》がなまったものであろう。モーゼ来朝の時これが伝えられたのであろう。ユダヤ人が作ったマッツエを犬塚さんの所で食べたことがあるが、餅網ほどの大きさに延ばした胡麻入りのクラッカーである。ユダヤ人は日本人が正月に餅を食べるのを見るとびっくりする。彼等の風習と同じだからである。

小泉　南部煎餅には昔はダビデ章✡の型がついていた。この紋章は今でも魔除けとして子供の着物の背中に縫いつけたり墨で額に印したりしている。昭和三十年、伊勢神宮の参道に菊花紋章とダビデ章を裏表に刻んだ石灯爐を千基、全国の有志の寄附によって建てて、世界に内宮外宮の意義を伝える目印とした。

日本に帰化したユダヤ人の姓を秦《はた》族という。伊勢神宮は当時から既に日本の経済界を運転していた秦族からの資金の奉献によって、倭姫命《やまとひめのみこと》、日本武命《やまとたけるのみこと》、武内宿禰《たけうちのすくね》とそしてその頃来朝帰化したイエス・キリストの経営の下に建設された。神宮造営完成の後に秦族は志摩半島に土着してここを根拠地として、神宮の祭祀を司る中臣氏と並立して活躍していた。

時代の変遷と共に今日の彼等は所謂新平民になって、土地の人から差別待遇を受けていた。しかし彼等は他の土地の同様な部落の人達とは相違して、新平民解放の水平社運動が手をさし伸べても応じようとせず、昔ながらの独自の伝統と誇りを守って、他と懸絶した生活を送っていた。二千年前の貴族の後裔を今日の社会が差別待遇することに憤懣《ふんまん》していた。そこで自分が志摩に赴いた当初、彼等のために幼稚園を建てて、東京の荒原君に園長になって貰った。いろいろその間に経緯があったが、その後の運営は順調で、既に七回の卒業生を出している。この幼稚園を橋渡しとして志摩の旧秦族と土地の人達との間に平和が生まれた。こうして伊勢志摩の地を祓い清め、秦族の本拠をまとめることが出来た。

秦族は経済的実力を有し、しかも全国的に結束した組織を持っていた。常に日本皇室の外廓に在って援助と奉仕を惜しまなかった。四国の蜂須賀家は秦族の有力者であった。蜂須賀小六《はちすかころく》が日吉丸を見出してこれにユダヤの兵法と財力を授けて、皇室を中心とする国内統一の事業をなさしめたのである。

山野 小笠原さんから度々御案内を頂いて今日漸やく出席することが出来た。先程からの皆さんのお話を伺っていて、四時半の主婦の友社の会合の約束を忘れてしまっていた。ここへ来てよかったと思う。来るべき所に来た気がして霊が勇んでいる。お話が一つ一つ身にしみてよく判る。

小笠原　この会で取扱うのはすべて事実であり実際である。歴史と理論と霊覚と予言のすべてが矛盾なく一つにまとまって行く。山野さんは紅卍字会を初め多くの会合で今日までいろいろな物事を学んで来られたわけだが、それ等の知識経験の全部がこの会で一つに綜合統一されて行く。人には見えぬが統覚の神剣が樹っている舞台はここだけである。今日の会合で一番大きな収穫を得られたのは山野さんだろう。

戸田　今日は思いがけなくユダヤ問題の霊的な面の座談会となった。来会者の数もきっちり十二名で、先程小笠原さんの話にあったユダヤの数であることも偶然でない様に思われる。

小泉　八大竜王を祭っている肝川の車小房さんとも会った。矢野眞子さんから頂いて矢野大佐と小笠原さんが三十年前に書いた「神靈密書」も先達て三晩がかりで読了した。神代以来のみたまとその因縁葛藤をあそこまで釈くことを得たのは大きな仕事だと思う。それから大津の大谷氏が訳したスウェーデンボルグの著書「天使の声」も読んだ。神道の歴史と原理の圏外にあるキリスト教の世界に於いて神界の内容を究明しようとした彼の努力と苦労を察することが出来た。そのうちに大谷氏とも会う予定である。

小笠原　「神靈密書」は矢野大佐と私の共著の形で、矢野氏の口述を私が文章に綴った。その間不思議な神霊の指導を受けながら書いた「お筆先」式の文章である。ただしあの中にはなお多くの独断と欠点が含まれていて、その誤りを是正し、あの書物の内容を完成するために今日まで三十年間神道の修業を続けて来たわけであった。神代の歴史文献と「八門の破れ」と云われる霊界のみたまの乱れの経緯を説いたもので、清浄無垢界である神界の消息には触れて居ないが、今日でも一応の参考書としての価値がある。

あとがき

以上の様な座談が次から次へと拡がって行った。神秘ということは、もはや我々の間には存在すべきではないが、極めて霊的な雰囲気の会合だった。本会の趣旨を次の如くに定義したらよいだろう。「神道の歴史と原理によって、世界のユダヤ問題を解決し、

近代科学文明の上に天津日嗣の高御座を神代ながらに確立する運動」と。六時閉会。（小笠原記）

第七回　研究座談会報告

昭和三十九年五月二十四日午後一時より、本部八眞茂登に於いて開催。多数の出席者で賑わった会だった。

嘗てナチスの宣伝に乗ぜられて反猶運動として日本の軍閥右翼の間に取扱われていた対ユダヤ問題は敗戦と共に論議の影を潜めたが、このユダヤ問題こそ日本の太古神代歴史と全世界、日本の将来の在り方と全世界、日本神道と世界宗教、そして人類の精神文明と科学文明という、凡そ日本及び全世界の最後の最大の問題を結び付け解決する橋であり眼目である。

今日上下を挙げて所謂ユダヤ一色に塗り潰されている刻下の日本に於いて、改めてこの問題を、反猶でも親猶でもない、純粋な歴史的、宗教的、科学的な、すなわち文明的、日本的立場から取り上げて、帝国主義、民族主義に歪曲された日本ではなく、神代以来の本来の本然の日本と全世界のため、人類文明の最後の完成のために徹底的な検討解決を図ろうとすることは極めて困難な仕事である。しかしこの事は日本人の当然として、世界歴史の必然としてやらなければならぬ事であるから、たとえ至難な仕事であろうと、その進展は捗々《はかばか》しくなかろうとも、手近かな所から一歩一歩堅実に踏み固めて行かなければならない。

今月は参会者数二十名を超え、心ある人達の間に本会の存在の意義が次第に了解され出したことは喜ばしい傾向である。会員が多く集まることを必ずしも望まず、少数の堅実な人々が緊密な同志として提携協力して、この歴史と宗教と科学という文明の最高の問題と取組んで行きたい。本会はこの様に大きな目的と使命を自負している会であるから、本会へ来て各自がその説を披瀝して下さることは大いに歓迎するが、本会の趣旨目的に協力することなく、単に自説を宣伝するための会場としてだけに本会を利用しようとすることは今後ともに御免蒙りたいと思う。

本会は生まれて未だ日浅く、現在なお趣味的な社交的な座談会という範囲を多く出ていないが、研究の内容が充実して行くと共に、やがて本会の趣旨目的を誓願とし盟約とする同志的結果として会の基礎を固めて行きたい。今回も前回に似て座談の内容が期せずして宗教的、霊的なものに発展して行ったことは会の本質上から意義あることと思われる。

金井　若い人達と共に霊的な富士神業に従事している。初めての参会で、皆さんの御意見を伺って参考にしたい。

棚木　金井氏と行を共にしている。

佐野　私の神道研究はまだ道楽程度のものである。小泉太志、大河有司、國井道行等の諸氏がやっていた「天地会」にも関係した。金井氏に招かれて来会した。篠田氏等の「心靈医学会」には度々出席している。

末光　仲小路彰氏の運動に参加している。終戦当時小笠原氏から四国剣山の話しを聞いて、太古の世界に遊ぶ思いだったが現実生活とのギャップの為にこうした問題から遠ざかっていた。森氏の引合わせで最近久々に小笠原氏に会い、右翼思想が日本歴史と日本国体の認識に於いて徹底を欠いているために大きな過ちを犯したことを知らされて反省しつつある。既に時期が到来した様だ。すべての障害を乗り超えて本格的な運動を展開したい。

篠田　この会は神代の歴史、太古の聖人の生活を現代に活用する方法を見付けるための会である様に思われる。霊媒の研究やユダヤ問題のみでなく神代と現代の文化をどう結ぶかを研究する会だと思う。日本は浦安国であって神代には宗教も倫理も道徳もなかった。神代人が健康で長生きした生活を考えねばならぬ。神代人は祖先を神として祭って神霊《ミイヅ》を受けたから根や枝葉が栄えたのである。天地の稜威を頂くことが古代人は上手だった。川面凡児氏の著書で教わったが、古代人の祖先の祭り方、呼吸の仕方を行えば長寿健康となり、浦安ノ国となると思う。稜威は放射線である。それには危険なものと危険でないもの、すなわち禍津日《まがつひ》と直毘《なおひ》とがある。私が発明したH光線は危険でない放射能で、すなわち神である。危険な放射線を直毘したものである。H光線を説明した近刊を差上げる。読んで頂きたい。

古屋　私の仕事の神癒と放射線とは別のものと思っていたが篠田氏の話で了解した。人間の体の中には先天的に自己療能がある。その力を強化することで病気が治る。その力は根である。「栄を神に帰する」ということがいよいよはっきりして来た。

戸田　ハルマケドンは宗教戦争だといわれるが、その時が近付いて来ている。世界は平和原理を求めているが、まだ一般に受入れられない。何処へ出しても受入れられる様な原理を出して行きたい。

奥　根本の霊というものが本当に判っていないから思想の混乱を起すのである。精神統一をすると五感以上の霊が出て来るが、それが根本問題の材料である。この会はその根本の霊の問題、日本民族の宗教以前の宗教から解決して行かなければならぬ。神代人が霊を如何に考えていたかを明かにせねばならぬ。仏教では一方で霊があるといい、一方では煩悩の所現という、矛盾している様に思われる。霊である精神宇宙の実体が開明されていないから争いが起るのだろう。未解決な誤った考えが根底にあるから世界は混乱するのだろう。

小笠原　霊《ひ》の本《もと》（日本）とは霊（精神）の根本が明らかに判っている国ということである。その明白な精神界が高天原である。宗教民族であるユダヤを言向け和わす道は高天原の完成された精神原理（布斗麻邇）にある。これが日本国体であり、その原理は神典古事記に述べられている。古事記を釈かなければ国体は判らない。日本国体原理が本会の思想的基礎となるものでなければならない。いま奥氏が述べられた意味での霊ということに就いて面白い話題を提供しよう。

私が住んでいる六郷の白山神社の境内に小さな稲荷の祠《ほこら》がある。四年前に引越して来た当初の或日、祠を掃除していると声が呼びかけた。「私はここの稲荷です。狐ではありません。四百年前京都からここへ来て、この六郷の土地を拓《ひら》いた真言宗の修行僧です。これから貴方に就いて神道の勉強をしたい」。こうして私はお稲荷さんと友達になった。家内が何かを頼むとよく訊いてくれる。弘法や日蓮もこうした霊が助けてくれていた様だ。ところで私に呼びかけたこの稲荷の霊は一体どこに居るのだろう、私の心にいるのだろうか。居るから土地の人が祠を建てて祭るのだが、粗末なこの木造の祠に住んでいるのだろうか。

境内の戦災で焼けた銀杏の大木を伐るからお祓いをしてくれと町内の人に頼まれたので、鈴を振って霊を呼んだら、いきなり髪を振り乱した四十位の女の人が出て来た。私も町の人も寒くなって震え出した。地縛の霊といわれるが、何か恨みを抱いて非業の死を遂げたての婦人の霊は、この銀杏の大木に憑依していたのだろうか。神通の一種であるこうした霊感とは一体何事であるのだろう。

武蔵正道さんの所にあった百万ドルだという鼈甲《べっこう》製長さ六尺の龍神像がいま持主の深川の鈴木さんの所に帰っている。銀座の松屋の常務のH君は私の中学の同窓である。この間クラス会で会った時、その龍神像のお祭りをして、火伏せの祓いをして、開店祝いにお客を招いたらどうかと話したら、面白そうだということで今その計画が進んでいる。門司の布刈《めかり》神社の龍神を象《かたど》ったものというが、火伏せや雨乞いの霊験があるので有名になっている。だがしかし神霊が鼈甲の工芸品に宿るものであるかどうか。以上三つの材料を話題として提出しよう。

心、霊魂、精神、そして神仏に就いての明白な解決把握がなければ世界の霊《ひ》の本として、宗教民族であるユダヤを言向け和わすことは不可能である。霊界の迷い、宿業、因縁、煩悩、心の所作の拘束から解説する時、自由無碍《じゆうむげ》、無垢清浄《むくせいじょう》な神界、生命界、高天原の人として再生する。天照大御神と須佐之男命、すなわち日本とユダヤとして世界を二つに分け持つ神意は、この清浄の生命界に在って悠久の経綸を行っている。神代以来の日猶の相関歴史はこの神界に於ける神霊と神霊、神人と神人との交渉である。霊界に於ける不浄の宿業の葛藤ではない。

奥　霊は心の所現で、客観的には存在しないと思う。人間の因縁、宿業、歴史の真相を記録して置いてある場所が宇宙の何処かにあるのではなかろうか。

篠田　川面凡兒は霊には実体があり、極めて微妙なものだという。霊と魂を区別してヒとミと言っている。

古屋　偶像に霊はない。

〜〜〜〜〜〜〜〜〜〜〜〜〜〜〜〜〜〜

金井　ユダは悪の塊《かたまり》といわれるが、キリストとユダとは同じ力を持っている。善悪は絶対神の意志発動の表裏である。

佐野　神代以来の日本とユダヤの歴史の筋道を話して頂きたい。

小笠原　エデンの園を作ったヱホバは愛と知恵の神であった。そのヱホバはやがてアダムとイブを楽園から追放し、ノアの方舟の設計図によってその子孫達が創ろうとした理想国家を滅ぼした。そのバベルの混乱の頃からヱホバの性格の現われは一変して、あたかも悪魔の仮面を被った破壊の神となった。ルシファー（サタン、メフィストフェレス）はそのヱホバの化身である。これは度々説く如く、人類の間に生存競争を起させ、その斗争を縁として科学文明を促進させようとする計画の下の大いなる経綸のあらわれである。その後イエス・キリストが出て、再び愛と知恵なる神の存在を説き、人類が元のエデンの園に復帰することを預言（黙示録）した。この様にヱホバの性格は歴史上三度変化している。

こうした変化と経綸はすべて高天原である神代上古の日本皇室とユダヤの預言者との間に於ける緊密な連絡提携の下に行われたもので、古事記と聖書を照合すればその間の原理の動向が明白になり、またその実際の歴史は竹内文献等によって日本に伝えられている。その記録の中で特に顕著であるのはモーゼとキリストの事蹟である。そのキリストの黙示録の預言が実現するのは今日である。

このヱホバの性格の変化と、神代上古に於ける日猶の宗教的政治的関係を知ることが、人類の文明史を知る上の骨子である。この様に神代以来の日猶関係はすべて日本神道とユダヤの預言者との間に於ける高次元の知的境域での経綸であり、将来も然りである。すなわちこれは人類の指導者達のみが取扱い得る問題であるから、これを一般民衆、宗教家、学者達に理解させようとしても、現段階の社会では極めて困難である。ヘブライ研究会は元来魂の因縁に選ばれたる者、「生命の書《ふみ》に記されたる者」の会である。

佐野　深川八幡で肝川の車小房さんの神示の教義を聴いた。高天原の神が思凝神となって、欲望の思念を人間に植付けた。慈悲の神が無慈悲の魔になって人間に経験を積ませて魂を磨かせた。そのための神代以来の身魂の乱れは瀬織津姫《せおりつひめ》の祓いによらなければ浄めることが出来ないと説いている。小笠原氏の今の話と同じ筋道だと思う。

あとがき

凡そ以上の様な意見の開陳の後、ビールの盃を乾して夕食。更に各個の質疑応答や意見交換が七時まで続いて散会した。（小笠原記）

第八回　研究座談会報告

昭和三十九年六月二十一日午後一時より本部八眞茂登に於いて開催。

本会の主旨は親猶でも反猶でもない。その動向は確実に日本というものの本来の意義を基本とするが、もとより右翼ではない。従来の小日本的、島国的、鎖国的、民族主義的、帝国主義的に限局歪曲された神道観念、神道信仰に拠《よ》ろうとするものでもない。また神、儒、仏、基のいずれにも偏《たかよ》るものでない。

世に神、仏（阿弥陀如来、救世主メシヤ）といわれる所のものの実体である神代以来の我が皇祖皇宗《こうそこうそう》（天津日嗣《あまつひつぎ》）と世界の聖王聖者達の協同活動による世界経綸の経緯を、悠久の世界歴史の基礎の上に把握し、同時にその経綸の神法原理を惟神の国体神道すなわち人類共通の世界宗教として究明し、この双つの知恵に則って、その経綸の有終の美を収める神の予定計画を今日全人類の上に実現しようとする同志的な集まりであることを目的とする会である。

殊更な宣伝は努めて控えるようにしているが、従来のあらゆる思想的蠢動《しゅんどう》と未解決の疑問からはっきり抜け切っている本会の主旨目的が次第に心ある人々の間に理解され浸透しつつあることは喜ばしい事である。我が皇祖神の世界経綸を説く時、従来の神道家は「まさか」と嘲笑する。この如きを鎖国神道という。神仏に対する信仰認識が確立せぬから皇祖神宏謨が判らないのである。

本日は夏至に当り、神代暦の上からは一年の真中に当る日である。例の如く自己紹介から始まって、予告された古屋登世子女史の講話へとプログラムが進められた。

三枝　心霊医学会で小笠原氏の講演を聞き本会の存在を知った。酒井勝軍氏から親しく指導を受けてユダヤ民族の優秀性を知った。同氏はユダヤ研究の第一人者だった。尊敬すべき人と追慕《ついぼ》している。生活も楽でなかった様だ。爾来《じらい》ユダヤ問題に関心を持っている。同氏から一個の小石を示され、これが世界の光明であり、神秘であるといわれた事があったが、何のことか今だに判らない。

安西　私も酒井先生の門下で、それと同じものを頂いた。削って分析したら鉄を多量に含んだ磒石だった。竹内文献にあるヒヒロガネであろうと思う。

大河　大本教問題に関連して空中の霊の祓いに長年従事した日本人の魂の使命に就いて考えている。ネールが死んだ時、印度大使館へ行って、戦争裁判に印度が白票を投じたことを感謝して来た。

大貫　今朝、友人と駒沢大学の禅の講座に行って来た帰りである。こうした会は初めてである。

正岡　紫雲会の幹事をしている。今回、故佐藤定吉氏の遺著「日本ということ」を出版した。皆さんに差上ますから御検討願いたい。

古屋　御約束によってユダヤの過越節《すぎこし》の由来に就いて一時間ほど申上げる。アブラハムの孫ヤコブに十二人の子があった。末子のヨセフは夢見る人といわれた。或時ヨセフの麦束を十一人の兄弟が拝した夢、日と月と十一の星がヨセフを拝した夢を見たことを語ったために、兄弟達から妬まれて、銀二十枚をもって旅商人に売られて、エジプトへ連れて行かれた。

ヨセフはエジプトの侍衛長の家で重く用いられたが、その妻の懸想《けそう》から讒訴《ざんそ》を受けて投獄された。時にエジプト王パロが夢を見た。七つの美しく肥えた牝牛を七つの醜く痩せた牛が食いつくし、七つの肥えた穂を七つのしなびた穂が呑みつくした夢であった。ヨセフはこの夢占をして七年の豊年とその後の七年の飢饉と釈いて、凶年のために豊年を貯わえることを進言した。パロはヨセフを重く用いて全国の宰相とした。やがてエジプトにもカナンにも飢饉が襲った時、ヨセフは父ヤコブと十一人の兄達をエジプトに呼び寄せ、民族はエジプトで幸福に日を過した。

こうしてイスラエル人はエジプトで栄えたが、パロの代が更わると共に虐待を受け、その生まれた嬰兒《みどりこ》は殺された。レビの嬰兒が葦舟に乗せられてナイルに流されたのをパロの娘が拾い上げて王子として育てたのがモーゼである。彼が生長した時、彼の民族の困苦の様を見て、救助を決意し、王宮を去ってミデアンの荒野に身を隠した。草原の中に霊の焔が燃えて、モーゼは初めて神の声を聞いた。「我は有りて在る者なり」と。このモーゼに現われた神がイスラエルの一神教の本である。この「有りて在る者」の命を受けて民族を救い出すこととなった。弟のアロンが彼を助けた。

モーゼはパロにイスラエル民族をカナンに帰すことを要求したが肯《うなづ》き入れられなかった。そのために十の禍がエジプトに起った。血の河、蛙、蚤《のみ》、虻、家畜の病、疫病、雹《ひょう》、蝗《いなご》、三日間の暗黒と、そしてエジプトの長子が皆殺しにされることである。この最後の禍が起る時、神の命によって正月十日より十四日まで小羊を飼って置き、十四日の晩にこれを殺して、その血をイスラエル人の家の鴨居と柱に塗り、その小羊の頭も脚も臓腑も全部火に焼いて翌日までに食い、残りは火で焼き捨てた。またそれより七日間は種入れぬパンを作って食した。その夜、神の殺滅者はエジプトの家の長子を悉く殺したが、イスラエル人の家の前は過ぎ越して行って無事だった。

パロが民族の帰国を許したので、モーゼは六十一万人を率いてカナンに向った。パロはそれを悔いて軍隊をしてこれを追わしめたが、その時紅海の水が退いて民族は対岸に渡り、追って来た軍隊は海中に呑まれた。これが過越節の由来である。

私が一九〇〇年に東洋英和を卒業した時、御褒美に聖書を貰った。その聖書が六十年間座右にある。戦いの神、妬みの神であるヱホバといふ名は私は嫌いであって、「有りて在る神」こそキリスト教の本当の神であり、それは「成りませる神」である日本の神に通じることと思う。キリストはユダヤ教の改革者であって、天の父なる神に人類を帰したのである。過越節は世界中のユダヤ人が斉《ひと》しく行っている共通の祭典であって、民族の優秀性、共同力はこうした所から出て来ることと思う。現在イスラエルのキブツに日本から留学生が行っているが、新しい理想社会の経営法がやがて日本に輸入されることとなるだろう。

小笠原 古屋さんのお話に就いて神道の上から二、三申し上げたい。"I am that I am" を「我は有りて在る者なり」とするのは直訳であって、これでは意味が判りにくい。「我(神)は我(モーゼ)を有らしむる者なり」という意味である。モーゼが日本に渡来して神道の免許皆伝を受け、神足別豊鋤天皇から「人を殺すな、人の妻を犯すな」等の国津罪の十戒を授かって能登の伏木港から故国へ帰る時、天皇からはなむけの御言葉を頂いた。「知れ、汝一人のほかに神なし」。竹内文献は右の如くに伝えている。これは汝一人のうちに内在する神以外に神なしという意味であり、これが神道の出発点であり、同時にこれが仏教の悟りであり、すべての精神的真理への入口である。

この天皇がモーゼに教えた御言葉は、彼がミデアンの荒野で聞いた神の言葉と全く同じ意味であって、ただ言い方が異がうだけである。すなわち後者は神の立場から、前者はモーゼ自身の立場から言っているのである。真理には神道とキリスト教の区別はない。

いるのである。

先程古屋さんは、モーゼの日本渡来はミデアンの曠野《こうや》にいた時代のことだったろうといわれたが、正にその通りと思われる。聖書と日本古代文献の記録がその如くに一致している。

ソ連の天文家ヴェリコフスキーの説によると、その頃彗星と地球が衝突した。その星の引力がイスラエルの民の前で紅海の水を印度洋に退かせたわけであった。「ヱホバは晝は雲の柱をもて、夜は火の柱をもて彼等を導く」とある聖書の言葉はその彗星の尾の姿である。竹内文献によるとその時日本にも大きな天変があって、豊鋤天皇の御宇、火の雨が降り、人さわに死すと伝えられている。この天変は彗星から流星群が落下したことで、両者の記録がここでも一致している。その他大祓祝詞とモーゼの十戒との関連に就いては先般《せんぱん》申上げた。日本の三種の神器とユダヤの三種の神宝とは同一意義のものであって、それは「アロンの杖」の哲学的意義、「十戒」の裏十戒の所在と真相、「黄金のマナ壷」の中のマナ（真奈）の正体が理解される時、両者の同一が証明される。イスラエルの建国と、モーゼの子ロミュラスのローマ帝国建国を指導するために天皇はモーゼに神法を授けられた。事成った後、その神法（宝）はソロモンの時代に至って改めて親国に返還されて四国の剣山にその神宝が納祭された事情に関してはまた改めて説く機会がある事と思う。以上の如き真実を明らかにすることの出来る場所は世界にただ本会あるのみであることに留意ありたい。

だがここで申上げたい事は、そうした一々の歴史などはむしろどうでもよいということである。歴史は既に昨日に消えた事実であるから取返すことは出来ない。歴史の考証詮索は学者や閑人の観念遊戯の範囲を多く出ないということが出来る。竹内文献の内容が真であるか偽りであるかは第二義的の問題である。大事なことはその歴史に基いて皇祖皇宗と世界の聖王聖者達の世界経綸の筋道を把握することである。そしてそれによって今日並に明日の人類文明の処理法を明かにすることにあるのである。

小野　モーゼの言葉はモーゼの観念に過ぎない。霊魂の問題というものは人間には解決出来ない事であるから私はそれには触れないが、神は空から出て来ることをモーゼは説いていない。人間は天体に左右されて生きている。金星等の五星の動きを注意して天災を予知することが皇室の任務である。一元のものは空であって、全て空から生まれる。空から出て来る天体の動きが神道である。

奥　人間の本当の知恵が出て来た時に初めて思想が統一される。現在の自分の人間性の本性が統一された時に初めて神代の本当の姿が理解されることとなると思う。

今村　小野さんの説は宇宙天体の動きであって、人間の意識と意志を取扱って居らぬ唯物論に過ぎない。

小笠原　神と称せられるものには自然なる神と文明なる神という両《ふた》つの面がある。自然なる神は熱と光りのエネルギーであって、自然現象を生滅し、動植物を生々存々させる。文明なる神はその熱と光りを人間の自覚として補えたところの愛と知恵の活動であって、歴史を通じて世界を経営し、文明を創造する神は後者の愛と知恵である。これが我が皇祖皇宗の神の本質である。両者を混同してしまった説が横行しているが、混同すると物と心、主体と客体の区別が付かない。この世界は物心、主客である伊邪那岐、伊邪那美二神が別け持って経営している世界であって、それを別け持つ所に精神文明と科学文明の各々がそれぞれに発展する所以が存する。この時その心の側、主体側である愛（アイウエオ）と知恵（カサタナハマヤラ）の原理が神道であり、同時に仏教、キリスト教、儒教、回教であるのである。

あとがき

本日の座談の概要は凡そ以上の如く、回を重ねるごとに漸次問題の本質に近づいて行く。世界の最先端を行く人類最大の問題と取組んでいる我々であるという自覚がいよいよはっきりして来る。毎月一回ずつの座談会的会合だけでは不充分でこれと並行して精神修練の道場としての場面が開けることが望ましい。本会のプリントも現在、私が一人で編めて刷っているので、この程度で精一杯だが、もっと充実した雑誌の形にしたいものである。毎回食事に惜し気なく御馳走を提供して下さる八眞茂登の御主人に改めて御礼申上げる。六時閉会の後、九時過ぎまで座談が尽きなかった。(小笠原記)

第九回　研究座談会報告

七月十九日の第九回例会は大本教の三村三郎氏の申出により、同氏が主催する日本へブライ研究会と本会と、二つの同名同目的の会が合流して結束を固めた意義深い会合であった。最初に午後一時から四時まで本会予定の故佐藤定吉氏の著書「日本ということ」

の批判会が開催され、別室で会合をしていた三村氏の会と夕食後四時から合同して三村氏を囲む懇談会となった。

第一部「日本ということ」批判会

古屋 クリスチャンとして数十年の間聖書に親しんで来たが「日本ということ」を読んで神道と聖書の神とが表裏一体であることが見出されて大いに得る所があった。詳細は別として日本に対する再認識を深めることが出来た。「自霊拝」とは神の魂が人間に宿った人間としての神であることと承知する「アジマリカン」という呪文は引っかかる。私には判らぬ事だから人には説けぬ。

横山 佐藤氏がその中で沢山引用している山蔭神道に就いて大植基久磨氏の門下として御紹介申上げる。アジマリカンという言葉は天皇の称言である。終戦後初めて民間に公開された。空海、役行者、日蓮、親鸞等は悉く山蔭の弟子であり、題目や称名はアジマリカンの称言を言い直したものである。その意義はまだ不明である。天の益人《あめのますひと》を犯した罪を天皇が一身に背負って贖罪《しょくざい》を行うところに皇室存在の根拠がある。天皇は祭司長であり、大神に仕える神主である。神道は日本氏族の宗教であって、日本は神道を基とする君民一体の宗教国家である。

篠田 本当の神道は宗教ではない。神代には宗教はなかった。仏教渡来以後今日の神道が出来た。アジマリカンの神言は神代の人は称えて居なかった筈だ。

横山 山蔭神道の始祖は応神天皇の御宇帰化した阿知使主《あちのおみ》である（註、二十年秋九月、倭漢直《やまとのあやのあたひ》の祖阿知使臣、其子都加使主《つかのおみ》、並に己が党類《ともがら》十七縣を率ゐて未帰《まゐ》けりし　書紀）。彼はその時工芸と共に彼地の道教を輸入し、後に宮中の祭事の係りとなり、皇室の背後に在って加治祈祷《かじきとう》を承った。その伝統が山蔭神道として長く伝わって近世に至ったのである。

佐野 允恭天皇の時、探湯《くかたち》を行って神別、皇別、蕃別の姓氏を正したが、山蔭神道はその蕃別の宗教なりや否や。大植氏の祖先が蕃別であるならば、異民族の技芸宗教を輸入した功績を認め得るが、日本本来の神道が判っていたものかどうか疑問である。

篠田 佐藤氏は山蔭神道を以って日本神道として外国に宣伝しようとしたが私は不承知である。神はミイヅ以外の何ものでもない。霊子力学がミイヅの実体である。

横山　アジマリカンとは「初まりは神」ということと思う。

古屋　聖書に「初めに言葉あり。言葉は神と共にあり」とある。「大和歌はよろづの人の言の葉、人の心の種となり」と古今集序にある。

山野　書の中で茶道、華道、絵画が日本文化の重要な切断面であると説いている点に感じた。ここを推し進めて行ったら日本が判ることと思う。心の中に神や大自然と一体であることが判ると安心出来る。茶道や華道や日本画の道は外国にはない。

小笠原　私は開顕同盟で生前佐藤氏と親しく接し、同氏のテープを論文に編集したことなどもあって、佐藤氏の境涯は誰よりもよく知っている心算であるから、今日は何も申上げぬ予定でいた。佐藤氏があのお年まで熱心に神道とキリスト教の連繋《れんけい》を求められた事は涙ぐましい努力であった。しかし、この書物の中には沢山の問題が提供されているが、その解決がまだなされていない。今日は問題を問題のままで弄んでいるべき時ではない。意義はそれを解決することに存する。佐藤氏が問題として提起した神道とキリスト教の関連の答えを出すことが本会の使命であって、その用意は既に整っている。皇祖神の世界経綸の歴史と、神、仏、儒、耶を通ずる基本の宗教原理の上からその答えを漸次発表して行くことにしたい。本会の今後の活動に潤目《かつもく》期待されんことを。

第二部　合同懇談会

安江　一生を日猶問題に捧げて終戦後シベリヤで亡くなった父、陸軍少将安江仙弘の意志を完遂《かんすい》するために先輩同志の指導提携を得て研究に没頭している。本日、東西二つのヘブライ研究会が合流協力することを得たことは誠に意義深く力強く思われる事であって、父の霊も喜んでいることと思う。

佐野　新しい同志から先ず何よりも四国剣山開発の現状に就いて承りたい。

鈴木　私の先王の高根正教氏は昭和二十四年一月十日に亡くなられた。神奈川県の教員で、五十音言霊の研究家だった。その五十音を以って黙示録を検《しら》べることによって、剣山の神秘の意義を悟ることを得て、高根理論を樹て、弁護士内田文吉と共に実際の発掘に従事した。世界宗教の根本は神道である。二四五〇年前に十四万四千人のユダヤ人が日本に移住し、剣山にユダヤの三種の神宝を埋蔵し、新しいユダヤ国家を日本という名で創始した。これが神武維新であるというのである。

私は昭和二十八年に初めて高根氏を知った。その頃私は右翼であったが、高根氏の説で百八十度転向し、日本がユダヤの正系であると聞いて驚いた。三十二年に初めて剣山に登り、高根氏の遺嘱《いしょく》を受けてこの問題に専心従事している。最近文部省並に当局の許可を得、昨年五月から引続き鶴亀石の発掘に取りかかっている。その前に江ノ島の遺跡に就いて一通りお話しする。

高根理論では、昔江ノ島は半島であって四国の縮図であり、剣山と同じ施設が江ノ島にある。昭和二十九年江ノ島神社の相原宮司の援助で洞窟を発掘した。洞の道は左右に岐れている。左方の洞窟の奥の岩壁を破ると空室に出た。そこに女性々器の形の石があって、水を湍えて居り、その水が干満《かんまん》する。そこに矢印があって更に奥を掘れと示してある。更にそこを掘ってもう一つの空室があることが判った。室の壁はすべて人工岩（コンクリートの様なもの）で出来ていて、自然の岩ではない。また洞窟の下に地下道があり、海水が出入して、性器の石の水を干満させていることが判った。ところがこうした調査の途中で産経新聞に記事を出されたため、二十九年暮、文部省から発掘を禁じられ、同志も散逸した。

剣山は昨年五月から発掘にかかった。鶴亀石の下に菱形の人工岩があるが、そこを掘ったが何も出なかった。神秘の存在は亀にあるかも知れない。亀の顔は人の顔であり、その他に熊や猿の形の彫刻がある。昨年はあと十五メートル位の所で七月一日の山開きの日になってしまって、予定されている「契約の櫃《ひつ》」を掘り出すことが出来なかった。

山本英輔、仲木貞一の両氏はどうやら見当違いの宝蔵石の場所を掘った様だ。山には様々な石があって、それを時間と天体の動きと見る方角を定めて観測する時、はっきりした姿が見えて来る。七は未《ひつじ》（羊）の数である。七月七日の午後二時（未の刻）が大切である。

天機は既に到来している。現在自衛隊が道路を作っていて、頂上近くまで自動車で登れることになる。そしたら山上は賑やかな観光地になる。その前に我々の仕事を完了したい。そのためには資金も要る。更に発掘された神宝を如何に取扱ったらよいか、それに就いて正しい方針を立てねばならぬ。私は八月下旬から十一月までまた登山して開発を続ける。その前に皆さんと相談会を開きたい。

三村　昭和三十三年、藤沢親雄氏等と「日猶研究会」を組織し、ユダヤ教のラバイのゴールドマン、フランケル両氏を招き、この会場で会合したことがある。最近エスペラントの安西女史に会い、また小笠原氏から会報を頂いていた。会が合同したことは神意であり時期である。

剣山問題に就いては昭和十九年内田文吉氏と一緒に私も当局に引張られた。山根女史、加世田海軍中佐などと同時だった。髙根氏とは二十年に会ったのが最後である。私の著書の中にも述べて置いたが、剣山の開山は役小角《えんのおづぬ》である。彼は大和の大峰を開いた後、剣山を開いて、そのまま大陸に赴いたといわれる。

甲賀のアブラヒ神社はアブラハムを祭ったもので、甲賀の山伏《やまぶし》や忍術者にはユダヤの匂いがある。山伏の風俗はユダヤの司祭の風俗と似ている。ユダヤの牧師が被る兜巾《ときん》の中には十戒が書いてある。法螺貝《ほらがい》は角笛《つのぶえ》に似ている。天狗《てんぐ》といわれたユダヤ人達が天孫降臨を迎える姿である。

ここに一つの提案がある。一九六六年八月にイスラエルでエスペラント語の世界大会がある。来年は日本での世界大会がある。これを期して今次の対戦で虐殺された六百万のユダヤ人の大慰霊祭を提案執行したい。私は大本教から派遣されてイスラエルの大会に参加することになっている。

古屋　こうして一堂に会した権威の方々の教えを頂いて、私の長年のイスラエル研究に素晴らしい結論を付けさせて頂けることを喜んでいる。

小笠原　剣山の神宝は恐らくは古代ヘブル文字で記された粘土盤（素焼盤・石盤）という様なものだろう。神器の実体である宗教原理と、日猶の古代歴史を記してある筈である。それを如何に解読し解釈し、如何に処置すべきかに関しては儒仏耶の世界教に通じる日本神道原理の指導を仰がなければならない。神道の根本は高根氏がいわれた如く五十音言霊である。その時は私が先行して来た言霊の幸倍《さきわ》いによって、ユダヤ国家滅亡以来三千年間、剣山の神域に鎮まって今日の出蘆出涅槃《しゅつろしゅつねはん》の時を待っている古代ユダヤの神霊達アブラハム、ヤコブ、ヨセフ、モーゼ、ソロモン、ヨブ、イザヤ、ダニエル、イエス・キリスト達の意志を来るべき世界に実現するべく御協力をさせて頂けることを期待している。

助野　「日本ヘブル詩歌の研究」（友愛書房）の著者川守田英二は私の伯父である。岩手県一戸《いちのへ》の出身で、米国に在って日本民謡の囃子《はやし》言葉が古代ヘブライ語であることを発見した。その研究の結論としてダビデの王党の子孫が日本へ来て皇室となったという。初め伯父は研究を謄写版刷りにして知人に頒ったが、右の書物の出版後間もなく死んだ。私は日本近代史を専攻して誠心女学校に務めているが、伯父の遺言でその研究を継ぐこととなった。偶々《たまたま》高根氏の高弟鈴木氏を知り、剣山の消息に接し、同志を集めて毎月研究会を開いていた。我々のヘブライ研究を日本の福祉のために役立てたい。

あとがき

凡そ以上の如く、会員並に新同志の所説開陳意見発表が七時過ぎまで続き、本会創まって以来の盛会だった。今日の会合を新たな出発として全国全世界の同志が風雲を望んで参集することが予期される。それは古き身魂が蘇返って来る十四万四千人の人達である。竹内文献等に伝えられる絢爛豪華な神代日本の皇統の歴史と、その後を受けて天の岩戸隠れ（神鏡の同床共殿廃止）の時代の経営に任じた神倭《かむやまと》皇朝の関係を闡明《せんめい》するメスを入れ、その解決のイニシャティヴを取ることが出来るのは本会あるのみである。今や権力と権謀術数《けんぼうじゅっすう》の世界の断末魔の時である。来るべき輝かしい世界はただ真理と真実

の土台の上にのみ開けて行く。（小笠原記）

（お断わり）八月は休会します。

剣山開発顕彰に就いての相談会

（時）八月九日（日曜日）

（所）横浜市保土ヶ谷区（国電保土ヶ谷駅下車十分、保土ヶ谷警察署横）

主催　ヘブライ研究会

第十回　研究座談会報告

八月は休会だった。改めて通知しなかったためか今月の会は来会者が少なかったが、前回に引続いて剣山の問題が話題の中心になり、事がいよいよ実際問題となって来たので、理論の上にも運動の上にも、観念を弄ぶ遊戯をやっている余地がなくなって来て、真剣さが横溢《おういつ》する会合となって来た。

近く日本でオリンピック競技大会が開催される。オリンパス山のジュピター（ツォイス）とシナイ山のヱホバとは神格を同じくする神霊であって、神道的意義からいうならば、その昔外国（黄泉国）を経営する為に高天原から追放の形で派遣された須佐之男命の直系の神である。このジュピターの祭典が高天原の国日本で行われるという事は歴史の必然、神の経綸の上から如何なる意義を有する事であるか、記紀の記録を預言と見る時、この事を機会として日本にも世界にも未曽有の変動が起ることが予測されるが、そのこれから世界に起るべきすべての変化の事態を処置する法策を歴史と理論の上から樹立して、これを指導することがヘブライ研究会の使命である。剣山問題はその大転換を実現する上の重要な鍵の一つでなければならない。

鈴木　古代ユダヤの神宝が埋蔵されているといわれる剣山開発の当事者として高根正教氏の後を受けて全責任を負っている。高根理論は黙示録二十二章を解釈しているが、しかしそれがソロモンが隠したという金銀財宝と関係があるとは説いていない。また同十六章には江の島、竹生島、宮島のことに触れていると説くが、その中のハルマケドンに世界の王達を集める「蛙の如き三つの穢れし靈」が財宝を意味するものとは髙根氏は説いていない。巷間《こうかん》剣山及び三つ島から金銀財宝が出る如く予想している人が多いが、それは欲深の憶測であって、実際に出るものは世界の宗教原理と歴史の真相を開明する記録である筈である。

竹内文献に関しては前回の七月十九日まで私は全く無知だった。その後「神靈密書」を読み、古屋さんの所で山根菊子さんの著書を読んだが、これはインチキだと思った。竹内文献に剣山の記録が出ていないからである。剣山の施設は精密さと雄大さを極めた世界的大土木事業であるが、この事を伝えていないのはおかしい。そのほか前回以後、私に色々疑問が生じたので小笠原氏の所へ度々出かけて質問を続けている。

小笠原氏の話では竹内文献にあるインチキは、生半可な知識を持った人間が、最近にこと更な筆を加えたものと思われる。しかしその全部が全部インチキであるわけではない。太古のままの純粋の記録も充分に存することが判る。剣山の件は日本の秘密であるから記録がないのかも知れない。とにかく竹内文献を無批判に信じることは馬鹿げた事だが、これを全面的に否定することも当を得たことでない。内容の真偽を識別してかかれば極めて有意義な参考文献である。その識別方法は今日の科学的常識と日本国体神道の本体である五十音言霊であるということで、私も納得することが出来た。

剣山の現地に立つと日本神道や日本の現状に対する徹底的な批判の立場に立たされる。目的の物件が発掘されたら、時が来るまでは私自身で保管せよといわれる。この辺の霊の支持も高根氏の時代と今の私の場合とで矛盾があるので小笠原氏に説明を求めた。

高根理論に於ける日本の建国は、三千年前、日本という名称でユダヤ民族が自己の新しい国家をこの極東の島々に建設したという事である。従って神道は元来猶太教《ユダヤきょう》々義そのものであって、即ち本地《ほんじ》がユダヤ教であって、神道はその正系の垂迹《すいじゃく》であるというのである。（註＝斯うした説は高根氏以前に於いて木村鷹太郎氏、小谷部全一郎氏、仲木貞一氏などと同説で、その同じ流れであったが酒井勝軍氏だけは後に竹内文献を根拠として日本本地説に転向した。竹内文献はユダヤ問題や、神道とキリスト教、仏教、儒教の関係の問題に関連させて取扱わないと意義が減殺される。宗教の理解がないと竹内文献を本当には取扱えない）。

それに対して小笠原氏の答えは神武以降の歴史に関しては髙根理論は間違いではない。それはその経緯を悉知《しっち》して居られた聖徳太子のユダヤ人に対する経営の跡を見ても肯ずかれる。或は物部、蘇我の争い、壬申の乱、源平の戦、南北朝の対立、大阪夏冬の陣等々の一連の歴史的葛藤が何を意味するかが判ったならば神武紀元というものが如何なる事態であったかが判明する。

しかし日本歴史は神武以後だけがその全部であるわけではない。髙根理論は神武以後の歴史には適応するが、歴史の遡り方と理論の究め方が浅いから鵜草葺不合朝以前の神代日本歴史と神道の本質原理には通用しない。この事が判るためには竹内文献と古事記とを併せて同時に理解しなければならぬ。早い話、現在の我々日本人は神武建国という新しいユダヤ国家の子孫であり継承者であるユダヤ人そのものであると思おうとしても、それで心底から本当に納得出来るかどうかと小笠原氏からあべこべに問詰められて、元々右翼であった私は改めて反省せざるを得なくなった。

日本とユダヤとの本地垂迹の関係は現在のユダヤ教、キリスト教を以って神道を釈くことが出来るならばユダヤが本地であろう。それは不可能な事である。反対に神道の言霊布斗麻邇を以って聖書も法華経も易経も悉く掌を指す如くに釈くことが出来るのであるから、日本こそ世界の宗教の本地であり宗源である。この様に小笠原氏が説明してくれた。どうやら同氏の理論が正しいという予感がする。以上の如き事柄に関する回答が古文献として剣山に埋蔵されていることと思う。日猶関係の謎を釈く鍵は神武天皇と饒速日命の関係と、そして崇神天皇の同床共殿廃止の真相を開明することにあることと思われる。これ等の事柄が本会が解決しなければならないユダヤ関係の根本問題でなければならない。

今度剣山に登ったら最後だと思っている。二度と取返しは付かぬ。目的物はもはや簡単に開発されるだろうからである。だから私としてその前に歴史の上にも理論の上にも明白な道理を樹てることが急務である。賊を前にして縄をなう様な事だが、ここで剣山を開発する考え方の根拠を至急建て直さなければならなくなった。間違ったら生命がない事を覚悟している。

剣山で神霊から東京で「天皇学」を学んで来いと命令された。何の事か判らなかったが、それが計らずも小笠原氏が唱道している皇学、言霊学であることが判った。至極難解のものだがここに世界の真理の本筋が存するものと思われる。剣山で撮った霊写真その他神霊界・霊界のことに就いては、金井氏の指導を仰がねばならぬ。竹内文献も今後の参考にしなければならぬ。その他本会の皆さんめいめいの持技の上からそれぞれの御協力を頂かねばならぬ。この八眞茂登の会が新しい時代の生みの母胎にならなければならぬ。就いては高根理論の原稿を八眞茂登へ持って来て置くから、皆さんで検討して頂きたい。

石川 高根氏から聞いた事だが、同氏は言霊学の山腰明将氏と親交があり尊敬していた。高根氏の五十音学は山腰氏から影響されたものと思う。

金井 釈迦もキリストも神と取組んだ。釈迦もキリストも神への架け橋である。現在の日本人は自己本位に考えているが、日本には日本本来の行き方がある。これを誰かが弁まえてその道に沿って動かねばならぬ。剣山問題もそうである。日本は今瀕死の状態で、新しく生まれ更わる陣痛の時期である。この事をめいめいが霊得しなければならない。剣山を掘っているのは鈴木氏だが、人間鈴木が掘っているのではなくて、古代からの神霊が世に出たくて人間を使っているのだろう。鈴木氏には自己の意志は殆んどなく、何かに操られている有様がよく判る。剣山には古く剣姫が押し込められている。今は大きな歴史の節に当っている。神武維新に就いては天理教祖、大本教祖も説いていた様だ。根の国底の国から出たい剣姫の意志と、出そうとする鈴木氏の純粋の努力が合致した時無事に開発されるだろう。須佐之男の力で剣姫が現われた時、それに付随するものも出てくる。

古屋　「我は耕し、パウロは灌《そそ》ぎ、神は育つる者なり」と教わっている。私が今やっている聾唖《ろうあ》学園の建設も徒労の様だが私は耕している。皆さんが傍から灌いで下さる。それを神が育てて下さるのだ。剣山問題も斯うした態度で進めたら必ずうまく行く。キリストと釈迦を教会と伽藍《がらん》から解放する時となった。

奥　天孫民族と神選民族の関係をどう理解するか、文明の二大系統であり、このかねあいをどう釈くかが根本問題である。

進藤　竹内文献に就いては中里義美氏は当主巨麿氏が捏造したものだというが、全部がそうではないだろう。昭和十六年に仲木氏の映画「日本に来たキリスト」を見て仲木氏を訪ね、鳥谷幡山氏、小笠原氏とも知り合った。

田辺　世界浄化の源は何処にあるか、神の命令によって世界に道が流布されたが杜絶えたことがあったので、逆に向うから日本へ帰って来た姿である。帰ったものは濁った静脈血の様な姿である。逆輸入の文化は日本によって浄められる。オリムピアの聖火も然り、その為には浄める日本自体を明かにせねばならぬ。それには日本歴史と世界歴史を同時に確立せねばならぬ。

今村　指圧の研究をやっている。人間の言語は人と人との間の限られた小部分の交渉に過ぎないが、指圧は人間存在全体の七〇%を聞くことが出来る。私はこの能率のよい指圧の勘を用いて皆さんのお話しを伺い判断している。

あとがき

研究座談の内容は凡そ以上の如く、本日鈴木氏が提起した日猶正閏《せいじゅん》の問題、神武維新の真相の問題はゆくりなくも会員に深刻な反省の材料を提供した様だ。現在と無関係な過去の物語りが歴史であるのではない。現在当面しつつある切実な事実の因縁果報を開明する道理が歴史である。如何なる個人、民族、国家も絶対にこの因果の道理から逃れる事は出来ない。その因果を昧《くら》ませば因果に堕ちる。こうした開明解決しなければならぬ根本問題と真剣に取組むことを敬遠して生ぬるいお座なりの談議を繰返しているだけでは何時までも世界は解決されない。世界に率先して日本人が正念に還える時が来た。既に各方面が大動揺の兆しである。現に大変動が着々と進行しつつある。従来の型の権力や策略や遊離した観念や信仰だけではこの大転挽桟を乗り切ることは出来ない。ただ真理と真実のみが明日を切り開いて行く。神が世界に顕われるとはこの事をいうのである。来るべき新しい世界はこの真理と真実を以って建設される。三千年間積み重ねて来た日本並に全世界の罪穢《つみけがれ》を心の上にも形の上にも悉く払拭《ふっしょく》して新しい時代を迎えよう。本会は今その為の地均らしと土台の工作に従事している。

座談は午後八時まで続いた。閉会後の帰り道、まだ物足りない連中は喫茶店に寄って十一時近くまで話し込んだ。(小笠原記)

剣山顕彰懇談会報告

八月九日酷暑の日、保土ヶ谷の石田氏方で本会主催の下に行われた。三十名近くの盛会だった。鈴木氏から剣山に関する詳細な説明と山頂の写真の紹介があり、開発に要する費用調達のため三村氏が関係している大高酵素販売に就いての相談があった。小田野春子、石川磐夫氏もそれぞれ自身の剣山登山の体験談を語った。三村氏は本日のために態々《わざわざ》京都から上京された。剣山という実際問題を中心に本会の活動がいよいよ活気を呈して来たことは喜ばしい事である。

竹内文献に就いて

竹内文献は蘇我入鹿が焼いたと伝えられる天皇紀（國紀）に類するものといえよう。雄略天皇の御宇、武内、大伴、物部、葛城、巨勢等の五家に保管を命ぜられたものである。今日残存するのは越中の竹内文献と羽後横手の物部文献（未公開）の二つであり、秦の徐福の富士宮下文献と共に神代の史実を彷彿《ほうふつ》たらしめる事が出来る。昭和七年の秘密出版「神靈密書」には竹内文献が多く採録されて居て、本年改めて再出版された。また最近山根菊子氏が竹内文献の皇統譜を編纂し、秋には出版の予定である。以上によって同文献の内容を承知して頂きたい。本会でお取次することが出来る。その他色々あったが戦時中発禁没収された。

江の島神社参拝旅行の予告

江の島は宮島、竹生島と共に胸形《むなかた》三姫神を祭った社であり、髙根氏が黙示録十六章にその事が示されてあると指摘したところの剣山と密接な関連のある神域です。既にその岩屋の設備が人工のものであることが明かにされて居ります。十一月初旬を期して本会で遠足かたがた参拝する計画を立てて居り、詳細は追ってお知らせします。

第十一回　研究座談会報告

昨日山根キク氏から電話で新著「世界の正史」（同氏編の竹内文献「天の巻」）の出版の知らせがあった。それで本日、十月十八日の第十一回例会は山根、兒玉両氏に講師役になって頂いて、同文献の紹介と批判をテーマとする心組で開催された。

兒玉　山根と一緒に私が芝白金に矢野裕太郎氏を訪ねたのは三十余年昔のことで、その時矢野氏から竹内文献の内容を示され、モーゼの歴史を聞かされて驚嘆し、従来の世界観が覆えった。当時矢野大佐の所で小笠原氏が編集執筆した所謂「神靈密書」を初め、色々な書物を読ませて貰い、磯原へ行って竹内巨麿氏、吉田兼吉に会った。私達は竹内歴史を見ずして信じたようなものであった。それ以来、更にみずからコツコツと研究を進めて、昭和十一年に「光は東方より」を出版した。その後竹内文献を頼りに青森、能登、信濃、伊勢等の実地調査を進め、数年前更に「キリストは日本で死んでいる」を出版した。またその後山本、戸田、市原等の酒井勝軍氏門下の諸氏から指示されて戸隠に赴いて祝詞の本体を知って「天津祝詞の太祝詞」出版した。

人智を以って計ることが出来ぬものが竹内文献にある。各自の主観の色眼鏡を外ずして見なければならぬ。世界は現在渾沌として、オリンピック開催中というのに共産国の政権斗争でフルシチョフは退陣し、中共は原爆の実験をやっている。世界は一体何に頼って行ったらよいのか。今のように各個バラバラでは、やって行けない。今の世界を米国が動かしているのではない。世界の２／３を動かしているフリーメーソン、ユダヤの動きを見なければならぬ。竹内文献に則った歴史観からするならば世界完成の大業の前提としてフリーメーソンは大きな役目を勤めつつある。戦争中、日本にユダヤ排撃の動きがあったが、私は安江仙弘氏と共にそれが不可能のことである所以を近衛文麿氏に説いたことがあった。

竹内文献の内容は極めて広汎なものであるから私達には未だ充分完全には説き得ない。今後も皆さんと共にいよいよ研究を続けて行きたい。そのためには竹内文献一本で行こうとせず、多くの関連する問題を集めて並行的に研究して行かなければならぬ。今日改めてこの会に出席して三十年前我々と出発を共にして以来撓《たわ》みない歩みを続けている小笠原氏の御苦労を感謝し、本会を舞台として更に改めて緊密な提携をして行きたい。

古屋　竹内文献は門外不出のものか。

兒玉　竹内家は先祖代々この神宝歴史を護るために生きて来た。時の権力、特に加賀の前田家等からの弾圧に耐えて来た。当代に及んでも戦前、戦時は警察の圧迫が激しく、関係書籍は悉く発禁された。日本が世界人類の母国であることを宣伝するとヒットラーの世界政策に対立するからであると当局は言った。中には取調べの警官が我々の同志に転向した者もあった。学者の仲間で竹内文献は偽物であるときめ付けたのは三上参次だった。加納幸吉もその仲間だったが最後に我々にあやまって死んだ。三千年来の短かい歴史の学問で食っている学者であるから神代歴史が出ることに反対するのである。軍閥は侵略戦争の口実に竹内文献を利用しようとして失敗した。

聖書にある「一つの言葉」とは日本語のことである。その裏付けとして世界の各種の文字の淵源が日本の神代神名文字である。竹内家には二千余種類もの古代文字が存している。解読不可能な各地の古代文字も、竹内家にある文字に照合する時、読むことが出来る。

伊勢神宮の御鏡の裏に刻んである「我は有りて在る者なり」という意味のヘブライ文字と称されるものも、高御産巣日天皇の時に作成された「ヒフ文字」であって、その文字を御鏡に刻んで日本で作成したものであり、且つその文字をヘブライ文字の原字として彼の民族に教伝したものである。その御鏡はユダヤから渡来したものではない。

山根　私はこの問題を天皇に申し上げるために本書を書いた。伊勢神宮は日本の本体を世界に隠すために造営された。竹内家には御醍醐天皇が奉持して逃げられた神器が保存されてあるといわれる。天皇は竹内越中守の先導によって僧形《そうぎょう》して吉野の行宮《あんぐう》を脱出され、奥州の北畠に頼ろうとして、木曽を経て常陸へ来られた時、坊主のために殺された。その御陵《ごりょう》を黒墓地といい、磯原の近くにある。今も南朝の遺臣大友氏が代々御陵守りをしている。

後醍醐天皇の蒙塵《もうじん》の途次《とじ》、立寄られた鹿島、香取神宮に「天空鏡」の秘密があることを竹内氏が話してくれた。

いろはにほへと
ちりぬるをわか
よたれそつねな
らむうゐのおく
やまけふこえて
あさきゆめみし
ゑひもせす

図22. いろは歌

「いろは歌」の文字を上の如く並べると、上段は「イチヨラヤアエ」(唯一なる神というユダヤ語)下段は「(キリスト)科なくて死す」と読まれる。これが天空鏡の秘義であって、伊勢神宮、鹿島香取神宮と竹内歴史と、そしてモーゼ、イエスキリストに相関連する謎を釈く鍵といわれる。(註。天空《てんぐ》とは天狗のことであり、日本へ来たキリストは「八戸天狗坊」といわれた。猿田彦神である)

鈴木　四国剣山、宮島、竹生島、江ノ島、阿波の鳴戸等が素晴らしい人工施設であることの記録が竹内文献に出ていないのは何故か。

兒玉　竹内文献の「人の巻」に剣山のことがあるといわれる。剣山には外国を征伐した五人の大将の墓があることを竹内氏から聞いたことがある。

鈴木　竹内家の御鏡というのはモーゼの十戒石ことなのか、伊勢の御鏡のことなのか。

兒玉　現在の伊勢の御鏡が本物か、竹内家にある後醍醐天皇のものが本当かは今は断言出来ない。

鈴木　後醍醐天皇が伊勢、熱田から神器を奉じて、同床共殿祭政一致の政府を建てようとしたわけと思われるが、何故それが失敗したか、日本の真実を顕わそうとしたわけだろうが何処に建武中興の誤りがあったのか。この事に関して高根正教氏は三千年来の神器の所在を探して黙示録からヒントを得て、剣山に埋蔵されてあると見当をつけたのである。

小笠原　神器の所在に就いての議論であるが、三種の神器とは元来人間がめいめい生まれながらに持っている霊魂（精神）の原理に他ならない。自己の心こそ神器の本当の有り場所である。この原理は人類がその生物学的な「種」（スペシー）を持続する限り天壌無窮、万世一系のものである。これが世界宗教の奥義であり、この真理が存在することが日本が神国である所以であって、その真理の把持、継承、行使、実現の責任者を天津日嗣天皇というのである。モーゼ、キリスト、釈迦、老子、孔子等が日本に留学して学んだものはこの原理であったのである。またこの原理を物体の上に象徴したものが「形而下の器」としての神器である。神器は元来「形而上の道」であって、それはみずからの精神のうちに求むべきものであることを忘れて、物体の神器のみを争うと、源平の時、南北朝の時の如く、日本人同志が血を流し合わなければならなくなる。道としての神器が世界を救う時である。道は言葉であり、その唯一なる神の言葉が日本語の五十音である。

奥　神器とは物か心かという問題であるが、物としての神器を持っていれば祭政一致の理想政治が出来るとは思われない。

兒玉　形からはいって心に入るのであって、初めから自己の心を信ぜよと言っても一般には判らない。

小野　竹内文献の真偽が問題となっているが、竹内家の暦法はユダヤのものとも支那のものとも異なる独特の太陽太陰暦である。その正確さは近代の天文学を以って証明出来る。そういう暦法が竹内家にあるということは大変な事である。

古屋　私は竹内文献には無知であるから信用も否定も出来ない。黙示録の高根説も判らないが、昨今キリスト渡来説が再燃しつつある。聖書の信仰の上からは絶対に有り得べからざることが歴史であるということになると、私には判断がつかない。

金井　世界に大変化が来ることを世界中の人が予想している。この大変化を何によってまとめるか。三種の神器を持った者が天津日嗣であり高天原族であるわけであろう。嘗て全世界を支配していた爬虫類はお互に弱肉強食をやって自滅して化石となった。今の人類は頭ばかり大きくなって、お互に自分の都合のよいように人を支配しようとして、第二の爬虫類、化石候補となろうとしている。滅亡せぬ人間を作ることが根本問題である。

神には居る神、依り来る神、天降る神がある。天降る神は高天原神族であって、既にもう世界に降って来ている。三千年来人類は病人であるが、釈迦もキリストもそれを治すことが出来ずに化石化が進みつつある。救世の名医が出るためには準備が必要であり、そのための掃除役、舞台作りの役がヘブライ研究会である。今日までの文献、歴史、経典、聖書等をこれから先に使うか使わぬかは来るべき名医の方寸《ほうすん》にある。名医と共に第三の時代に生きる第三の人間になるには、先づ自己の運命を知り、自分の神を見付け、何の神界に所属する自分であるかを知らねばならぬ。

今村　三種の神器は自己の心の中になければならぬ。人間には過去、未来は判らない。判るのはただ現在だけである。現実の事実を如何に解釈し把握するかが問題である。

所　本会へ来て過去の日本人が素晴らしいものであったことを知った。オリンピックの標語の通り世界は一つであるが、古い宗教の方法ではなく、世界生命保険というような政策で一つにまとめる方法がなければならぬ。

竹谷内　人体から見る時前後、左右、上下の釣合いを取ることが人間をコントロールするすべてである。人体は光りと温度の二つが調和したものである。この会もそれぞれ異った意見が調和を見出すことが大切である。

奥　今日までの文明は人類を救っていない。科学は人類を救わない。科学には大欠陥がある。人類を幸福にすることは人類自身の責任である。その人間の全智全能を発揮すれば世界を改革救済することが可能である筈だ。金井氏が言う如く自己の霊魂を究明して天界の人となり得る道を信じ、且つ行じ、竹内文献等を参考にして新たな世界を生み出すことが本会の使命である。一歩一歩堅実な歩みを続けて行きたい。

山野　今日も意義深い勉強をさせて頂いた。山根さんの竹内文献の提唱も、小笠原氏の自己内面の問題としての神器の意義の把握もいずれも緊急の大事であって、本会は事実に於いて世界の最先鋒を行く会である。現在創価学会が眼ざましく進出しつつあるが、そうした所に魂の拠り所を求める若い人達に日本の思想の本筋を知らせ日本人の素晴らしさを早く知って貰いたい。

あとがき

本日の論議の主題は、図らずも竹内家にある後醍醐天皇の神器と剣山のユダヤ神宝の問題から、三種の神器の意義と所在に関するものとなった。神器は救世主である天津日嗣が世界を統治するための道であり法である。しかしそれは三千年来世界から隠没しているものであって、今全世界を挙げて探し求めているものの正体である。神道、仏教、キリスト教、儒教等の教義は悉くこの神器から生まれ、神器の原理に総合統一される。歴史としてこの事の経緯を述べている竹内文献は正しいものである。本会が改めて三種の神器の意義に真剣に取り組もうとすることはまことに意義深いことである。世界のユダヤ問題は実はここからでなければ解決されない。本会の思想と活動がいよいよ本筋の軌道に乗って来たことを喜ばしく思う。七時閉会。（小笠原記）

第十二回　研究座談会報告

晴れ渡った空に真白な晩秋の富士が惜し気なく全貌をあらわし、十五メートルの風に相模湾一帯波頭が踊っている絶好のピクニック日和であった。第十二回例会は剣山に関連する江ノ島岩窟見学の会として催された。

鈴木　高根正教氏は黙示録十六章からヒントを得て江ノ島に着目し、江ノ島は四国を形どった人工の島であるという。その形がまことによく似ている。剣山にはユダヤ神宝の契約の櫃を納めて黄金のマナ壷を祭り、竹生島にはアロンの杖を、宮島には十戒石を祭り、そして江ノ島には十四万四千タラントの黄金を埋めてあると説いている。（註―イスラエルの神宝は葺不合朝の神足別豊鋤天皇がモーゼに授けたもので、原理的にはマナ壷のマナは三種の神器の玉に、杖は剣に、十戒石は鏡に当たる）

昭和二十九年九月、田中善竜氏の紹介で高根氏に会い、安藤正純氏その他と呼応して、相原宮司の協力によって九月三日の夜から第一の洞窟に鑿《のみ》を入れた。その間、暴風雨の日が多くて難儀をしたが、十月になって第一の洞窟の下にもう一つの空洞を見付けた。第一の洞窟の正面に女性々器の形があり、更にその奥を掘れという矢印があったが掘り進むことを控えた。その時、この発掘の記事が産経新聞に出て宣伝されたために文部省の問題となって仕事に頓挫《とんざ》を来した。そのうちに田中氏も高根氏も相次で世を去り、同志も散り散りになってしまった。それから丁度十年目にヘブライ研究会の主催で今日の見学の会が催されたのである。

弁財《べんざい》とは（ユダヤの）財宝を分ける意味であると高根氏は言う。岩窟そのものが既に女性々器の象徴であり、産道であり、奥にある日蓮の寝像というのも実は女体の形である。胎内くぐり、安産の守りといわれるのは財宝を生み出す道筋であるからだと説いている。江見水蔭氏なども洞窟を発掘した一人であるが、これが人工であることに気付いたのは高根氏が初めてである。ここには役行者、弘法、日蓮等の宗教家が交々《こもごも》参籠《さんろう》して居り、昔は関東第一の霊場であった。夜間発掘をやっていると洞窟内がひどく賑やかな感じがして何かがあることが感じられる。江ノ島に就いて是非とも更に精しく宗教的、科学的な開発をしてみる必要がある。こうした剣山や江ノ島などの設備をした日本民族とは何者であるかということを追求することは日本の意義を開顕する一つの段階となる事と思う。

奥　神社側の案内で見学は二時から始まった。第一の洞窟の奥の仕切りの木柵を開いて、フラッシュの光を頼りに中に進み、突当たり室から堀り下げた入り口から下方の洞穴へ、代る代る降りて鈴木氏の説明を聞いた。そこに湛えられた水は塩からかった。海に通じている証拠である。その洞穴は更に奥深い様だが未調査である。こうして第一の洞窟を終えて、第二の役行者の洞窟も一通り見終った。

もとより我々の立場は何等特殊の宗教や信仰ではないし、といって必ずしも冷胆な科学者としてだけの態度でもない。二十九人の一人一人が鈴木氏の説明を参考にしながら、それぞれ自由な立場からめいめいに考え且つ感じながら見て歩いて、この未知数の江ノ島神社奥の院の岩屋の見学を無事に終了することが出来た。

帰途はまた雄壮な海の景色を満喫しながら、八十五才の古屋女史も何かに導かれでもしている様に往復二キロの石段道を元気に歩いて四時社務所に戻った。それから一同拝殿で修祓を受けて玉串を奉呈し、参拝終って直会《なおらい》となった。文化財の八臂弁財天《はっぴべんざいてん》と有名な裸形弁財天の像を安置してある社務所の広間で、岩本楼から届けられた料理に祝盃を挙げてそのまま今月の例会の座談会となった。

熊谷　岩手県の入植先から本日の会のために出て来た。昭和四年から酒井勝軍氏の指導の下に竹内文献に接し、終戦後はモーゼ、キリストと日本の関係の開明のためにここと同名のヘブライ研究会を初めて研究を続けた。今後の提携をお願いする。

山野　今日は欠席の予定だったが、偶然に近所まで来なければならぬ神事の用事が出来て参会出来た。神霊の導きと思う。

岡野　今日の見学は意義が深い。岩窟は見様によっては自然のものだが、高根氏が聖書からの推理によって洞窟に存在するであろう財宝を見ずして指摘した所が重大なポイントである。その結果は今後の調査に待たねばならぬが、先般のオリンピックの祭典を世界の環視の下に見事に成功させた理由は日本民族の優秀性にある。日本は容易ならざる国である。その謎を釈こうと試みる本日の催しは有意義だった。

金井　本日の参会者の数二十九というのに意味がある。それは月読命の数である。根の国底の国に閉じこめられている神代の神霊達の霊縛を釈いて世に顕わすことは須佐之男命の責任である。今日はその須佐之男が働いた。普通岩屋の中は冷たいものであるが、ここは温かい。神界に於いて財宝を掌握している者は女神である。釈迦は弁財天、キリストはマリヤの座の上に立ったことによって活動が出来たのである。本日の会合はそうした意味での何かの仕事をしたのではなかろうか。世界は現在のやり方ではこの先やって行けない。本日私達の操作によって霊縛を釈かれた女神がこれから如何なる活《はた》らきを示すか、後は神任せである。

鈴木　高根氏の御霊《みたま》が限りなく喜んで居られる。十年前もここのこの座敷で相談しては洞窟へ通った。過去の夢が再び現実に帰って来た。会員の皆様の旺盛なる研究心に感謝する。洞窟作業は天候に恵まれぬ事が多いが、快晴であったことは皆様の国生みの心が天に通じたことと確信する。本会の今後の発展を祈り、世界の中核となることを期待する。

佐野　百聞は一見に如かずで、柵を開いて秘境に入り得たのは鈴木氏の御尽力によるのだが、その上に不可視の世界の神計《かみはか》りを感じさせられる。本日の皆様はそれぞれ何かの使命をもって集っていることを感じる。世界の中心となる霊的の集団となることを念願する。

今村　指圧業をやって三十年、皆様の熱心に感謝して自然に来るともなく来会した。疑うな、信じるなという態度を保持しつつ、皆様と共に日本人の使命を果したい。

小笠原　岩屋は人工ではなく自然に出来たものと私には思われる。しかしこれを利用して胸形三姫神を祭ってあるところに何かがなければならぬ。竹内歴史の研究を経た私達の神道は世界的に普遍のものである。黄泉国《よみのくに》の経営者、須佐之男命のユダヤ名がすなわちヱホバである。その神の分神の所謂龍宮の乙姫である三姫神はユダヤと関係が深い。そのユダヤ神宝、財宝と剣山、江ノ島の関係を言い出した高根説にはこうした背景があるのであって、その発掘を試みることの意義を否定出来ない。その任に当る鈴木氏の努力に期待する。しかしその昔、祭司長アロンの責任に於いて埋蔵した神宝を発掘する者はまたアロン自身、すなわちアロンの杖の把持運用者でなければならぬ事を会う毎に鈴木氏に説いている。

事の成否の第一要件は当事者の心境如何に懸っている。資格のない人が掘っても神宝は出ない。ユダヤの神宝を自己内面に把握し活用し得ることがすなわちその資格である。その資格は最高の布斗麻邇神界の学である神道天皇学を修める事によってのみ得られる。鈴木氏もこの事を剣山の神霊から聞いていると言う。モーゼや釈迦は来朝留学してこの学の教伝を受けた。皇祖の御経綸によって封鎖されてある剣山、江ノ島の秘鑰《ひやく》はその皇祖の法を以ってしなければ開かれない。

本日は婦人の参拝者が多かった。「竜宮の乙姫、世界の宝を引き揚げる」と預言されている。今日の神事を機として今日の婦人の中の誰かがその任務を自覚して起ち上がることが期待される。本会は神仏基儒の各教と全世界歴史のすべてを綜合し解決し得る実力を把持して、その使命の上に活動している唯一の集団であることに期待され、この上共の皆様の御協力をお勧めする。

奥　本日遅参の予定だったが、弁護士の仕事が早く片付いて間に合ってよかった。金井氏の話によると今回の弥勒下生の経綸は従来の銀河系の神の発動ではなく、北極星座の中心からの動きであるから、従来の宗教のやり方では通用しない。霊眼が六つ開けた六ッ眼の神人でないと仕事は出来ないという。この会はそうした霊覚がなければ運営不可能の会と思われる。

これは大宅壮一氏の話であるが、ソ連では鉱山業で大衆を集めて鉱石を掘らせると能率が上がる。しかし農業牧畜業でコルホーズ式に大衆にやらせると却って生産が落ちる。動植物の生育には技術と労働以外に人間の愛情を必要とすることが判明した。これは唯物至上主義の崩壊の如くであるが、ソ連が真剣に研究した結果、この事を発見したという。愛情以外に実在はない。心と心の触れ合いが大切である。

米津　金井氏の紹介で参会した。学芸大学で教えている。

伊東　同じく金井氏の指導を得て神霊界に興味を持って自ら何かを掴みたく、風の中を衝いて洞窟へ行ったようにこれからも進んで行きたい。この会に就いても自分で考えて行きたい。

小島　神仏基各教の上に位する自然の大法を荒深道斎の教えの中に求めようと努力している。見学した洞窟に日本とユダヤの関係を示す具体的なものが何もなかった事は残念だった。今後の発掘に期待する。

坂井　金井さんの御案内で伺った。小笠原さんとも古くからのお友達である。脚の脱臼を治そうとして心霊医学会へ行ったが却て痛みが増したのを金井さんに療して頂いている。今日は来られないと思ったが、おくればせながら岩屋の参拝も出来た。皆さんの八分通りはなつかしいお顔である。今後よろしく。

古屋　二十年来キリスト教を基にしてユダヤ研究をさせて頂いている。「イスラエルと日本」の原稿が出来て、来年一月から発表することになったが、両国の結び付きをどうするか、それがどうなっているかという点がむずかしい。十二支族が大集団で渡来したと鈴木さんは言うが、それは何時の事かと岩の上に佇んで考えていたら風で帽子が海へ飛んだ。それを見ていた巫女さんが岩を降りて取って来てくれたので、濡れたまま被って穴の中へはいった。帽子が私の身替りになって海へ飛込んでくれたが、それが救い上げられたのだ。ハテナと考えた。日外《いつぞや》小笠原さんからの信《たよ》りで、日本は三千年来思想宗教を世界から輸入ばかりしているが、それ以前の神代に於いては日本から世界へ宗教、言語、文字の文明を輸出していた。その輸出が再開される時代となった。思想の輸出入が均衡することが正常な文化の交流であると教えられた。私は今までキリスト教を通じて輸入ばかりの仕事に従事して来た。輸出の部門にそっぽを向いていては効果がないと帽子を飛ばされて神から注意を受けたように思われる。これから改めて考え直し、日猶関係について調べ直さねばならぬと思っている。

櫻田　文部省にいて宗教を担当している。皆さんに何かお役に立つことをしようと思う。その機会を待っている。

あとがき

参会者の気持ちがよく揃って、不思議なほど和やかな会合だった。本日の例会は岩屋にあるユダヤ関係の遺跡見学という、言わば考古学的な目的の下に、その実地調査を余蘊《ようん》なく行ってこの意味でも大成功だった。しかし今日迄の剣山並びに江ノ島の研究調査はなお高根氏の霊的な主観的予想の範囲を多く出て居ないもので、その現実の証拠は今後の発掘を待って初めて明かにされるべきものである。今日までの結果ではまだ決定的なものは出ていない。従ってそれだけで全貌の価値判断をしようとする事は早計であることを承知して置いて頂かなければならぬ。

今日の会は珍しく五人の女性を交えた二十九名もの多数が集った盛会だった事は、右の考古学的研究の奥にいま一つの眼に見えぬ神霊的な行事を果す目的が存したからであることが了解される。日本のみならず世界のすべての神霊、すなわち神代の神人達の精神は、我が皇祖皇宗の御経綸の下にその後三千年来、所謂（ユダヤの）霊縛を受けて、活動出来ない状態で、地下深く幽閉された姿になっている。これを天の岩戸閉鎖という。こうした経緯は従来の歴史や哲学の表面から悉く抹殺されているが、神代史の研究と神道原理の理解を深めて行く時、この事が極めて深刻な重大な事実である事が了解される。

そうした神代の神霊の咒縛を釈いて、この混乱した世界を解決して、新時代を建設経営する神人達の魂として顕われて活動することを促進することが本会の霊的為事の一面である。本日の例会は一面そうした意味で江ノ島の三姫神の神代の霊を神あげ、神迎えした祭典であったと了解された。その祭事の意義は本日参会したところの特に婦人がたの今後の活動として現われることであろう。みずからの魂の上に、心の上に神を迎え、神の宮となり、すなわち、みずから現実の神人（かみ）となって活動するために応しい心と体の肉宮の修祓浄化の努力を祈って止まない。本会はそのための修祓の道場である。転落する者は生命に至るよすがを失うであろう。

座談会は四時から六時まで続けられた。何か知らぬが何か一つの関門を突破して、これから何かが始まって行きそうだ。名残を惜しみながら閉会して、三々五々月明りの桟橋を渡って帰路に就いた。（小笠原記）

第十三回　研究座談会報告

第十三回研究会は十二月十三日午後、忘年会の心で開催された。宴会ではないのでもとより歌を唱うこともなかったが、各人の霊達が思い思いの自己を遠慮なく披瀝し、活発に主張して、年忘れの催しの意義に応しい賑やかな会合だった。

奥　前回の江ノ島見学は二十九名も参加して盛会だった。岩屋の見学に時間を費して、後で研究討論をやる時間が少なく、自己紹介程度で終ったので、今日は一応前回の続きの意味で出発しよう。その後鈴木氏が何回も江ノ島にお参りしたが、今まで嘗てない程岩屋内の霊気が強くなっている。金井氏がその時江ノ島の霊界と富士山の霊界とを結んだということだったが、その為かと思われるという話である。

進藤　岩屋が人工か否かの結論が出たか。

奥　人工だとするのが高根説だが、それはめいめいの判断と今後の調査にお任せする。高根説では崇神天皇の時代にユダヤ人が来て、先住民族を追払って日本という名で新らしいユダヤ国家を建設した。崇神天皇はユダヤ人であり、神武天皇は架空の人物である。以上の歴史は黙示録を読んで啓示を受けて知り得たという。

篠田　高根説と竹内文献の関係はどうか。

奥　剣山の記録は竹内文献には見当らない。

古屋　高根説は黙示録から出ているというが、読んでも私にはどこがそうなのか、全く見当がつかない。

小笠原　ユダヤが日本になったというのが高根説乃至それ以前の木村鷹太郎、小谷部全一郎の説であり、ユダヤは日本から分かれた枝国であると述べてあるのが竹内文献であり、その後の酒井勝軍、矢野裕太郎の説である。この問題の謎は神武維新の真相を開明することによって釈ける。天理、大本両教祖はこれに関する啓示を受けている。

篠田　伊邪那岐美二神の子の水蛭子がユダヤである。これだけですべて解決はついている。

奥　戦争中だったらその程度の説明で間に合ったろうが、今日では役に立たない。観念的国家神道を捨ててもっと深く真実を検べてかからねばならぬ。天孫降臨とは何事を意味するかという問題の解決も重大事である。

古屋　私は創世紀からアブラハム、ヤコブ、モーゼと続く旧約聖書の記録が真実であることを認めざるを得ない。

小笠原　その通りである。創世紀と古事記とは、言い表し方が異がうだけで同一の真理を説いてある同じ記録である。宇宙剖判《ぼうはん》の根本原理に関して神道、キリスト教、儒教、仏教に於いて所説の差異はない。

篠田　言葉の意味と関係を検べる時、日本人の祖先の宇宙観が判る。日本人の宇宙生命観と外国宗教のそれとは根本的に相違があるものである。

奥　世界の神話はどの民族の神話も類似している。この原因は何処にあるか。大昔は共通ではなかったろうか。

小笠原　その通りだと思う。ギリシャ、ヘブライ、北欧、印度、支那、日本を通じてただ一種類の神話しか存しない。それは唯一の淵源から起った同一の真理をそれぞれの神話に脚色してあるものであるからである。

奥　神武天皇がユダヤ人だという説が出て来るキッカケとして何か隠された歴史的事実が存するものと思われる。

進藤　人類の発生地を検べたら斯うした問題が解決されるのではないか。

篠田　人類の発生場所は北緯三十度前後の地域である。

古屋　アダム、イヴ以前に歴史が有り得るだろうか。

小笠原　犬塚氏は考古学の知識を借りて日本が人類の祖国であることを説明しようとしているが、人類学（考古学）と文明史とを混同してはいけないと思う。人類学で取扱う数十億年昔の人類はゴリラと選ぶところのない無文明時代のものである。世界文明は人類が言語と文字を創造し、これによって精神の自己表現の原理を完成した時に始まる。それは凡そ一万年昔のことである。宗教で取扱う事柄はすべてこの文明創始以後の問題である。この言葉と文字の原理の体系をエデンの園というのである。完成されたこの原理を宇宙剖判の段階として説いてあるのが世界の各神話の創世説であって、聖書の創世紀も易経も古事記もこの点で全く同一内容のものである。アダム、イヴは類人猿のような人間の肉体の進化論的な祖先ではなくして、世界文明の祖先である。仏教的にいうならば最初に無上正覚《むじょうしょうがく》を成就した仏陀神人であると考えたらよい。キリスト教徒はこうした大事なことをまるきり忘れている。その意義をいうならばアダムは言葉の原理であり、イヴは文字の原理である。

ところで、先日偶然、高根正教氏の著書「四国剣山の千古の謎」という冊子を手に入れて改めて読んだから、高根説の個々の内容の検討批判ということではなく、その説が出て来て組立てられた根拠についての批判を試みよう。その人の霊的精神的立地はその説や仕事の全部を一々調べて行かなくとも、一言一句一挙手一投足に接するだけでも既に明瞭である場合が多い。十余年前初めて高根氏の著書に接した折、三頁毎に一カ所位ずつ、これは神の啓示であるということがはっきりと肯づける部分があることを発見し、剣山問題は神意の発露であり、高根氏は天理教祖、大本教祖等と同じく神命を受けた人であることを知った。この意味で今でも高根氏に対する信用と尊敬の念は変わらない。

しかしここに遺憾なことは、この剣山を開顕せよという神命の内容を解説し、布衍し証明するために用いた高根氏の思索の方法が、実はひどく幼稚なものであったことである。これは高根氏に宗教としてのキリスト教の体得がなく、常に信（仰）の外に居て、キリスト教自体の中から黙示録を説くことが出来なかったためである。その方法は言語の語呂合わせと文字の象形合せで黙示録や古事記の意味を類推的に証明しようとした事であった。今でもこの同じ方法で「富士神業」の解説紹介を試みて次々と冊子を出版している松本フミという婦人がいる。これでやると元来世界の言語文字は一つの淵源から出ているものであるから、当てずっぽでやっても十のうち一つ位は真実に合致する場合が出て来る。しかしこの様に常識のある人間だったら一笑に附してしまう所の解釈をドン・キホーテ式に押し進めて発掘を経営して行った所にまた霊的な配慮があることも一面には考えられるのである。

こうした努力を続けた高根氏の御苦労はまことに察するに余りある所でなければならないが、剣山の意義の正当の証明はそれが古代ユダヤに関連する事である限り、キリスト教の正しい信に基礎を置いたものでなければならないと同時に、それが日本の古事記と関係があるものならば高根氏が語呂合わせの方法に用いた五十音言霊の合法的操作を以ってしなければならぬものである。しかもこの五十音の言霊麻邇による証明は同時に埋蔵物を発掘するための鍵でなければならないし、また出現すべき古代ユダヤの神器の意義を解説して世界の実際に適用して行く上の指導原理となるものでなければならない。高根氏は啓示を得て努力したが、未だその鍵を把握していなかったから、ユダヤが日本であるという倒逆した結論に終って、神武以前の神代の神道の世界に入り得なかった事は残念である。未だ時期が熟さなかった為であろうが、鍵の体得把握こそ高根氏の遺業を継承する者の今後の責任であり資格である。
しかし元来この問題は神意の発露であるから、その後の発掘によって既に何かの証拠物が現われて来ている。山本英輔、仲木貞一両氏は地下道の一部の棚の上に約五十個の死体が安置されていて、それが伝説の平家の落人のものであるか、古代ユダヤ人のものであるかはまだ決定されないが、少なくとも剣山の地下道はエジプトのピラミッドと同じく墓場になっていることを発見した。ここまでが今日に於ける剣山開発事業の到達点である。その開顕の鍵は実は担当者の自己自身にある。先ず自己の神性を開顕することが先決問題である。その自己の神性が拠って立つ所以がアロンの杖であり、それは日本の草薙剣と同格のものと承知する。私が剣山問題を紹介し、批判出来る限界は今の所凡そ此処までであって、それから先のことは知らない。

奥　江ノ島見学の十二月十四日の晩、鈴木氏宅に金井、佐野、小笠原氏の五人で集まって、徹夜して神おろしをした。私が精神統一をして口を切った。これは私の初めての経験で、金井氏が沙庭《さにわ》をした。

問「剣山の鶴とは何か?」。

答「鶴は月から降って来た」。
問「それは建速（須佐之男命）か？」。
答「否、月読命である」。
問「明年五月に剣山を掘ってよいか？」。
答「やってはいけない」。
問「四十二年七月ならよいか？」。
答「よろしい」。

この時、鈴木氏には肉体の故障があるから無理をせぬ様にという注意があった。江ノ島弁財天を呼んだら霊は非常に喜んでいたが、言葉はなかった。

古屋　私も先日霊感で剣山発掘の時期を質問した。掘っても駄目だと言われた。絶対駄目かと問うと、三年後なら着手してもよろしいという答えだった。

奥　神功皇后の時、三韓との交通があった事は明らかだが、神武天皇の時、大陸との交通があったかどうか。更に葺不合朝に伏義やモーゼが来朝した記録があることも考えなければならない。竹内、物部、大友、宮下、安倍等の各古文献の総合的研究が必要である。

鈴木　竹内文献を証明する実地の証拠があるか。
小笠原　既に日本各地に実際の遺跡が発見されている。村井二郎、上原清二、鳥谷幡山、山根菊子氏等がその当事者である。
進藤　会の組織を作り、部会、委員会を設けて冊子も発行し、学会や当局に進言し、世界的に活らきかける必要があろう。
小笠原　誰でもそう思いたがるが、我々の運動は現在の世界の黴《かび》の生えた機構と思想の中には進展しない。用があるなら向うから来るがよい。気が付いた人はおのずからに集まって来る。我々が世界を追かける必要はない。世界は我々の後から来る。我々自体が新しい時代の先駆者であり祖先となる所の我々自身の運動である。我々は黙示録のいう「生命の書に記されたる者」としての自覚に立っている。眼に梁りある者にはそれが見えない。
鈴木　去月二十三日、江ノ島へ行って霊の力が今までになく強くなったことを知った。霊縛とその解除ということが実際にあることを感じた。
小笠原　ソロモンが魔神を封じ込めた話がアラビアンナイトにある。皇祖神の宏謨に従って神代の神威を封鎖霊縛したのが崇神天皇の同床共殿廃止、和光同塵の政策である。その封鎖が解除される時が来た。それは神代の霊魂である神霊と、その歴史と、神道原理の封印の解除である。

植本　ヘブライを研究する会というので出席するのだが、目的ある一貫した研究がなされず、研究会ではなく単なる座談会であり、各人の無責任な主張や思い付きの発表会に過ぎないことに失望している。

小笠原　私が今まで関係して来た太古文化研究会、開顕同盟、古代文化研究会、眞理憲法研究会、日本神庭会議等いずれも同じ型に終始した。これに対して私は失望していない。この席で第一義的な真理真実を究明しようとする事自体が無理である。ここは凡そ日猶問題に関する歴史的、宗教的研究のカタログの発表会に過ぎない。同好の士のサロンであり社交クラブと思って頂きたい。そのために銀座のレストランを本部とすることに却って意義がある。披露されたカタログによって更に深く批判究明したい人はそれぞれの責任者に就いて直接質して頂きたい。そのために第二の集会を開く計画もある。世界の宗教原理と人類の文明史に就いて小生の門を直接稿かれるなら精しくお話し申し上げる。また同志同行の誓約をされるなら魂の救われのための御力添もさせて頂いている。真剣に真理を求めるなら千里を遠しとせぬだろう。

あとがき

本日の会は以上の如く記録に纏めてみると一応筋が通って読まれるだろうが、実際は植本さんが憤慨したように我が我がという自説の主張がもつれ合った雑然とした、むしろ騒然たる忘年会だった。六時に一旦閉会されたがその状態はその後の二次会にまで発展して行った。実はその騒然たる所に本日の会合の意義があった。

「新しき酒は古き皮袋に盛るべからず」といわれる。新しい合理の時代は古い社会の思想の枠の中には建設されない。これから出現を期待されている救世主は、何処かは知らぬが古い世界の穢れに拘束されない境域で育てられている清浄無垢な神の愛子であり皇孫命であることが感じられようが、それを迎うべき我々は既に旧き時代、今の世界に生きて垢にまみれた古き皮袋を心にまとった人間である。このままでは新しい時代の人として生きる資格がない。この時、我々に可能な唯一の道は、業縁所生のその古き心の皮袋を新しい生命の酒を盛るに応しい様に祓い清めることである。神は三千年来の業縁に沈んでいる古きみたまの人類を、一人でも多く新しい生命の世界に救い出すことを念願としている。釈迦もイエスもこの事の為に先達として預言者として活動した、大祓祝詞の宣布もこのためである。こうした人間の営みを無意味のものと考えるならば、それは人類とは無関係な挙といえよう。

古き皮袋の名を憑依霊、守護霊、守護神と言う。心理学的には先入観念、潜在意識と言う。それが自分自身であると思い込んでいる禅の所謂「従前《じゅうぜん》の識神《しきかみ》」である。今月は大祓の月であって、今や人類の上にユダヤが世界の思想的現実的支配権を握った時を期とする古い原罪の時代が終了するという意味での歴史的なおほつごもりが到来している。古き心の架《かせ》であり思いの固まり（思凝神）の所産である天津罪、国津罪を反省によって自己の内から分離して、大河に流し捨てる時である。

この時この師走の一日、自覚するとせざるとに拘らず、その思いの固まりを憚《はばか》りなく暴露し、自他の前に披瀝することはその自己を精算する禊祓の第一歩をなすものでなければならない。こうした意味に於いて本日の騒然たる忘年会は大祓の第一歩として意義あるものであった。ヘブライ研究会は日本と世界から古きユダヤの穢れを、すなわち個人的にはイスカリオテのユダの罪を修祓する会である。（小笠原記）

第十四回　研究座談会報告

第十四回　研究座談会は新年宴会を兼ねて一月二十四日本部八眞茂登に於いて開催された。新年の挨拶やら雑談やらで時を移し三時に開会。

奥　新年おめでとうございます。本日は新年宴会が眼目のこととて、特別な研究テーマはなく、随意に初見を出して頂くうちに話題の方向が定まることと思う。

三枝　日本の建国とユダヤの建国とがどうゆう関係にあるか、これに関して今まで各人の研究を材料として提供されてあるが、審議を進めて早く真実を明らかにして頂きたい。

小島　竹内文献には、太古造化気万男天皇《つくりのしきよろずお》が皇子皇女を外国に派遣して、世界五色人の祖としたとあるから、日本《ひのもと》が世界の祖国《おやくに》であり、外国は枝国《えだくに》である。ユダヤの建国も世界の唯一国家であった日本の分邦の一つとして成ったものであると思う。私が信仰している荒深道斉氏の道臣命の霊示による皇統譜にも同様の意味が述べられてある。ただしその霊示では天皇名もその御事蹟《ごじせき》も竹内文献とは大分相違がある。私は荒深氏の神憑りの歴史が正しいことを信じている。

鈴木　私の師高根正教氏の説によると、ユダヤ国家が滅亡した後ユダヤの王子が民族の神宝である契約の櫃を携えて日本の土地に移住し、そこに日本という名の新しいユダヤ国家を建設した。これが神武（崇神）維新の真相である。それ以前に於いては日本という国はなく、もちろん竹内文献にある如き神代の天皇などは有るわけはない。竹内文献や古事記、日本書紀等は後世ユダヤ人が創作したものであるという。私は高根説を信じている。

小島　従来は五千年以前には日本列島に人類が住んで居なかったということが通説であったが、明石人や葛生人の発掘でその説が覆えった。神道の神話から言っても天孫降臨の伝えがある。神武以前にも日本に国家的社会的団体組織が有ったことに間違いない。日本人の信念として日本がユダヤの再生国家などとは思いたくない。

鈴木　考古学に於ける弥生式文化と縄文式文化の中間の時代に於いて何故に日本に華やかな文化が発生したか。すべて移住したユダヤ人の手に成ったものでなければならない。

小島　日本の山岳にある神代遺跡を調べずして軽々しく高根説を信じることは不当である。遺跡だけでなく、文献と神憑りの上でも神代日本の存在に就いての裏付けは沢山ある。聖書にもヤコブの頃「東より来た神の子等がイスラエルの娘達を娶った」という記事がある。これは神代の日本人がユダヤに派遣された世界統治の事実を裏付けることであると思う。

鈴木　黙示録に日本紀元六六〇年に日本が建国されたと書いてある。崇神天皇の時であり、これが再生ユダヤ国家である。

小笠原　「智慧は茲に有り、心ある者は獣の数字を算へよ、獣の数字は人の数字にして、その数は六百六十六なり」（黙示録十三章十八節）とある所を言っているのだ。高根氏がこれを神武紀元に関する数であると解釈したのは如何なる根拠によるものか。これが真実であるなら論理の飛躍なしに地道に説明出来なければならぬ。獣とはJewであるなどといっても単なる語呂合わせに過ぎない。Jewは訛《なま》った欧州語の英語である。

鈴木　日本が先かユダヤが先か、この問題は毎月繰り返すがまだ結論が出ない。今年五月に私は剣山へ行って第二回目の発掘工事を進める。そして実際に物的証拠を出した上で改めて検討審議をしよう。

進藤　弥生、縄文の土器を研究しても正確な年代は判るまい。それよりも神代文字を研究することの方が重要である。これによって世界歴史の解決がつく。

小笠原　国学院の樋口清之教授は出土品に含まれた炭素14の放射能を調べることによって、その年代を極めて少ない誤差で算出している。

金井　樋口氏は文献によって越中糸魚川に翡翠の鉱床を発見し、上古の勾玉の材料が日本にあったことを証明し、従来の外国渡来説を覆えした。

小笠原　また樋口氏の調査によると畝傍橿原《うねびかしはら》の盆地に標高六十メートル毎に同心円を画して、様式の異なる三つの文化が存することを明らかにした。昔湖水であった所が漸次隆起して丘となり、その都度新しい文化が水辺に営まれ、神武時代の遺跡は一番低い所にあるということである。神武以前、既に二種類の古い文化がその盆地に存在したことが証明されたのである。

金井　私は先年熊野に行った時、ここは須佐之男命の神界であることを霊的に知った。熊野の地は日本に於けるユダヤの根拠地である。樋口氏はこれを科学的に証明している。しかし我々が過去を調べるのは何の為かというと将来の人類の幸福の為である。過去の史実も重要だが、それだけでは先の問題が釈けない。天理大本以来、荒深、肝川に至るまでの神のお告げで、既に過去の因縁は説きつくされているわけだから、これからは将来の問題と取組まなければならぬ。

奥　金井氏の霊体験にも意義があるが、所謂神懸りのお告げは根拠のないものであるから荒深氏の神代物語りは当てにはならぬ。科学的な考古学は正確だが将来を指導しない。以上の様な人間の自己を離れた霊的又は物的方法以外に、人間自身の原理である言語の原理の上から研究して行くことも大事だ。古代は精神文明の時代だったから、日猶の歴史も精神問題として取り扱ったら本当の解決がつくだろう。

小島　神憑りで古代人の霊を呼出して霊に訊ねればすべて明かになる。

金井　古代の霊が出るというが、それは霊媒の過去の潜在意識が出るだけの事だ。それでは未来は説けない。

鈴木　神憑りが十人十色になるのは何故か。

小島　潜在意識や邪霊の影響で歪曲されるからである。特定の正しい人の神憑りなら間違いはない。

鈴木　特定の正しい人とは荒深の事か。それが正しいことを何で決めるか。小島氏の迷信ではないか。

小島　鈴木氏が信じる高根氏の神憑りによるユダヤが日本を建国したという説が間違いであったら、それを宣伝することは大きな罪である。そうしたら日本の天津日嗣は外国人の伝統であることになる。それでよいのか。

奥　議論が徒《いたずら》に対立するだけで結論が出ない。時間もないから一応司会者に預けていただく事にしよう。聖書、記紀、風土記、竹内文献等があるのだから是等の詳細の比較研究も等閑《なおざり》にしてはならぬ。それにしてもどうしたら結論を出せるのか、しめくくりを付けたい。

小笠原　自分で体験証明して初めて真理となる。更にそれを文献に照合出来る時、客観的のものとなる。自説と思って主張しても他説の借用に過ぎぬ場合が多い。これを憑依霊という。卵の殻のようなものだ。初めは殻が自分だと思う。その中で自分が育つまで自分を守ってくれたその殻を脱ぐ時が来た時、初めてお互のことが判り合うことが出来る。結論はその時出る。憑依霊の殻の中に居ては結論は出ない。

荒深説にしても高根説にしてもこの共通の広場に於いて既に批判は済んでいるといえる。その批判に耳を貸そうとせず、また自己反省もしようとせずに卵の殻である自分の信仰に何時までも獅噛《しがみ》付いていると、独り善がりに終り、真理真実からも、同志会員の思想の進歩からも置き去りにされることとなろう。殻の中で窒息して死んでしまう雛児もいる。

五井昌久氏は「業縁は消えて行く姿である」といっているが本当である。消えるために業縁（守護神）が現われる。現われなければ消えることがない。現われて自覚されなければ無門関に説かれる如く五百生転々として野狐身から解脱し得ない。昔の歴史の細かい詮索などは実はどうでもよい事であり、実際に不可能のことである。大筋を掴んで因縁の変化発展の系路を把握することが歴史研究の眼目である。それを掴むと今日以後の世界を如何にすべきかが判って来る。

個人の業縁と全く同じ意味で人類の歴史は歴史が精算されるために学ばれるのである。消滅するために歴史が存するのであって、残すために歴史が有るのではない。「なるほど」と今日をあらしめた歴史的因果が判ったら業が消えるから、もう歴史は不用である。この故に古事記や書紀の神代巻では竹内文献にある如き神代皇統譜を抹殺消してあるわけだ。神の経綸である日本と世界の古代からの因縁果報の筋道を理解した人が既に幾人か出来たから、竹内文献の一部が戦災で焼かれてしまったのである。今のうちに早く勉強して卒業せよと言う神の催促である。維新といわれる今日の如き歴史的な大転換期は過去の歴史が精算される時である。

歴史の問題と同じく、日本の因縁やみたまの因縁を説いた天理、大本のお筆先も肝川のみたま調べなども、今日ではもうその役目が終っている。神の御仕組みも現在はその当時とは変化進展している。剣山問題も間もなく結末がつくだろう。ユダヤの神宝が出る、出ないは既に問う必要はあるまい。三種の神宝が何であるか、形而上の道理としての神宝は既に我々の理論の上で発掘されてあるといえるからである。剣山の神霊はこの事を知っている筈である。今度発掘工事をしたら最後かも知れない。

この様に人類の過去の歴史も、個人の業因縁も今ではもうすっかり精算解決されてしまったといえる。御苦労様な小数の連中や、後から遅れて来た人々が今なおそれに引かかっているに過ぎない。問題を解決しようとせずに、疑問を楽しんでいる人々に対して神は余り親切ではないだろう。

これからは未来の建設である。しからば天壌無窮、万世一系の皇運を今日及び今日以後に向かって如何に扶翼《ふよく》発展せしむべきか、その前に何が、何故に天壌無窮、万世一系であるのか、ヘブライ研究会は世界のユダヤと表裏となり、相呼応して、この問題の解決に邁進《まいしん》することが、その研究運動の本筋の為事でなければならない。準備はもう出来ている。出発しよう。

あとがき

座談討論はこの位でお預けにして、午後四時から新年宴会が初まった。三枝氏の音頭で乾盃、古屋さんの発声で万歳三唱し、八眞茂登の特別サービスの酒肴で自由な歓談に入った。この歓談の途中でも先程の小島氏と鈴木氏の衝突意見がまだ対立して両々《りょうりょう》相譲らず、議論の花を咲かせていた。また今日は珍らしく志摩から小泉氏夫妻が上京したのでその話があった。

小泉　丹波の元伊勢、志摩の伊雑宮に神代参剣の奉仕をして、五十年間の霊剣修行の満行が自分なりに叶い、今日ここに出席して皆さんの尊いお話を伺わせて頂いている。家内の家には大本教祖が初めて神がかりの口を切った家という奇《き》しき因縁がある。丹波は古来霊的因縁の地で、饒速日命が丹波大神として天橋立《あまのはしだて》に降臨された。倭姫命の母は丹波道主命《たんばのみちぬしのみこと》の娘である。丹波には出雲大社の上に位する神霊が鎮まっている。尊氏はその霊の守護で天下を掌握し、北朝の皇統を立てた。信長は光秀に命じて丹波を攻略せしめ、その霊的実権を収めようとしたが逆に光秀に殺された。こうした霊的葛藤の最後の仕組が大本教の出現であって、日本の国体の上に大きな秘密がこの地にあることを突止めて、その修祓に任じて来た。

宴会は七時に終ったが、帰りやらぬ約半数の会員が残って二次会となった。この時金井氏と小泉氏との間で改めて霊覚の内容に関する質疑応答が行われて、再び応酬の花が咲いた。他の会では聞かれない微妙な霊界、神霊界の消息に、特に山野千枝子さんなど熱心に感激して聞入っていた。予定していた通り十時に漸く散会することが出来た。

世界を経綸し給う神の仕組には表の仕組と裏の仕組がある。遠い神代の或頃からこの二つの仕組は分離して、人類の相異なる二つの文明として別々に経営されて来たが、数千年後の今日、時熟して改めて二つが一致和合することとなった。

この二筋の人類文明の流れの根本は伊邪那岐（表、父、原理）と伊邪那美（裏、母、実体）である。二つが分離したことを「絶妻の誓《ことどわたし》」という。この二つの分かれが高天原（神界・道義思想）と黄泉国（魔界・権力思想）であり、天照大御神（日本）と須佐之男命（ユダヤ）であり、部分的にはアベルとカイン、釈迦と提婆、饒速日と神武、物部と蘇我であり、そして究極的には精神原理（布斗麻邇）と科学原理（理論物理学）である。過去数千年に亘る経営研究の結果、この二つの文明は左右の手の如く正確にシンメトリーのものであり、表裏一体をなすものであることが明らかになって、両者が完全に一致合同して、人類文明創始以来初めての全局の大真理が開顕される。

この時この霊肉、物心二系の文明の権威を綜合し総覧し左右に掌握して、来るべき世界の新しい救世主、責任者として、降臨の様相を以って起ち上る人物を弥勒仏と云い、天孫仁仁杵命という。仁仁《にに》とは握り握る義である。葺不合朝末期に居られた饒速日命は握ぎ一つだけであった。精神原理の片方だけしか掌握していなかった。

未だそれぞれに精算し切れない主観や先入観念の殻を多分に身につけては居ようが、この悠久の神の経綸の表裏両面の仕組のそれぞれの部門の責任担当者がおのずからに集結する「場」は本会を措いて世界に存在しないだろう。このヘブライ研究会という舞台に我々が集結する目的は、高天原と黄泉国を分担する者が互に対立抗争する為ではない。お互が胸襟《きょうきん》を開き肝胆《かんたん》を吐露《とろ》し合って理解和合するためである。五千年に亘る霊肉相克《れいにくそうこく》の人類歴史の地獄相を繰り返すためではない。高天原に於いても黄泉国に於いてもそれぞれの主宰神霊は既に和合の時が来たことを承知している。ただ末端に働く眷族《けんぞく》達が古い時代の惰性から、主観先入主から未だ充分に抜け切れないでいるだけである。我々の集結協議によって予定された大結論を早く生み出して、世界の未来を建設する実際運動を開始せねばならぬ。歴史の必然に逆らう者はおのずからに裁きを受ける。

もとよりこれは派手な仕事ではなく、いわば蔭の仕事、雲の上の仕事であるが、今年は本会が大活動を開始しなければならぬ時である。この時既に一旦会員になった方々はゆめゆめ守護霊に引ずられて会から脱落することのないように。また考えがなお未熟な人々は自己反省によって、本会の急激な歩みに伴って行くことが出来る境地を速やかにみずから開拓されんことを、新年の会合の記事の終りに臨んでくれぐれも切望して止まない。（小笠原記）

竹内巨麿氏死去さる

磯原の竹内家の当主巨麿氏が一月二十七日、九十六才の高齢を以って死去された。氏は明治中葉、富山の竹内家の養子として神宝歴史巻の護持に任じ、茨城に移った後は専心神宝の皇室復帰の運動に長い生涯を捧げられた。赴報を得て哀悼に耐えぬ。本会は二月二十八日例会に於いて追悼式を行います。関係諸彦にお知らせ下さい。

第十五回　研究座談会報告

竹内文献は、古代ユダヤと日本の関係を日本側から明徴する上の有力な資料である。その竹内家の当主巨麿《きよまろ》氏が一月二十七日九十六才の高齢で逝去されたので、二月の研究会はその追悼慰霊祭を兼ねて、竹内問題を語り合う会として二十八日開催された。

会場の正面に祭壇が設けられ、竹内文献の神代皇統譜と、鳥谷幡山氏の描いたモーゼの掛軸の前に祭霊の写真が掲げられ、午後二時に祭典が開始された。祭官はイコトバ会以来関係の深い星直利氏が担当した。祭事の途中で唱えていた大祓の祝詞が杜切れて、祭霊が星氏に憑って来た様子だった。「うれしやな、うれしやな。人のため、世のため、國のため集ひし皆の者……」と聞き取れた喜びとお礼の言葉が述べられた。

星氏は医学博士でもとより神官ではないが、本日のために特に白衣して祭事に当った。直会の神酒の盃を廻わして、簡単ながら感銘深い慰霊祭が終った。それから何時もの研究披露に代わって、弔辞と回顧談が参加者から交々述べられた。

星　イコトバ会を創始した八名のうち今日生き残っているのは入来重彦氏、鳥谷氏と私の三人だけである。その中で私が一番年若だ。村井二郎氏の全国の神代遺跡調査には資金面で私が全面的に援助した。その資料は現在村井家に保管されて居り、世に出るときを待っている。竹内氏が九十六才の長寿を全うされたことはお目出度いことで、只今廻わした竹内家の十六菊の紋章入りの木盃は竹内氏から私が貰ったものである。祭霊の長寿にあやかって頂きたい。

伊東　陸軍に居た頃、上官の柳川平助大将から竹内文献についての話を聞かされた。二・二六事変で陸軍を辞めた時をきっかけに文献の研究に没頭して今日に及んでいる。

山田　巨麿先生にお目にかかった事はなかったが、西村さんから私の暦法の研究が世に出る前に竹内文献を出さねばならぬと聞かされて、山根さんの「世界正史」の出版の資金を私の紹介で調達することが出来た。

小笠原　矢野裕太郎氏に連れられて初めて磯原へ行って祭典に列し、神宝を拝観したのは昭和六年秋であった。白石に刻まれた赤池白竜神の蛇体の御神体の美しさが今でも深く印象に残っている。赤いルビーの眼が今にも話しかけそうだった。その時、酒井勝軍氏にも初めて会った。昭和八年、義宮氏と西村さんと私の三人大森に家を借りて約半年間一緒に暮した。西村さんが炊事その他の世話をして下さった。今回義宮氏が神宝の責任者として起たれる事となったに就いては、三十年前のその私達の因縁の実を結ぶ時がいよいよ到来したと思っている。巨麿氏の時代はなお神宝の守成時代であった。これからは積極的に世界に活らきかけて行かなければならぬ。酒井、矢野、村井、吉田氏その他の諸先輩が心魂をこめて研究した所を綜合して世界古代歴史の真相と神道原理の実体に関して最高の解決を出すことが私の仕事である。

この辺で回顧談を暫く中止して、当主義宮氏並に吉邦氏から挨拶の言葉があった。

竹内　本日は父の慰霊祭に斯くも多数の御来会を賜わったことを厚く御礼申し上ます。父は死ぬまで天皇、国家ということを口癖にしていた。私はその時磯原に帰っていた。前日まで父は元気だったが、気分が悪いというので医者に注射してもらって十時頃寝た。寝る前に母に言いつけて、天皇、皇室に「有り難度う」と神前でお参りさせた。翌一月二十七日朝四時頃、心配して見に行った時、眠ったまま既に亡くなっていた。一日も病らわなかった。使命を果しての大往生だったと思う。遺志を継いで私達兄弟三人が力を協わせて一生懸命にやりますから、父同様御後援をお願い致します。

高畠　竹内家から分家の高畠家を継いだのは私で三人目である。高畠家は元、北野家と言って皇祖皇太神宮の神職だった。父の葬儀は私が祭主となって執行した。ヘブライ研究会と竹内歴史とは密接な関連があるが、研究材料を整理するには、己のみたまを磨いて五根を整えることが大事である。文献に接する前に先ずみたまを鎮めなければならぬ。世界に善神の数は十九億、悪神の数は十四億ある。これらの神に通じると神意を速かに悟ることが出来る。これからは長兄を中心に三人一体となって活動しますから、よろしくお願申上ます。

直会の食事の途中から座談会に入った。

古屋　長年のヘブライ研究の結論を出さねばならなくなった時、小笠原氏に会って日本側の資料がある事を知った。今日まで度々話し合ったが、意見が衝突したり並行したりするだけでまだ煮え切らぬ。ユダヤ側ばかりを固執せずに橋を渡って日本側へも来なさいと勧められるが、まだその気になれない。しかし日本研究をもう一度やり直さないと大きな口は利けぬと思う。最近中央講論社で出版した「神話から歴史へ」もあれでよいとは思わない。私は竹内文献には無知だが何かあると思っている。妙な歴史が日本に有る位のことでは済まされない。私がやっている聖書の予言研究だけでは一方的であって充分でない。しかし私のような者が出て来ることも意味があることであって、小笠原氏と一騎打ちの真剣勝負の研究をしようと思う。世界歴史や聖書研究には充分な知識があるつもりだが、足許の日本の知識に暗いから、神代研究の幼稚園生としてこれから仕込んで頂きたい。

戸田　キリスト教を研究していた酒井勝軍氏に判らない聖書の言葉があった。「人語らざれば石語らん」ということだったが、竹内文献に接して、それはモーゼの十戒石のことだと知ることを得た。昭和四年、古賀治朗氏が柔道選手として米国に行くに当って酒井氏の門をたたき、竹内文献を米国に紹介した。古賀氏の紹介で日本の意義を知ったのは銀シャツ党のウィリアム・ペレーとその同志の岩崎陽山氏だった。竹内家の裁判の弁護に当った鵜沢総明氏は世界の三大宗教を統一するものは日本神道であることを唱導した。私は酒井、鵜沢両氏の御指導によって竹内問題に関連し、その関係からヘブライ研究会のお世話をさせて頂いている。

高畠　竹内家で祝詞として奉唱しているアイウエオ五十音の意義に就いて神様から教わっている私の研究と小笠原氏の研究とを照らし合わせたいと思う。

小笠原　言霊五十音の意義を述べてあるのが古事記神代巻である。それは歴史ではなくて神話体に述べられた神道布斗麻邇の教科書である。言霊は神道をはじめ世界宗教の奥義であり、布斗麻邇を根底として研究して初めて精神文明時代だった神代歴史の真意義が釈ける。また言霊によってのみ科学文明の指導が出来るのである。「言霊百神」の冊子をつくってあるからお送りする。

戸田　紀元節問題が紛糾している。学者側は神武天皇の存在も紀元の意義も否定している。当局はその否定している人達に調査を依頼しているのである。紀元節を設けるには明瞭な根拠に立たねばならぬ。竹内文献はこうした問題に対しても大事な使命を持っている。

兒玉　磯原の葬儀に列した。九十六才の高齢は天寿と思うが、竹内翁には何歳までも生きていて貰いたかった。葬儀に際して不思議なことがあった。お通夜の晩、柩の頭の辺りから三声ほど声がきこえたのを熊谷氏と山根氏と私の三人が同じように聞いた。霊柩車が鳥居を出るとき一陣の激しい風が吹いて来た。竹内文献について残された仕事を完遂することを自分の使命としている。それぞれ登り道は異がうかも知れぬが、富士の頂上めざしてお互に励まし合って登って行こう。

小野　文献についてはあまり知らぬが私も葬儀に参列した。私は金星の日面通過をしらべる金星紀年法の暦法を研究しているが、この暦法がそのまま竹内文献に出ている。太陽太陰の両暦法は日本の神代の暦法の後に出来たものである。暦法の上から見ても竹内文献は信頼すべきものである。

竹谷内　カイロプラクティックで病気治しをやっているが、病院が沢山出来ても一向に病人が減らない。医学の基礎的な事が等閑《なおざり》に附せられているためだろう。医術ばかりでなく、すべて基礎から固めて行かなければならない。人類歴史の意義を確立する上に於ける竹内文献の絶大な意義を信じる。

奥　私は研究の日が浅いが、小笠原氏などの紹介で竹内文献の外廓は摑んだつもりだ。いま私は弥勒下生の神業に取り憑かれている。五十六億七千万年後のことといわれるが、それは今である。金井南竜氏が唱導する富士神業の第一、第二段階が終って、第三段階に入った時弥勒が現われる。その時、今まで存在しなかった新しいエネルギーが世界に現われるといわれる。鎮魂の修行が出来るとそのことが判るようになる。日本が宇宙の真理に沿うようになる時が来るのである。竹内問題も小さなセクショナリズムとしてのものではいけない。セクションを捨てて弥勒の神業に合流すべきだと思う。

山野　山根さんから承わって竹内文献の素晴らしさに興味を持った。研究会には何を置いても出席するようにしている。大本教でいう天の岩戸開きは竹内文献を世に出すことであると思って、山根さんの書物の出版にも応援させて頂いた。オリンピックの時、外人に沢山領布した。世界から反響が来るのを待っている。世界が先で日本が後では相済まぬ。日本人が早く日本を知って置かなければならない。

藤井　岩田大中氏の書を読み、上原清二氏から話を聞いたことがあるが、文献の詳細は知らない。戦後の考古学の勃興に刺激されて古代日本の正体を知ろうと努めている。

石川　二十一年に帰還した時、初めて竹内文献の話を聞いた。これから勉強しようと思っている。

あとがき

以上一通り座談が済んだ時、高畠氏が携えて来た八ミリ、カラー映画の映写をした。磯原の本社と岐阜養老の支社の祭典に於ける皇祖皇太神宮の古式に則った鎮火、探湯、鳴動祭の状況で、生前の巨麿氏の元気な御様子に眼の辺り接することが出来た。六時に一応閉会したが、なお八時まで話が尽きなかった。

本日は何時もの例会と異って慰霊祭を主題としたために、主として竹内歴史関係の人の集まりとなって、義宮、吉邦両氏の御決意も聞き、同志の結束提携を新たにすることを得た事は意義が深い。それにしてもせっかくの今日の機会に、日頃竹内文献の意義を否定し反対意見を唱えている人達の出席がなく、活発な討論が行われなかったことは淋しかった。

ヘブライ研究会は初めから何かの思想の型を持っているような、いわゆる思想運動ではない。今の所何等実際運動も宣伝すらもやっていない。日本とユダヤという精神と物質の二つの主要な人類文明の流れの本質が、お互に長い歴史の修練を経て来た後、協力一致、交歓和合するための共通の広場であり、同時に遅れている人達のための思想精煉の坩堝である。竹内文献はその共通の広場に日本側から提供される最も有意義な資料の一つである。それはもとより神憑りなどで出て来た架空の観念だけのものではなく、歴史を通じて伝えられて来た多量な文献と物件であるのだから、たとえ反対説を樹てるにしても先ず虚心淡懐《きょしんたんかい》にその材料に接し、これに携わる当事者、責任者に直接会って意見を聞くことが、その反対意見を徹底させる上にも大切なことである。本会は意見の対立を苦にしないし、反対意見を却って歓迎する。それは一致への過程だからである。

ただし機会があっても見ず、読まず、会わず、語り会わずしてただ反対することは真理のための反対ではなくして、反対のための感情的な反対であり、竹内文献が有っては邪魔になるための自己の利害上の反対と思われよう。真理と真実は共通の広場に於いて、自己をも客観視する立場に於いて論究審議されなければならない。真理であり真実であるならば必ず最後には結び付くものである。広場に立たずして自己の殻に籠ったまま自己のセクションを拡大しようとするだけの古くさい覇道式な態度を本会は採らない。（小笠原記）

第十六回　研究座談会報告

四月の研究例会は予告通り十八日（日曜）午後一時から本部八眞茂登に於いて、古屋登世子氏対児玉天民、山根キク両氏の対談というテーマで開催された。

本会は創立以来既に一年半、日猶問題に関する様々な研究を次々に取上げて、共通の広場で審議検討して来た。研究会は社交的な座談会の形式をとっているが、思想上の整理統合はその間厳密に行われて、問題はいよいよ煮え詰まって来た。キリスト教の教理および聖書の預言と、日本に保存されている世界古代歴史である竹内文献とを対照審議することは人類の文明と生存の将来に最大の関連を有つ研究の一部であって、この事は本会に於いてのみ初めて取扱うことが出来る問題である。

小笠原　世界を高天原（精神界）と海原（現実界）の二つに分けて、その各々を分掌する日本とユダヤとは人類文明の二大主流である。太古神代に於いては世界は高天原の精神文明の指導の下にあったが、神武紀元を境として日本は精神的に鎖国（神鏡の同床共殿廃止）され、爾後今日まで三千年間、物質文明建設のために、世界はヘブライ思想によるる経営の下にユダヤ民族の支配下に置かれている。その予定された三千年の期間が終った時、双つの文明が統一綜合されて、新しい物心一理の第三の文明が地上に現出する。そのためには今日まで両文明を分け隔てていた真中の河を越し合って両者が交流しなければならない。それには宗教の橋、歴史の橋、そして精神文明の橋、科学文明の橋など各種の橋が必要である。この橋渡しの大事業を世界に卒先して着手することは本会の光栄であり、会員の誇りである。そのために必要な準備はすでに整っている。私達が斯く公言するのは単なる観念的な預言や予想や希望としてではなくして、その事業に活動すべき人間の心の覚悟が出来て人数が揃いさえすれば、直ちに実行に着手することが出来る実際の計画であるからである。本日は双方の当事者の御忌憚《きたん》なき御話し合いを期待する。

古屋　今日までこの問題で小笠原氏とも散々渡り合った。キリスト教の信仰から山根さんの所説も相容れぬ敵と思っていた。キリストが日本で死んだと書いてある書物は捨ててしまった。キリストの弟が身代りとなって磔刑を受けたという記録は穢《けが》らわしいと思った。今の世界をまとめているのはキリスト教の新旧両教である。もしそんな説が行われたならば世界はひっくり返ってしまうと思った。

だが不思議なことに、私は長い間のイスラエル研究を次々に発表し、世界の終末、西洋文明没落の予言を書いて、その最後の結論として日本とユダヤの関係を説こうと思ったが、どうにも筆が進まなくなった。説く材料がないのである。この頃ヘブライ研究会が出来て山根氏や小笠原氏から竹内文献の話を聞かされて、信仰の上からはそれに反抗しながら、他面には心に大動揺が起りはじめた。モーゼの十戒の実体は日本のアイウエオ五十音であるという神道の原理の前にどうやら兜を脱がなければならなくなりそうだ。

キリスト教の教義は、死後三二〇年のニケアの宗教会議で決定されたものだが、私は元々その教理にあき足らなかった。イエス個人とキリスト教理とは別個のものであると判って私は教会から去ったのである。マタイ伝にはヨセフの系図がキリストの父の系図として長々と書かれている。これでは処女マリヤの子であることとは矛盾する。死して三日にして蘇返えったことは弟子達の霊感に過ぎず、事実にはならない。こうした矛盾だらけの教理よりも私はイエスその人に霊感を覚え、その力を信じた。旧約に説かれた万軍のヱホバ、仇を報ずる神ヱホバに反対して、愛の神を説いた新約のイエスに引きつけられて私は独自の道を歩いて今日に到ったわけであった。

日本とパレスチナとは現在でもお互いに不思議な運命の下に置かれている。日本がポツダム宣言を受諾した敗戦の直後に、パレスチナでは数千年来のイスラエル共和国が独立して、米ソが共にこれを承認した。これはユダヤ人の故国の復活である。しかし彼等の本当の魂の郷土はパレスタインではなくて、エデンの園である。その園は生命の樹のある所であって、精霊の復活によって世界恒久平和が実現する基盤である。共和国の復活はエデンが地上に再現する前兆と考えなければならぬ。その精神的なエデンが世界の何処からか現われて来なければならない。

モーゼの出埃及《えじぷと》は神武紀元前六六〇年のことである。山根さんからそのモーゼの十戒と五十音言霊とは密接な関係があるといわれる時、また小笠原氏からもその五十音はエデンの園の原理そのものであると教えられるとき、私が探しているイスラエル研究の結論を出して来る方法が判りかけたようである。教会のキリスト教が潰れるなら潰れてしまっても構わない。カソリックの長年の罪悪の歴史を考えるとき、当然の結果でもあると思う。私の長年のイスラエル研究のしめくくりが自然と与えられそうである。以上のような考えでこれから改めて日本神代歴史の研究を始めようと思う。

兒玉　真理に近づこうとする古屋さんの悲壮な態度に感心する。私は竹内文献を絶対のものと確信して研究している。古屋さんがキリスト教の中にある真理でないものを精算しつつあることがよく判かる。文献を見ずして葬ろうとしてはならない。

エルサレムには十六菊のメシヤ章がある。ミヅラホの国から白馬に騎ってメシヤが来ることを信じている。日本の天皇は白馬に乗るが、その意義が判ったならメシヤの意義が明かになる。竹内文献の二万四十年前の記録には「スメラミコトすなわちメシヤ」と記されてある。ミヅラホはミズホである。彼等は中実と歴史を知らずして民族の信仰でメシヤを待ちうけているのである。

南米のイクアドルでは日本をサルナチユル（日出国）と呼んでいる。オリンピックに来たメキシコの選手達は、日本は彼等の祖先の国であるといったが、日本のジャーナリズムはこの言葉を紹介しなかった。嘗てあるメキシコ大使も同様のことを言っていた。

日本と全世界の歴史的精神的の深甚な関係をユダヤ人が理解し、世界混乱の原因であるフリーメーソンの策動の意義が既に終了したことに気が付いて、日本と手を握るとき世界平和が来る。

フリーメーソンには二つの政策の眼目がある。（一）世界政府の樹立、（二）宗教帰一。（一）は国際連合などで実現の途上にある。（二）の帰一の眼目は仏教でもキリスト教でもない。キリスト教はキリストに止まってはいけない。仏教も回教も然りである。それ等の宗教の歴史と教理の奥を調べる時、悉く日本に帰って来る。宗教帰一の行く先は、歴史的及び原理的に日本神道である。

キリスト教も仏教も回教もすべて唯一の「神の道」すなわち神道から出ている。その世界神道の歴史である竹内文献には、人類初発からのそのままの姿としての歴史が伝わっている。文献は神霊の啓示などではない事実の記録である。私は精神面のことは素人で、歴史の面から研究を進めているが、これから竹内文献をもっと精神的に調べて行きたいと思っている。

人類の生活はいま中心と法則を失っているが、太陽系に宇宙運行の法則がある如く、人類には地上世界経綸の法則がある筈だ。太古神代の天皇が全世界上に用いた世界統治の原則がある筈だ。その原則こそメシヤが天上からこの世界へもたらす「生命の城」でなければならぬ。竹内文献研究の中からそれが現われて来ることを信じている。私達の研究がまだまだ不充分で、古屋さんの熱心な要求に対して完全な回答が出来ぬことを残念に思う。

古屋　私のイスラエル研究の態度が変って来た。宗教を超越した一元の真理に帰らねばならぬ。その時はじめてエデンの園に花が咲く。いつぞやもお話したように竜宮やたに虹がかかる夢を見ると、私に何か新しい道が開ける。今またその虹が架っている。「義人しばらくすれば来る。おそからじ。我による義人は信仰によって生くべし、若し退かば我よろこばじ」と説かれている。期待される義人の前から私は退かぬつもりだ。八十六才という私の年を考えると、日暮れて道遠い思いだが、日本とイスラエルとを結び付ける使命を私は持っていると思う。

小笠原　年を取ると精神までが動脈硬化症になるものだが、古屋さんの魂には弾力がある。パウロのような転心打開を期待する。宗教帰一の真理は今ここで新たに作り出すべきものではなくて、エデンの園の人間の魂の中に精神の原理として、初めから恒常不変に存在しているものである。これを精神の外に求めようとしてはいけない。「異安心《いあんじん》」といわれる様な守護神の覆いを除き、眼のうづばりを拭って内観すれば、明かにそれを見ることが出来る。

山根　古屋さんのお話を聞いて、三十年前の私の経過と同じだと思う。私は横浜の神学校に学んだが、キリスト教の教義を信ずることが出来なかった。卒業式の時、校長のプラットさんから、私の罪のためにキリストが磔刑になったと訓されたが、ただ可笑しく思うだけだった。キリストの処女出生も、三日後の蘇生も信じられなかった。卒業証書は破き棄てた。市ヶ谷の協会の伝導師になったが、悩んだ末に大正十一年、婦人参政運動に飛込んだ。

富山へ演説に行った時、伊勢神宮の御鏡の裏のヘブライ文字のことを知って、これあるかなと思った。その頃雑誌で竹内文献の話を読み、またある大本教の人からモーゼの十戒のことを聞き、矢野祐太郎氏を紹介されて、芝区の家を訪ねて、所謂「神靈密書」を貰って読んだ。その頃その中には伏義やモーゼと日本との関係が記されてあったが、釈迦、老子、孔子、キリスト等の来朝のことは未だ発表されていなかった。

昭和十一年一月、鳥谷幡山、春日興恩、川村圭三、酒井勝軍氏等の竹内文献研究家に会い、吉田兼吉氏を紹介されて、磯原に赴いて初めて竹内巨麿氏と会った。その後間もなく天津教事件で、竹内、吉田氏が検挙された。その留守中、皆さんと会を作って大いに神代史の宣伝に努めた。

その後、ある外人から青森のキリスト遺跡の話を聞き、柴田音次郎氏からキリストの遺言書を見せてもらった。キリストの誕生と西暦とは四年の食違いがある。それは身替りになった弟との年齢の差である。それから青森県へ行って遺跡を調べた。釈迦の来朝のことも知った。彼の墓は青森県の大釈迦にある。神道の術事の四十八手のうち二十手まで釈迦もキリストもやることが出来た。キリストは「汝は外国で死んではならぬ」と勅命を受けていたので弟が磔刑の身替りになったのである。ユダは人違いと知って縊死《いし》した。キリストは死んだのではないのだから、三日後にペテロやその他の誰にも会ったのである。

キリスト、釈迦来朝留学の事跡を書いた著書「光りは東方より」を昭和十三年に出版した。四天王延孝氏がヒットラーに会った時、この書に就いて質問を受けたが、同氏は当時まだ読んでいなかった。小林一三氏がムッソリーニに会った時、同様質問されたが、小林氏は本書を知っていながら答えてくれなかった。竹内裁判は初め中里義美、田多井四郎治の両弁護士が担当したが、あとで鵜沢総明氏に代って貰った。私はキリスト教からはいって竹内文献によってキリストの本当の歴史を知ったのである。古屋さんもどうぞ私が通った道を辿って真実を究めて頂きたい。……(山根キク女史はこの後五日目、四月二十三日に急逝されました。この記事がゆくりなくも公開の席に於ける最後の談話となりました)

小笠原　本会の研究がいよいよ本筋の軌道に乗って来たことを喜ぶ。今後、山根、兒玉両氏を的にして古屋さんが世界歴史の真相究明に突き進んで行かれることを切望する。本会後れて集まった会員諸君も古屋さんと歩調を合わせて自己啓蒙に努めて頂きたい。本会はほんのささやかな座談会に過ぎないけれども、世界解決の鍵を握っている。「まさか」と思う人は眼にうつばりのある人である。竹内文献に就いては「神靈密書」も、山根さんの「世界正史」も本会関係で出版されている。

この辺で対談をひとまず終り、食事の後、来会者各自からの質問応答と座談に入った。

兒玉　いろは四十七文字を七文字宛縦に並べると、上段はイチヨラヤアエ（唯一なる神ヱホバ）、下段はトカナクテシス（キリスト科《とが》なくて死す）と読まれる。上段の意義がヘブライ文字（日本の神代文字の一種）で伊勢の御鏡に記されてあるのである。アイウエオ五十音とキリスト教の間には原理的に深い関係がなければならぬ。

奥　四十七音の並べ方に意味がある。ヒフミ（日文）は数である。昔は天文学が盛んで、高天原紫微宮を測定していたから、兆から先の数が必要だった。高天原を知らぬ者が後世古事記を作成したのである。

伊東　日本人口の１割は帰化したイスラエル人である。聖書にはモーゼの死んだ所もその墓も判らぬと記されてある。日本へ来て五百余才で能登の宝達山で死んでいる。

兒玉　伊勢の神宮図書館には神代文字の文献が沢山ある。それを国学院でも神社庁でも取扱おうとしない……。

あとがき

本日の会でキリスト教側の古屋氏と竹内文献の兒玉、山根氏が親しく歩み寄ることが出来たことは大きな収穫であった。我々は我々個人としてこの会に集まっているのではなくて、実はそれぞれの魂《みたま》のグループを代表して出席しているのである。この意味での魂の責任を自覚しなければならない。すでに先頭の両者がこの様に渡ったのだから他の人達も続いてこの生命の大河を両側から渡って一つに合流して頂きたい。何時までも各々の岸を固執して睨み合ったままでいるわけには行かない。歴史と宗教原理の上から高天原日本と世界のユダヤの合同一致を計ることが本会の目的である。そのためには世界の魂の親国である日本人が卒先自覚しなければ、世界は自覚しようがない。ヴェトナムの問題も根本的には解決のしようがないのである。どうか例会に出席して話を楽しむだけで満足せず、広く右の意義に就いての自他啓蒙と宣伝の責任をめいめいが分担して頂きたい。（小笠原記）

山根キク女史死去さる

四月二十三日午前一時、狭心症のため急逝。本誌掲載の座談会の時は元気で話して居られ、これからの活動が期待されて居りましたが、残念なことでした。深く哀悼の意を表します。著書「光りは東方より」（旧刊）「世界正史」（近刊）（本会で取次ぎます）

第十七回　研究座談会報告

第十七回研究例会は五月二十三日（日曜）本部八眞茂登で開催された。兼ねて先般物故された山根キク女史の慰霊祭を行った。

開会の冒頭に山根キク女史の慰霊祭が行われた。星直利氏が旅行で来られず、祭官は小笠原氏が勤めた。祭壇に神酒神饌《しんしゅしんせん》を供えて追悼の辞を読んで、祭霊の功績が称えられ、今後の会の方針が披瀝された。御霊は大いに喜び勇んで居られた模様だった。次で伊藤氏により霊的な追悼の言葉が述べられて式を終った。それから直ちに研究会の日程に入った。

古屋　山根さんとはこの会で数回会ったが、竹内文献は私と相容れないと思って触れもせず、対立もしなかったが、私のヘブライ研究が進むに連れて心境の変化が起った。私は久遠の愛人としての、神の子ではない人の子のナザレのイエスを讃美する。若い時からキリスト教の信仰箇条に反対だった。キリストが神の一人子であること、処女マリヤから生まれたこと、十字架に死して三日にして蘇返り、天の父の右に座して裁くものとなる、罪の赦されはキリストによってなされる等の信条と、いよいよ相容れなくなって、人の子イエスへ帰って行った。

この時同じクリスチャンだった山根さんの主イエス・キリストを信じないという言葉に接して改めて提携する心になったが、共鳴したら突然山根さんは亡くなってしまった。一時は戸惑ったが、よく考えればこれは因縁が切れたのではなくて結ばれたのである。イスラエル研究を長年発表して来たが、最後に日本と結び付けることが出来なければ私の研究は外国の研究家の糟糠《そうこう》に過ぎない。それでは実際の役に立たぬ。これから本当の事が出て来なければならぬ。ヘブライを向こうに置いて見るだけではなく、曰猶が表裏一体になる所まで来なければならぬ。小笠原氏のパンフレットにヨブ記三十八章と古事記との関係が述べられてあるが、そうした事も詳しく教わりたい。

金井　信長はしゃべるだけで考えない。秀吉は少し考えた。家康はよく反省した。山根さんは信長的な人だったようだ。竹内たねさんの紹介で数回会ったが、竹内文献をまとめて書物にする役を勤めた人だったろう。

小笠原　詳しくは古屋さんの御霊の変化の状態を見ながら段々に説くことにするが、この間からの御所望によってヨブ記と古事記の関連についての概要を紹介しよう。「茲にヱホバ大風の中よりヨブに答えて宣《のた》まわく……（一）地の基を我が置《す》えし時汝何処に在りしや、誰が度量を定めしや、誰が準縄《すみなわ》を張りたりしや、その基は何の上に置かれしや、その隅石は誰が置《す》えしや。（二）海の水流れ出て、胎内より湧き出し時、誰が戸をもてこれを閉じこめたりしや……之に我が法度《のり》を定め、関および門を設けて、曰く此処までは来るべし、此を越ゆべからず、汝の高浪ここに止まるべし。（三）汝昴宿《プレアデス》の鏈索《くさり》を結びうるや。参宿《オリオン》の繋縄《つなぎ》を解きうるや。なんぢ十二宮を時に従いて引出し得るや、北斗とその子星を導きうるや」という三箇所である。ヱホバのこの問いに対して答え得る者は現在のキリスト教の世界には恐らくは一人も居ないだろうが、神道からするならば、ヱホバが何事を問うているのか、これに如何に答えたらよいか明瞭である。これを釈きうるものはキリスト教のエデンの園の原理そのものである神道のアイウエオ五十音の言霊の原理である。

（一）はエデンの園の形而上的構造であって、その「基」は言霊ウ。その「度量」はカサタナハマヤラの八父韻。その準縄はアオウエイキシチニヒミイリヰの十四《とよ》音、すなはち豊葦原ノ瑞穂ノ国のトヨである。またその基は言霊イの上にあり、その「隅石」はアワイヰ（阿波岐・粟飯《あわいい》）の四音である。

（二）斯うして高天原すなはちエデンの園の構造が出来上ると、其処へ予母都国の海の水であり波である伊邪那美《なみ》命が押し寄せて来る。この波を高天原の伊邪那岐命が如何にして防いだかが記紀に述べられている。「最後《いやはて》にその妹伊邪那美命身自ら追い耒ましき。すなはち千引ノ石をその黄泉《よもつ》比良坂に引き塞《さ》えて、各對《む》き立たして言戸《ことど》（絶妻の誓）を度す時に……その伊邪那美命を黄泉大神（道敷《ちしき》ノ大神）と云ひ、石を道反《ちかへし》ノ大神（塞座《さゆります》黄泉戸《よみと》ノ大神）とまうす」（古事記）とある。また「時に伊弉諾尊乃ちその杖を投うちて曰く、此より以還《このかた》、雷耒《いかずちく》な。

是を岐神《ふなど》、耒名戸《くなと》の祖《おやの》神と曰ふ」（書紀）とある。

胎内の心の中から湧き出る混沌たる無明である海の水は波（那美）であり、黄泉醜女《しこめ》であり雷神である。その襲来を防いでここより内に耒勿《くな》と止めた関および門とはすなわち千引ノ石であり、言戸を渡すとは関および門を設けることである。その関門（注連縄《しめなわ》）である千引ノ石とは三十二子音すなわち生命の樹の葉である。創世紀にあってはこの関と門を「ゲルビムとおのづから廻はる焔の剱を以て園を守る」と記されてある。ヨブ記と記紀とは言い表わし方は多少異るが同一の真理を述べているものであることがよく判る。

（三）

昴宿、参宿、十二宮、北斗は天空の星の姿に擬らえて真理を説いたもので、その内容はまたもとより言霊である。昴宿の五つの大きな星（アイウエオ）と多数の小さな星（子音）を如何う結ぶか。参宿の三つ（五つ）の星のつながりを如何に釈くか、十二宮の運行を如何に理解するか、北斗の七つ星（ウアワオエヲヱ）とそこから生まれた子星を如何に導くか、中国の易経もこのことを説いているのである。

以上の原理を運用する道を布斗麻邇という。古事記はその布斗麻邇の教科書である。しからばキリスト以前のキリストといわれたヨブは、ヱホバと名乗る一体何者からこの質問を受けたのだろうか、いや一体誰からこの原理を教えられたのだろうか。恐らくはヨブもまたモーゼやイエスと同じく日本に留学して神代の天皇から親しく「万國の民を医やす」（黙示録）といわれる生命の樹の葉の神道の神法を伝えられたものではあるまいか。

五十音言霊布斗麻邇の原理を法華経では摩尼宝珠《まにほうじゅ》、教菩薩法仏所護念《きょうぼさっぽうぶっしょごねん》という。救世主（仏陀、キリスト）たる者の必修の学である。この道の体得者を受膏者《アノインテッド》という。「鮮衣《ありぎぬ》の、三重の子が、指挙《さきが》せる、瑞玉盃《みづたまうき》に、浮きし脂」（古事記）とあるところである。ヨブもまた古えの受膏者の一人である。

以上はヨブ記の神道的説明であるが、この一例に明かなような、こうした神道とキリスト教の教理の関係、日本とユダヤの歴史的関係を世界に紹介してくれる使命の人が今まで幾人か私達の前に現われたが、いずれも自説の宣伝が先になって、真理の紹介者とはならなかった。岡本安出さんも藤沢親雄氏も舞台に立つことが出来なかった。今度は古屋さんである。神命奉行の上には年齢は問題にならぬ。アブラハムの妻サラは九十歳で子を産んだ。古屋さんがその使命に立ち、その任務を全うされることを期待して止まない。

最後に古屋さんにそのうちに判って頂きたいと思うところをもう一言付け加えたい。古屋さんや山根さんが人の子イエス（Jesus the man、個人名）と神の子キリスト（Christ The God、タイトル名、資格名）とを区別して考えることは正しい。もとよりイエスはナザレの大工の子に外ならぬのであるのだが、歴史的にそのイエスは啓示によるレヴィの The Aquarian Gospel（宝瓶宮福音書）によれば世界各地を遍歴修業し、そして竹内文献によれば日本に学んで天皇より受膏者《キリスト》の允許（資格）を得た人である。

このことをキリスト教自体の上で宗教的にいうならば、キリストとは人の思いを持った肉なる人の子イエスが神の律法である十字架の上に死んで、三日目に大宇宙の心である霊なるキリストとして蘇返った神の子である。肉なる思いに死に切ってすっきりと蘇返った受膏者でなければ神の子ではない。

この神の子であることをみずから証明《あかし》せよという問題（謎）がキリスト教の教義であ

る。丁度仏教の禅の公案と同じ意味の修業のために設けられた方便である。これをみずから証明するのでなければ、客観的にはキリストが神の子であることの証拠は立たない。この証明の道はみずからの肉なる思いを超克する悔い改めである自己内面の自証（潔聖）以外にはない。古今の聖者達はこのことの証明のために苦心修業したのである。

伊藤　釈迦、老子、孔子、キリスト等が日本で学び修めたものは「むすび」の原理であったろう。これが古神道の中核である。大元霊や造化三神のみに片寄っては適当でない。伊勢神宮の御存在を考える必要があると思う。天照大御神の歴史的研究が絶対必要である。明治維新では天照大御神御在世当時に遡らず、神武維新に根を置いたところに大きな誤りがある。私は年老いた旧軍人であるが、国体について四十年考えて来て、啓示を得て神道の原理をさとり得た。それは次の如き極めて簡単なものである。（一）愛（大神の母性愛）（二）「生み」の神観（日本特有の生命観）（三）同行二人の精神（四）上下相互奉仕。私は高級な理論よりも庶民の間に流れている宗教原理こそ尊いものと思っている。

篠田　神道は宗教ではない。神社は宗教以前のものである。人間は樹木の如く水を必要とする。頭の中に神の水（稜威《ミイヅ》）を貰うために神社に行く。ミイヅは放射能であって、危険な放射能は禍津曰くであり、これに対して大地が反対の放射能を出すのを祓戸神というのである。

柴田　古屋さんが長年の信仰を捨てたことは個人を超えた世界的な問題であると思う。世界が革命的によくなる前兆である。私もその点で自己向上の努力をしている。私は哲学的数学的に零と無限大とが完全に一致することを証明することが出来た。その原理の実体を（）ンナン様と言うように教えられた。

古屋　カソリックの運動で、聖母マリヤの信仰に八十万人が署名した。その聖母からキリストが処女出生したことに反対する私は、魔女と言われ改宗者として火炙りの刑に処せられた筈である。私の考えを教会は異分子として批難するだろうが、不合理な教理は信じられない。私に共鳴者が出て来たことを喜んでいる。

あとがき

さて、本日の座談質疑の内容を一通りまとめてみると凡そ以上の如きものであるが、或る人が言った。ヘブライ研究会は会報で読むとよくまとまった素晴らしい会の様に思われるが、実際に来てみると他の色々な会と変わっていないのでがっかりする。事実は全くその通りで、会報は小笠原氏が一度フィルターを通してから記事にまとめたものである。殊に今日などは主題が大き過ぎたせいか、古屋さん以外には質問も殆んどなく、各人がめいめい勝手にがやがやしゃべり合っただけだった。会社の宴会のような状態に憤慨して帰って行った人もあったようなゴチャゴチャの会合だった。

会が発展して大きくなって行くと、この様になり勝ちのものである。この会には会則がなく、何等特別や規約も制限もない。そこで五百円会費で飲み放題の山本氏の饗応を心の何処かで安いと思って来る霊、酔って自己宣伝吹聴の勝手なオダを挙げに来る霊、ユダヤの霊的因縁からこの会の動きに反抗して撹乱妨害しようとする霊達のざわめきが渦巻いて、司会者の戸田氏も収拾が付きかねることが殆んど毎度の状態である。といってこの事があながちいけないというわけではなく、前にも述べた様に憑依霊が遠慮なく人前で狂態を顕わすことは自己認識、自己反省の第一歩である。こうなることが、会が大きくなったための現実の一面であるのである。その為に会の本質には少しも影響はないし、また運営にも差支えは起らない。鎮魂を修業する宗教教団の道場で修業者が発動して狂い廻わることと同じ意味のものである。だが余りそれが激し過ぎると、せっかく真面目な意図で貴重な時間を割いて来会した人にはお気の毒であり、また更には山本氏の好意をよい事にし過ぎてもいけない。

会後世話人達が集まって今後の相談をした。ここまで来たのだから、この辺で膨れ上った会を縮小して、会の初めの方針、本来の仕事を明瞭にするために改めて内を固める必要があることを話し合った。大きく育った芋虫が蝶になるために小さな蛹に固まるようなものである。座が大分盃盤狼藉《はいばんろうぜき》になったから少し整理して、くだを捲く酔っ払いには寝て貰って座敷を改めて初め直そうというのである。その方法も略略《りゃくりゃく》決定した。そこで次回からは遣り方を一変し、最初の計画通り人員も十名位に縮小して、じっくりした、誰にでもその場で筋道がよく判るような研究会としようということとなった。どういう会になるか、次回以後に期待して頂いて、その新しいやり方の上に、いよいよ本格的なご協力下さるようにお勧めする。(小笠原記)

あとがき
すべては準備されている

大野靖志

これまで和器出版社より『言霊学事始』、『仏教三部書』という言霊学の教典ともいえる書籍が上梓されてきた。刊行の経緯はそれぞれのあとがきに書いた通りである。そこにはある種の運命的な流れがあった。そうした流れが一点に収束し、最後は「いかなる理由であれ言霊の教えを私的に囲い利用することはできない」という小笠原孝次氏の遺言がそれらの出版を実現させたといえる。

しかし、とりわけ『仏教三部書』を世に出すことに躊躇（ためら）いがなかったわけではない。そこには仏教と言霊の関係だけでなく、仏教の未来についても断定的な物言いがなされているからである。それは予言でもあり宣言でもある。これを仏教界の重鎮たちが読んだらどう思うであろうか、また、世界に四億人はいるといわれる仏教徒が知ったらどうなるか、というレベルの話である。つまりそれは、仏教の教えそのものを根底から揺るがす内容であることを意味していた。

だが、この『ヘブライ研究三部書』はその比ではない。世界の経済を握るユダヤ資本、あるいは二十億人のキリスト教徒に正面切ってもの言う内容である。それだけではない。世界人類の歴史さえ変えてしまう力を持っている。そう。これは、ヘブライをテーマにしながらも、実は、全人類を相手にした開示の中味となっているのである。

小笠原孝次氏のヘブライに関する原稿は数え切れないぐらいある。毎年それを出すとしても何十年もかかる分量である。よって、今回は数ある草稿の中でも最も端的に氏の教えが集約されているものを選んだ。いずれも、国内国外問わず未発表の作品である。それらはあくまでも氏の下に集まる数十名の有志のために、ガリ版刷りで記録用に残したものであった。もちろんそこには生原稿も含まれている。それが今回、書籍の販路を通じて世に公開されるとは、正直今も信じられないところがある。

それもあり、私自身もこれまで講演会などの機会に、このヘブライ研究に触れる話はほとんどしたことがない。いや意図的に避けてきたと言った方がいいだろう。それは、今ここで書いているように内容が内容だからである。また証明できるものでもない。もし、どうしてもそうしたいのならば、自分の内なる声に従うだけである。

しかし、幼少期から漠然と思っていたことがある。それは両親の日頃の発言から察知したことであるが、日本は本当の日本ではないのではないか、日本の本当の姿は何らかの力によって蓋をされているのではないか、ということであった。今にして思えば、今日の国際情勢、特に日本と米国の関係を見ればそれは明らかであり、逆に子供の直観にも頷くべきところがあるということになる。

実際、はじめて小笠原氏のヘブライに関する原稿を読んだ時、そこに違和感は全くと言っていいほどなかった。あまりにもすんなりと入ってきたため、すぐにでも人に話したい、そんな気持ちすら生まれた。しかし、ほぼ同じタイミングで、そこで参照される文献のほとんどが、戦前から偽書とされたものであることも知る。複雑な気持ちであった。よって、しばらくは自分の胸の内に秘めるしかないと考え、実際そのようにしてきたということである。本書が世に出るまでは。

本文をお読みいただいておわかりのように、そこで語られている内容は極めてセンセーショナルである。しかし、そこには我々が日本人として見落としてはならない何かがある。その何かについて、このあとがきの場を利用させていただき、できるだけ簡潔に記述してみようと思う。そこに現在我々がどのような活動をしているかを併記することで、読者の理解も深まるかもしれない。

二〇一六年八月四日、言霊研究の一環としてアルメニアを訪れた。アルメニアは黒海とカスピ海の間に位置する旧ソ連領の国である。古くは大本の教えとして、素戔嗚尊が日本からアルメニアに行き、アルメニアから国常立神が日本にやってきたという言い伝えがある。旧約聖書に出てくるノアの箱舟が最後に漂着したアララト山にも近い。アララト山は現在トルコ領となっているが、日本でいう富士山と同じ位置づけで国民に親しまれている、というそんな国である。

そのアルメニアという国には、世界で最も古いキリスト教会といわれるエチミアジン大聖堂がある。調査の目的の一つはこの教会にあった。この国はかつて多神教だったといわれている。それが後にキリスト教という一神教に変わったわけだが、その切り替え時の名残がどこかにあると言われていた。ひょっとすると、そこに日本的多神教の何かがあるのかもしれない、そんな思いであった。

果たせるかな、それは大聖堂の地下にあった。キリスト教が入ってくる前のご神体が階下に眠っていたのである。そのご神体こそ、アルメニア語アルファベット三十六音の一音一音であった。それぞれゴールドの本体にルビーの装飾がなされ、一音一音安置されていたのである。小笠原氏はかつて七沢賢治氏にこのように言っていたという。「最も古いキリストの教会は磐座（いわくら）の上に建てられている。磐座とは五十音である」と。まさにそれを裏付けるかのような発見であった。また「ノアの箱舟の大洪水の時に一部の言霊は失われた」とも小笠原氏は語っていたそうである。

実際アルメニアでの発見はこれだけではない。かつては十字架ではなく八角形の神聖幾何学模様が用いられていたこともわかっている。別の驚きは現地の国立博物館にもあった。ユーラシア大陸で発見されたという古代人の遺物が、日本の縄文土器や土偶と全く同じものだったのである。現地を訪れる一か月前に青森の三内丸山遺跡、是川縄文館に行ったばかりであったため、容易にそれと判別がついた。

同年十一月にはドイツ、チェコ、オーストリアを訪れた。これも言霊研究の一環である。加えて、バッハ生誕地近くの教会で、大祓祝詞を声楽として「主よ人の望みの喜びを」（バッハ作）にアレンジし、プロの奏者を呼んで演奏会を行った。都合、エアフルト、ワイマール、ウィーンの三か所で公演をしたことになる。これには地元のドイツ人からも賞賛の言葉が送られ、うち何名かは日本の祓詞を学びたいと申し出てきた。前代未聞のこととはいえ、大成功であったように思う。

その最初の教会に目を疑うものがあった。高さ一メートルほどの蝋燭があったが、何とそこに「ＡＯＵＥＩ（アオウエイ）」と彫られていたのである。そしてその文字部分にブルーと金色の彩色加工がなされていた。これは意外といえば意外であった。なぜなら一番の目的はウィーンのシュテファン大聖堂にあったからである。しかし、その後の行程でそれに匹敵する更に多くの発見を重ねることになる。シュタイナーハウス、ゲーテハウス、プラハ城など、いずれも人類史を辿るうえでの宝庫であった。

シュテファン大聖堂には以前から噂があった。そこには「アイウエオ」と彫られた祭壇がある、と。また、ハプスブルグ家の教えに「アイウエオを制する者は世界を制す」という教えがあるという。それを実際にこの目で見てみようというわけである。確かにそれはあった。聖堂の正面の左側に祭壇があるが、その下にはっきりこう書かれている。「ＡＥＩＯＵ」と。その下に八つのアーチが並んでおり、その上部にある丸い形の窓にそれぞれ異なる幾何学模様が彫られている。もしこれが言霊学における八父韻だとしたら、とんでもないものを見たことになる。しかも、「ＡＥＩＯＵ」は左右に二つ並んでいる。まるで母音と半母音を示すかのように。

大聖堂の右側には墓標があった。それはハプスブルグ家繁栄の礎を作ったフリードリヒ三世のものであるという。どうも「ＡＥＩＯＵ」を活用していた張本人はこの人らしい。中世の当時、欧州はいわゆる戦国時代にあったが、オスマントルコも含め、あらゆる国がこのフリードリヒ三世には敵わなかったといわれる。一方、当の三世は別に作戦を立てるわけでもなく、ただ逃げまどっていたそうである。しかし、なぜかあちこちの宮殿や自分の居場所に「ＡＥＩＯＵ」の刻印を入れていたといわれ、親族の内輪揉めがあった際も、敵対者は病死し、最後に三世が残ったそうである。

言霊学では「アイウエオ」の悟りがあってすべてが始まるとされる。今回ヨーロッパの探訪で発見したことは、まさにその名残が彼の地にあったということである。「いつ、いかなるルートを伝って」ということに関しても、だいたいの察しが付いた。ここまで説明に長くかけてしまったが、本書の中味と照らし合わせて考えると面白い。

時を同じくして、我々の研究所では「水」の研究が最終段階に入っている。言霊と祓いはそれぞれ切っても切り離せない関係にあるが、その祓いをかつて宮中で長らく司ってきたのが白川家である。天皇家に水を献上するのもお役目の一つであった。小笠原氏の著書『言霊百神』には、古事記における最初の神、天之御中主神（あめのみなかぬしのかみ）は言霊「ウ」であると明記されている。が、この天之御中主神が水の神「水中主」であることを知る人はほとんどいない。

先ほど「アイウエオ」の重要性について少し触れたと思うが、中でもこの言霊「ウ」が全ての中心であり始まりであることは、いくら強調してもしすぎることがない。それが「水」であるといっている。地球の七割は水であり、人体の七割も水である。とりわけ脳内は九割が水でできている。

紙面の関係もあり、もうここで結論を言わねばならないだろう。本書『ヘブライ研究三部書』ではこれから神の世界経綸が始まると言っている。それは何を意味するのだろう。どこから始まるのだろうか。最後は「元の一つに戻る」といわれる。そして、そこからまた創造が始まるとされている。では、「元の一つ」とは何であろうか。

カンのいい方はもうおわかりかもしれない。そう。それが言霊「ウ」であり、「水」なのである。世界は「水」から変わる、それが言霊学というこの究極の教えの本質なのである。

世界にいきなり出て行って「日本語は神の言葉だからこれを使いなさい」と言って誰がまともにその言葉を受け取るだろうか。だから、そこから始めるわけではない。それはいずれそうなるというものである。

イスラエル三種の神器の一つに「アロンの杖」がある。この杖の役目は一体何であったのか。実は水源を探すためのツールだったのである。杖で地面を突くと水が噴き出す、それがこの杖の神器たる由縁である。ちょうど真円のど真ん中に天之御中主神の最初の一点が成りませるように。

この『ヘブライ研究三部書』の出版により人類の広大な歴史を明かすことになった。その未来が何によって変わるのかもこの場を借りて初めて発表した。これから世界の情勢はますます混乱を極めてくるだろう。しかし、ご安心いただきたい。小笠原氏流に言うのであれば、すべては「神の経綸」通りに進んでいるということである。そのための準備もできている。

これからの明るい人類の未来を予祝しつつ、また読者の皆様のご多幸をお祈りしつつ、ペンを置かせていただく。

大野靖志（おおのやすし）
宗教・科学ジャーナリスト。別ペンネームにて代替医療・精神世界系専門誌に執筆多数。国内大手企業、中堅出版社勤務を経て、現在は執筆業に専念。世界各国の宗教と民間伝承を研究後、七沢賢治氏より伯家神道と言霊学を学ぶ。著書に『言霊はこうして実現する〜伯家神道の秘儀継承者・七沢賢治が明かす神話と最先端科学の世界』（文芸社　二〇一〇年）、『あなたの人生に奇跡をもたらす和の成功法則』（サンマーク出版　二〇一六年）

参考文献一覧

本書を出版するために参照した文献

『日本といふ國』小笠原 孝次著（日本聖書言霊研究会 アルファ二号）
『シオンと日本』小笠原 孝次著（皇学研究所 一九五四年）
『ヘブライ研究会会報 一号〜二十号』（ヘブライ研究会会報 一九六三年〜一九六五年）
『救世主の出現と地上天国』奥所 一男著（霞ヶ関書房 一九七二年）
『Japan Quarterly,vol.no.2 April-June 1969』小笠原 孝次抄訳（朝日新聞社一九七十年）
『日本ヘブル詩歌の研究』川守田 英二著（友愛書房 一九五六年）
『デハ話ソウ―竹内巨麿伝』竹内 義宮著（皇祖皇太神宮 一九七一年）
『神代の万国史』竹内 義宮著（皇祖皇太神宮 一九七〇年）
『神霊密書（神霊正典）―宇宙剖判より神政成就に到る神界霊界現界の推移変遷の経緯、云々』
矢野 祐太朗著・小笠原 孝次編（一九三二年）
『キリストは日本で死んでいる』山根 キク著（たま出版 一九五八年）

『世界の正史』山根キク著（平和世界社一九六四年）
『光は東方より』児玉天民著（一九三六年）
『天津祝詞の太祝詞』児玉天民著（日本と世界社一九四二年）
『四国剣山の千古の謎』高根正教著（一九五二年）
『古事記』幸田成友校訂（岩波書店一九二七年）
『古事記』幸田成友校訂（岩波書店・改訂版一九三七年）
『古事記』幸田成友校訂（岩波書店・改正版一九四三年）
『易経』（全二冊）高田真治・後藤基巳訳（岩波書店一九六九年）
『大祓に秘められたる純粋日本学講義』武智時三郎著（八幡書店二〇一〇年）
『第三文明への通路』小笠原孝次著（第三文明会一九六四年）
『古事記解義　言霊百神』小笠原孝次著（東洋館出版社一九六九年）
『世界維新への進発』小笠原孝次著（第三文明会一九七五年）
『言霊精義』小笠原孝次著（第三文明会一九七七年）
『言霊百神』（新装版）小笠原孝次著、七沢賢治監修（和器出版二〇一六年）
『言霊精義』（新装版）小笠原孝次著、七沢賢治監修（和器出版二〇一六年）

『言霊開眼』（新装版）小笠原 孝次著、七沢 賢治監修（和器出版 二〇一六年）
『神道から観た 仏教三部書』小笠原 孝次著、七沢 賢治監修（和器出版 二〇一六年）
『文語訳 舊新約聖書』（日本聖書協会 一八八七年）
『文語訳 旧約聖書Ⅰ 律法』（岩波書店 二〇一五年）
『文語訳 旧約聖書Ⅱ 歴史』（岩波書店 二〇一五年）
『文語訳新約聖書 詩編付』（岩波書店 二〇一四年）
『新釈漢文体系』（第二巻）赤塚 忠著（明治書院 一九六七年）
『漢籍国字解全書』（第一巻）早稲田大学出版部編（早稲田大学出版部 一九三二年）
『漢文大系』（第一巻）服部 宇之吉校訂（冨山房 一九〇九年）
『傍訳 仏教教典大鑑』渡辺 宝陽監修（四季社 二〇一一年）
『法華経』（全三冊）坂本 幸男・岩本 裕訳注（岩波書店 一九六二年）
『歎異抄』梅原 猛訳注（講談社 二〇〇三年）
『無門関』西村 恵信訳注（岩波書店 一九九四年）
『類纂 新輯明治天皇御集』（明治神宮 一九九〇年）
『類纂 新輯照憲皇太后御集』（明治神宮 一九九〇年）

謝辞

本書の企画、編集、編集補助には、次の諸氏の協力を得た。ここに謹んで謝意を表する。

石垣 良治　猪早 圭　大林 洋介

加藤 佳代　対馬 栄逸　成田 泰士

西村 郁人　野田 裕介　平川 明子

平川 由佳子　増田 里江　宮西 真以

山田 哲也

（五十音順・敬称略）

著者

小笠原孝次

おがさわら こうじ

一九〇三年　東京都に生誕。

一九二二年　東京商科大学（現在の一橋大学）にて、吹田順助氏よりドイツ文学ドイツ哲学を学ぶ。

一九二四年　一燈園の西田天香氏に師事し托鉢奉仕（常不軽菩薩の行）を学ぶ。

一九三二年　矢野祐太郎氏（元海軍大佐）および夫人の矢野シン氏と共に『神霊密書』（神霊正典）を編纂。

一九三三年　大本教の行者、西原敬昌氏の下でテレパシーと鎮魂の修行を行う。

一九三六年　山腰明將氏（元陸軍少佐）が主催する秘密結社「明生会」の門下生となる。
明治天皇、昭憲皇太后が宮中で研究していた「言霊学」について学ぶ。

一九五〇年　言霊・数霊研究家の武智時三郎氏より言霊研究のアドバイスを受けると共に同氏の研究を受け継ぐ。

一九五四年　「皇学研究所」を設立。

一九六一年　「日本開顕同盟」（発起人 葦津珍彦氏、岡本天明氏ほか）の主要メンバーの一人として活動。

一九六三年　「ヘブライ研究会」を設立。

一九六四年　合気道創始者の植芝盛平氏より「武道即神道」（言霊布斗麻邇）の学問的研究の提携を依頼される。

一九六五年　「ヘブライ研究会」を「第三文明会」に発展。

一九七五年　七十二歳の誕生日当日に「言霊学」の後継者となる七沢賢治が来訪する。
（第三者の紹介による出会いではなく必然的かつ運命的な出会いだった）
以降「言霊学」を七沢賢治に継承伝授。

一九八一年　「布斗麻邇の法」を奉戴するため七沢賢治に「言霊神社」創設を命ずる。
七沢賢治との連盟で山梨県甲府市に「言霊神社」創建。
「布斗麻邇の法」の継承と「科学的運用方法の研究」を七沢賢治に遺言。

一九八二年　七十九歳にて帰幽。

［著書］

・『第三文明への通路』（第三文明会　一九六四年）
・『無門関解義』（第三文明会　一九六七年）
・『歎異抄講義』（第三文明会　一九六八年）
・『言霊百神』（東洋館出版社　一九六九年）
・『大祓祝詞講義』（第三文明会　一九七〇年）
・『世界維新への進発』（第三文明会　一九七五年）
・『言霊精義』（第三文明会　一九七七年）
・『言霊開眼』（第三文明会　一九八〇年）
・『言霊百神』（和器出版　二〇一六年）
・『言霊精義』（和器出版　二〇一六年）
・『言霊開眼』（和器出版　二〇一六年）
・『言霊学事始』（和器出版　二〇一六年）
・『神道から観た仏教三部書』（和器出版　二〇一六年）

監修者

七沢賢治《ななさわ けんじ》

一九四七年　山梨県甲府市に生誕。

一九七二年　早稲田大学卒業。

言語学者、宗教研究者、東京外国語大学アジアアフリカ言語文化研究所教授の奈良毅氏に師事。言語学、世界の宗教を実践的に学ぶ。

一九七八年　大正大学大学院文学研究科博士課程修了（宗教学）。

一九七五年　国会図書館で『言霊百神』と出会い強い感銘を受ける。

その場で小笠原孝次氏に電話、その日に先生宅に来訪する。

以降七年間に渡り対面参学し、「言霊学」の奥伝を受ける。

一九八一年　小笠原孝次氏より「言霊神社」創設の命を受け、小笠原孝次氏との連盟で山梨県甲府市に「言霊神社」を創建し、「布斗麻邇の法」を奉戴。

一九八二年　白川伯王家伝の継承者、高濱浩氏に入門。

一九八九年までの七年間に渡り「おみち」修行を受け全階梯を修了。

十種神寶御法を口授される。

二〇一〇年　白川伯王家伝の継承者として「一般社団法人白川学館」を創設。

二〇一三年　小笠原孝次氏の御遺言に従い「言霊大学校」を開講。

二〇一四年　和学研究への助成を目的とした「一般財団法人和学研究助成財団」を創設。

二〇一六年　「和の叡智」を文字化し普及と記録を目的とした「和器出版株式会社」を創設。

［著書］
・『2020年「新世界システム実現」のための言霊設計学』（ヒカルランド 二〇一二年）
・『なぜ、日本人はうまくいくのか？ 日本語と日本文化に内在された知識模式化技術』（文芸社刊 二〇一二年）

［監修書籍］
・『言霊百神』（和器出版 二〇一六年）
・『言霊精義』（和器出版 二〇一六年）
・『言霊開眼』（和器出版 二〇一六年）
・『言霊学事始』（和器出版 二〇一六年）
・『神道から観た仏教三部書』（和器出版 二〇一六年）

［関連書籍］
・『地球コアにまで響き渡るコトダマ 天皇祭祀を司っていた伯家神道』（徳間書店 二〇〇八年）
・『言霊はこうして実現する』（文芸社 二〇一〇年）
・『放射能デトックス』（文芸社 二〇一一年）

〔言霊学事始〕
神道から観た
ヘブライ研究三部書

2017年1月11日 初版第1刷発行

著　者　小笠原孝次
監　修　七沢賢治
発行者　木村田哲也
発行所　和器出版株式会社
住　所　〒102-0081 東京都千代田区四番町3　番町MKビル5F
電　話　03-5213-4766
URL　http://wakishp.com/
E MAIL　info@wakishp.com
装　幀　井坂健一郎
DTP　株式会社ダグハウス
印刷製本　シナノ書籍印刷株式会社

ISBN978-4-908830-06-8
定価は裏表紙に表示してあります。

[和器出版株式会社 お問い合わせ先]
小社の公式ウエブサイト http://wakishp.com/ をご覧ください。

[正誤情報]
本書の正誤情報については、小社の公式ウエブサイトにて随時公開しております。

伝説の名著「小笠原孝次・言霊学」シリーズ３部作

『言霊百神』には記し得なかった
布斗麻邇の秘法が、長年の沈黙を破り、
新装版として今ここに明らかにされる。

小笠原孝次・
言霊学シリーズ
第２作

A5判・初版 1977年（昭和57年）発刊
価格（本体2,200円＋税）

［新装版］
言霊精義

言霊の方法は絶対に分裂を生じない。
人類の文明が其処に帰納され、其処から演繹されて行く
究極の道であるからである——。

言霊は哲学や宗教ではない。芸術や武道などでもない。信仰や祈りや特殊な肉体的修練を要するものではない。言霊には教派も宗派も流儀も存在しない。誰がやっても必ず同一の唯一の結論に到達するものであるからである。（本書はしがきより）

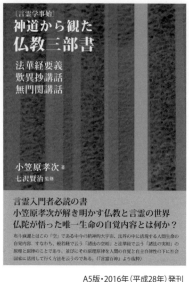